比較教育学

越境のレッスン

COMPARATIVE EDUCATION
— lesson for crossing the border

馬越 徹 著

東信堂

はしがき

本書は、一九八〇年代の後半から二〇〇〇年を前後する世紀の転換期までに執筆された比較教育学に関連する論考で構成されている。この間、筆者は名古屋大学教育学部（その後、改組により大学院・教育発達科学研究科）において、約一七年間比較教育学講座を担当し、「比較教育学」の教育・研究に従事してきた。同時に、日本比較教育学会を拠点に、アジア比較教育学会（CESA）、世界比較教育学会（WCCES）等の学会活動にも多少なりともかかわってきた。偶然とはいえ、二〇世紀末の大変動期に比較教育学の教育・研究に向き合うことになったのであるが、振り返ってみると幸運と難しさの両方を実感している。

言うまでもなく比較教育学は二〇世紀の前半期に誕生し、後半期に大きく発展してきたが、それは近代国家（nation states）を前提に展開された教育事象を研究対象としてきた。ところが一九八〇年代の後半、前述のような職責が筆者に与えられた時、筆者の大学院生時代（一九六〇年代）は、そのような延長線上で比較教育学が語られた時代であった。すでに「近代」という前提は音を立てて崩れ始め、第二次世界大戦後の世界秩序（東西冷戦）も崩壊への道をひた走っている最中であった。そして一九九〇年代末には、「近代」や「冷戦」を飲み込んでしまうグローバリゼーションという大潮流が、誰の目にも明確に立ち顕れてきたのである。当然のことながら、比較教育学はパラダイム転換を迫られることとなった。

いまその幕が開きつつある二一世紀の比較教育学は、グローバリゼーションという一種の妖怪を前に、岐路に立たされているといえる。しかし近代国家という二〇世紀の主役は死んでしまったわけではない。いまなおその性格を変容させつつ、行き先を探しあぐねている。グローバリゼーションと折り合いをつけるのか、軋みを増していくのか、世界の各国（地域）で試行錯誤が続いている。こうした不確実な状況が、比較教育学にとってチャンスであるのか危機であるのかを見極めることは、現時点で筆者には難しい。

本書に収録された論考のほとんどは、比較教育学における「通説（orthodoxy）」に疑問が投げかけられた時期に書かれたものである。したがってそれぞれが試行錯誤の産物にすぎないにもかかわらず、このような大上段にふりかぶった書名を冠したことは暴挙といわれても仕方がないことを自覚している。ただ筆者自身としては、まことに小さな窓からではあるが、比較教育学について考えることを日日の習慣としてきた者のこだわりから、このような書名をあえて選ぶことにした。より正確に言うなら『越境のレッスン――比較教育学試論』とすべきであったと思っている。

目　次／比較教育学——越境のレッスン——

詳細目次／比較教育学——越境のレッスン——

第2章　「地域研究」と比較教育学……46

比較教育学

――越境のレッスン――

序章　比較教育学と私——越境のレッスン——

はじめに

比較教育学の入門講義（概論）において、同じ教室空間で授業をしていても、自らの立つ位置を変えることにより、学生の様子がかなり違って見えることに、あるとき気がついた。教壇を左右に移動するだけでもそうであるから、後部座席に座って学生の作業を見ていると、かなり異なった光景が見えてくる。自分が講じている比較教育学でも、比較する対象をあれこれと並べ替えることよりも、「自分の立つ位置と目線を変える」ことの方が重要ではないかと考えるようになった。立つ位置を変えるということは、ある一線を越える、つまり「越境する」（cross the border）ことを意味し、そのことによって対象を見る眼が複眼的になり、解釈の幅は確実に深まっていく。目線を変えるということは、視野検査でよく行なうように、中心の一点を注視しながら、球体を移動する光点を広角度に追って確認することの重要性である。このような越境の重要性を念頭に比較教育学の先達のことを調べていると面白いことに気がついた。彼らの多くは世界の中心都市（メトロポリス）ではない周辺部ないし辺境に生まれ、やがて越境してメトロポリスへ移り住み、望遠・広角の学問レンズを駆使して、教育の世界を撮影している感を強くする。田舎生まれの筆者自身も、そうした必要条件だけは満たしていると考え比較教育学に向きあってきたので、比較教育学の歴史に自分史を投影しながら、越境のレッスンを試みてみたい。

1　比較教育学前史――旅人の時代

人が旅(遍歴)を通して成長することは、「かわいい子には旅をさせよ」という古人の言葉からも明らかである。旅には出発点と終着点があるわけであるが、旅のもつ重要な機能はその「途上性」にあるといえる[1]。つまり道中で出会う人間や自然や文化との出会いを通じて、人はこれまでの自分が属してきた文化とは異なる世界を発見することになる。それはとりもなおさず「自文化」と「他文化」を比較することを意味しており、そのことを通じて自己を解放したり相対化したりする契機となる。つまり旅は「ここより他の場所に」自分を移動させ、自らの立つ位置を変える作業である。その代表的な例を挙げてみよう。

近代教育学に大きな足跡を残したコメニウス(一五九二―一六七〇)やルソー(一七一二―一七七八)も旅の人であり、その経験は彼らの代表作に色濃く反映されている。コメニウスはモラヴィアに生まれ、いわゆる三〇年戦争を前後してヨーロッパ大陸の各地(北欧、イギリスを含む)へ逃亡・遍歴の旅を繰り返したのであるが、その経験が名著『大教授学』、『世界図絵』に結実したことは周知の事実である。いずれの著書においても、「旅」の人間形成における効用(重要性)が説かれている。また『エミール』の著者として名高いルソーも大いなる旅人であった。ジュネーブに生まれた彼は、パリ、ルクセンブルク、スイス、イギリスへと遍歴の旅の途上で数々の著作をものにしたが、『エミール』は一人の青年が様々な「旅」を通じて成長していく教育小説である。

目を日本に転じると、長い幕藩体制下で鎖国政策(一六三五年の海外渡航禁止令)が続いたため、国内はもとより海外への渡航は特異な形態をとることになる。特に海外への旅の場合、一つは漁民等の漂流による海外体験であり、二つは幕末期の数次にわたる幕府による海外使節派遣である。比較教育学前史をかざるこれらの旅の主人公を一人づつ挙げるとすれば、前者は大黒屋光太夫、後者は福沢諭吉となるのではなかろうか。伊勢の漁民・光太夫の漂流による予期せぬロシアへの漂着とその後の数奇な運命は数々の小説や評伝として描かれているところであるが、彼の帰国後、蘭学者・桂川甫周が聞取り編纂した『北槎聞略』(岩波文庫)には彼のロシア体験がよく整理されている。同書(巻之七)にはロシア(ペテルブルグ)の学校の様子が詳細に描かれていて興味深い。一方、諭吉の場合は、本人の強い海外渡航願望がかない幕府の遣米使節および遣欧使節に下級武士として随行し、福沢自身が語っているように欧米文明を「視察(observation)」かつ「推究(reasoning)」したのである[2]。その記録である「万延元年アメリカハワイ見聞報告書」(一八六〇年)と「西航記」(一八六二年)はまさに若き日の諭吉のフィールド・ノートであり、いずれにも教育(学校)のことが克明にメモされている。やがてこれらの旅の経験が明治のベストセラーとも言うべき『西洋事情』や『学問のすゝめ』に結実したことは周知のとおりである。

以上のような内外における比較教育学の前史をかざる偉大な旅人について語ったあとで、いささか気の引けることではあるが、筆者自身の「比較教育学前史」としての旅について述べておきたい。私にとって次の二つの旅は、必ずしも比較教育学を意識してのそれではなかったが、程なくして比較教育学を専攻する大きな契機になったと考えている。一つは、大学三年生の夏一カ月(一九六二年)、偶然の機会を得てあるキリスト教団(ノーベル賞受賞団体)の主催する国際学生ワークキャンプ(韓国京畿道永宗島：現仁川国際空港)に参加したことである。学生革命(一九六〇年)・軍事クーデター(一九六一年)直後のまだ日本とは国交のなかった国(大韓民国)への旅であったが、国境(玄界灘)を越えて発見した韓国の人と自然と文化は、それまで自分の頭の中に思い描いていたものとはまったく異質のものであった。このような「差異性」の原因がどこにあるのかを考えることが、実は比較分析することの面白さであり難しさでもあることを知るのは、かなり後になってからのことである。同時にそのワークキャンプ(奉仕活動)での収穫は、二〇カ国以上の同年代の青年たちの行動様式がかくも違うのはなぜなのか、その原因に思いを巡らす契機となったことである。当時、大学で習いはじめていた「社会化（socialization）」の考え方や育児様式論、さらには当時愛読していた和辻哲郎の『風土』を総動員しても、解決を見出すことはできなかった。

もう一つの旅は、大学院に入学したばかりの頃（一九六五年）、アメリカ統治下の沖縄への調査旅行である。このときは指導教授が主催する共同研究の一員として随行したのであるが、「入国」には渡航証明書（パスポート）や検疫証明書が必要であった。当然のことながら現地で通用していた通貨は米ドルであり、日本円ではなかった。第二次大戦後、日本は分割統治を免れ一九五二年の講和条約締結により国際社会に復帰したとの言説は、厳密に言えばフィクションであることを知ったのである。そこには基地だらけのアメリカ統治下の「日本」が人為的（政治的）に作られていた。この旅を通じて、同一民族の間に引かれた「国境線」を初めて肌で体験したのである。

以上のささやかな二つの旅は、自分自身の比較教育学前史であったと考えている。なぜなら、いずれも比較教育学を意図していた旅ではなかったが、まさに「越境する」（cross the border）ことにより常に何かを比較している自己を発見したからである。

2　教育移植のための外国教育調査——行政官の時代

旅の途上における無意図的な比較は誰しも経験することであるが、やがて教育の先進モデルを探索するための意図的な旅が試みられることとなる。近代の国民国家（nation states）成立期には、いずれの国も国力の基礎となる人材の養成（教育）を重視したため、その面で大きな成果を挙げつつあったプロイセンの教育を視察・調査する者が、一九世紀を通じて数多く現れた。

例えばアメリカの場合、マサチューセッツ州初代教育長マン（Horace Mann: 1796-1859）やコネチカット州初代教育長を経て合衆国初代教育長官となったバーナード（Henry Barnard: 1811-1900）は、いずれもプロイセンの公立学校教育に着目し、視察結果を調査報告書としてまとめると同時にアメリカの公立学校作りの参考にした。イギリスの場合も、勅任視学官アーノルド（Matthew Arnold: 1822-88）および政府の教育調査部長サドラー（Michael E.Sadler: 1861-1943）は、いずれもヨーロッパ大陸（とりわけプロイセン）の教育調査を重ね、膨大な調査報告に基づきイギリスの教育改革に大きな足跡を残したことで知られている。フランスの場合も、文相・ギゾーはクーザン（Victor Cousin: 1792-1867）にプロイセンの公教育調査を命じ、それを参考に初等教育法（一八三三年）を制定したといわれている。

以上の例にみられるように、このような外国教育調査を担当したのは教育行政の責任者（行政官）もしくは彼らの命を受けた政府委員会のメンバーであり、彼らが作成した報告書は、それぞれの国の教育改革のモデルとして活用された。したがって比較教育学の歴史の上では、この時期（一九世紀）を「教育借用の時代」と位置づけている[3]。しかし筆者はこの時期を表す用語としては、「借用（borrowing）」より「移植（implantation）」の方がふさわしいのではないかと考えている。前者は模倣のニュアンスが強いが、後者は学ぶ側の主体性が感じられる用語であると考えるからである。上記三国とも、当時の行政官のトップが直接プロイセンに足を運び、各国に移植できるものを取捨選択して彼ら独自の教育のあり方を制度設計したからである。

日本でも明治初期の近代教育制度創設期に、新政府の行政官（官僚）により教育移植のための海外教育調査が試みられた。例えば岩倉使節団（一八七一－七三）は、近代国家そのものを移植することを目的に組織された国家的使節団であるとも言えるが、それに随行した文部大丞・田中不二麿（理事官）による『理事功程』（全一五巻）は米欧八カ国の詳細な教育調査報告書であり、「学制」（一八七二年）制定後の近代教育実施過程に大きな影響を及ぼした。この報告書は、プロイセンのみならず米欧各国の教育の先進性に満遍なく目を向けており、「採長補短」の立場から各国の長所を貪欲に吸収しようとする姿勢が随所に見て取れる。

このような行政官による外国研究は、日本の対外進出時（台湾・朝鮮の植民地統治期）には、逆のベクトルにおいて引き続き行なわれたことを指摘しておかなければならない。たとえば幣原坦（一八七〇－一九五三）は朝鮮・台湾の植民地教育行政の第一線に立ち続けた人物であるが、『殖民地教育』（一九一二年）をはじめとする彼の多くの著書は、統治者側の観点から欧米植民地教育事情を視察・調査した記録（復命書）である。彼の場合、外国調査の多くは日本教育の「対外移植」を正当化するために行なわれたことは否めないが、彼我の教育のあり方を常に比較の観点から調査し報告書にまとめた点は、行政官による外国教育調査の一形態として記憶にとどめておく必要があろう。

以上のような国家の意を体した行政官による教育調査を、筆者自身も僅かながら体験した。一九六〇年代の後半から七〇年代の初頭にかけて筆者は九州大学教育学部助手（比較教育文化研究施設）を務めていたのであるが、助手の任期切れに伴ない一九七一年文部省大臣官房調査課（外国調査係）に職場を移した。当時の文部省は中教審答申（いわゆる「四六答申」一九七一年）作成の真っ只中にあったが、私に与えられた仕事（調査）は、その次の中教審に諮問が予定されていた「国際教育協力」に関する調査を東南アジア諸国（インドネシア、スリランカ、ビルマ＝現ミャンマー）に赴き実施することであった。それぞれの国に約一カ月程度滞在し、現地の教育事情を調査し報告書を作成する仕事であった。事前の準備も含め、三年間にわたる行政調査で学んだことは、①系統的な資料の収集分析に努め調査の精度を上げること、②調査目的は、日本の理科教育、技術教育、日本語教育等の協力援助のあり方を検討するため、相手国の実情（教育の全体状況、教育協力援助の受け入れ態勢、マッチングファンド、インフラ整備等）を調査することであったが、そのためには日本側の関連項目の事前調査が欠かせないこと、③すでに諸外国および国際機関が行なっている同種の協力援助事業と日本のそれとを比較検討することの重要性、等であった。いずれにしても筆者が担当した行政調査は、明治初期のような自国の制度改善のために諸外国のそれを調査する類のものではなく、逆に日本の制度を輸出するために相手国の実情を調査することを目的としたものであり、上記幣原の現代版とも言える類の調査であった。当然のことながら、当事国に直接出向きフィールドワークに基づいて情勢を分析し、ある種の提案をすることが仕事の中身であった。筆者にとって、新たな「越境のレッスン」となったことは間違いない。

3　比較教育学の成立──大学人の時代

今日、比較教育学の父といえばパリ生まれのジュリアン（Marc A. Jullien: 1775-1848）ということになっている。彼は、前述のマンやアーノルドやクーザンよりもやや早く生まれ、すでに一八世紀末にジャーナリストおよび外交官として活躍していた。ただ一時期、パリの公教育執行委員会の委員（一七九四年）としてスイスのペスタロッチ学園の調査等を行なっているので、行政官による外国教育調査の先駆者であったとも言える。しかし彼が一般の行政官と違っていたのは、「比較教育学の構想と予備的見解」（一八一七年）という学術論文をかなり早い時期に著していたことである。これは五〇頁程度の小冊子であるが、「比較教育学（l'education comparee）」という学問名称を最初に提唱した論文であり、しかも比較教育学研究の方法論が具体的且つ精緻に展開されていたのである。すなわちヨーロッパ各国の教育情報（制度・目的・方法・内容等）を系統的に収集分析するためには「比較分析表」が必要であること、またこうした調査研究に基づいて各国の教育改革を進めるためには国境を越えた教育特別委員会のような汎ヨーロッパ的な組織の設立が必要であるという、きわめて斬新な提案がなされていたのである。ただし、この書がパリの古本屋でハンガリーの教育学者（ケメーニュ）により発見されたのは、刊行から六八年後の一八八五年であった。

ジュリアンの提唱した比較教育学が本格的に発展するのは、前述の小冊子の刊行から約一世紀を経た二〇世紀初頭からであり、それを主導したのは大学人（教授）であった。彼らも国境を越えて学問研究をしたという意味においては旅の人であったが、行政官とは異なり学問（比較教育学）を職業として、大学を拠点に比較教育学研究を行ない、その成果を「比較教育学」の名を冠した書物として世に問うたのである。すなわち教育の比較研究は行政官の時代から学者・大学人の時代に移ったのである。ここでは二〇世紀の前半期に比較教育学に関する大著を刊行した三人の代表的学者について述べておきたい。

最初の大著はキャンデル（Isaac L. Kandel: 1881-1965）によって書かれた。彼はルーマニアに生まれイギリスで中等教育・大学教育（マンチェスター大学）を受け、アメリカにわたりコロンビア大学で一九一〇年にPh.D. 学位を取得後、三四年間（一九一三―四七）母校のコロンビア大学で教授職を務めた。その間、一九三三年には大著『比較教育学（Comparative Education）』を著し、比較教育学を一つの学問分野として確立する上で大きな役割を果たした。この書で彼はアメリカ、ソ連を含む先進各国（ヨーロッパ諸国）の国民教育制度の性格を規定する要因を歴史的手法により分析した。このような比較教育研究は、先進モデルの移植を目的に行なわれた行政官の時代とは異なり、各国教育の規定要因を分析するという学問的関心に重点が置かれた。

もう一つの大著をものしたシュナイダー（Friedrich Schneider: 1881-1974）も大学人であった。ケルンに生まれボン大学に学び、ボン大学の教授に就任（一九二八）、その後ザルツブルク大学を経てミュンヘン大学に移り、一九六〇年に同大学を退職するまで、ヨーロッパにあって比較教育学研究の中心人物であった。その間、比較教育学に関する最初の国際学術誌（アカデミック・ジャーナル）ともいうべき「国際教育学雑誌」（Internationale Zeitschrift für Erziehungswissenschaft）をコロンビア大学のモンロー（Paul Monroe: 1869-1948）とともに創刊（一九三一―）、またザルツブルク大学の教授時代には同大学に比較教育学研究所を設立（一九四六―）、そして一九四七年に大著『諸国民の教育の原動力（Triebkräfte der Pädagogik der Völker）――比較教育科学入門』を上梓《じょうし》した。同書はキャンデル同様、諸国民の教育の形成要因を分析すると同時に、そうした一連の作業を通じて一定の法則性を追及する比較教育科学（Vergleichende Erziehungswissenshaft）

を構想したのであった。

　この時期のもう一人の巨人として、ロンドン大学を拠点に活躍したハンス(Nicholas Hans, 1888-1969)を挙げなければならない。生まれはロシアのオデッサであり、その地で大学を卒業後、教育長職(一九一七－一九二〇)を歴任したが、革命後イギリスにわたりロンドン大学を比較教育学のメッカたらしめる役割を果たした。彼の畢生の名著といわれる『比較教育学』(Comparative Education)は、第二次大戦後間もない一九四九年に刊行されたが、比較教育学を一つの学問領域として開花させる画期となった書物であるといえる。各国教育を分析する際、①自然的要因(民族、言語、環境)、②宗教的要因(カトリック、アングリカン、ピューリタン)、③世俗的要因(人文主義、社会主義、国家主義)からなる三つの要因群から各国の教育を分析することの有効性を、四つの民主主義国家(イギリス、アメリカ、フランス、ソ連)の比較分析を

表序－1　比較教育学の成立と展開

地域(国) 発展段階(主役)・keyword/ 時期	欧米(米英独仏)	日　本
前史：体験記 (旅人) Traveling 【18–19世紀前半】	Desiderius Erasmus (1592-1670) 『世界図絵』 Jean-Jacques Rousseau (1712-1778) 『エミール』	大黒屋光太夫(1751–1829) 『北槎聞略』(桂川甫周編、1794) 福沢諭吉(1835–1901)「西航記」、『西洋事情』
萌芽期：教育移植のための外国調査 (行政官) Implantation 【19世紀後半】	Horace Mann (1796-1859) Maathew Arnold (1822-1888) Victor Cousin (1792-1867) Marc Antoine Jullien (1775-1848) ↓	田中不二麿(1845–1909)『理事功程』(1873) 幣原坦(1870–1953)『殖民地教育』(1912)
成立期：専門的学術書の刊行 (大学人) Analysis 【20世紀前半】	Isaac L.Kandel (1881-1965) *Comparative Education* (1933) Friedrichn Schneider (1881-1974) *Triebkräfte der Pädagogik der Völker* (1947) Nicholas Hans (1888-1969) *Comparative Education* (1949)	中島半次郎(1871－1926)『独仏米英・国民教育の比較研究』(1916) 阿部重孝『歐米学校教育発達史』(1930) 樋口長市『比較教育』(1928)『比較教育制度論』(1936)
発展期：学の制度化(講座、教育プログラム、研究所、学会、ジャーナル等) (研究者) Scientific research 【20世紀後半】	Comparative Education Society (北米：1956) Comparative Education Review (Vol.1, No.1: 1957) Institute of Education, Univ. of London: 1947 World Council of Comparative Education Society (WCCES: the 1st Conference: 1970)	比較教育学講座(九州大学：1952)、比較教育文化研究施設(九州大学：1955) 日本比較教育学会創立(1965)「日本比較教育学会紀要」(第1号：1975－第16－33号「比較教育学研究」) WCCES (the 4th :1980)

通して実証したといえる。それはキャンデル、シュナイダーの研究を発展的に引き継ぎ、「国民性」をキーワードに要因分析法を確立した書物とされている。

このように欧米において比較教育学の成立に決定的役割を果たしたのは大学人の著した書であったが、同様の現象が日本でも起きていたのである。二〇世紀に入り、いわゆる大学令(一九一八年)以来の大学拡張ブームを前後して、大学人による欧米教育研究が盛んになり、「比較研究」ないし「比較教育」を表題にもつ書物の刊行が行なわれ始めた。その嚆矢《こうし》となったのは早稲田大学教授・中島半次郎(一八七一―一九二六)による二冊の著書である。一つは『日清間の教育関係』(一九一〇年)であり、他の一つは『独仏米英・国民教育の比較研究』(一九一六年)である。前者は東京専門学校(早稲田大学)の清国留学生部開設準備のために清国に派遣された日本人教習としての立場から、日清間の教育問題を三年余の現地調査体験に基づき分析した日清教育交流論であり、後者はその後二年間におよぶドイツ留学(ベルリン大学)の成果を、「国民性」をキーワードに欧米列強の国民教育を貫く原理を比較考察した労作である。特に後者は、「比較教育」と銘打った日本で最初の書物となった。

もう一人の大学人は東京帝国大学の阿部重孝であった。彼の大著『欧米学校教育発達史』(一九三〇年)は、一見するところ教育史研究のようにみえるが、阿部の関心は当時主流となっていた思想史的アプローチにはなかったようである。国家意思によって「制度化」された欧米各国の学校教育の発展を、制度・政策論的アプローチにより解明しようとしたのが本書であり、第二次大戦後に展開されることになる比較教育学研究の先駆け的役割を果たしたといえる。本書の序文には、姉妹編として、我が国の教育制度を中心に『比較教育の研究』の刊行を予告してたが、著者の他界により実現をみなかったのは惜しまれる。なお、阿部は『教育学辞典』(同文館:一九一八年)に「比較教育学」を執筆していることからも、日本で最も早く欧米の「比較教育学」の動向をキャッチし、自らも比較教育研究を意識していた大学人であったといえるであろう。

さらに戦前期の大学人としてもう一人挙げるとすれば、「比較教育」の名を冠した書物を実際に刊行した東京高等師範学校教授・樋口長市であろう。彼は『比較教育』（寶文館：一九二八年）および『比較教育制度論』（成美堂、一九三六年）の二著を刊行しているが、特に後者の序において、著者がキャンデルの *Comparative Education*（1933）やハンスの *The Principles of Educational Policy-A Study in Comparative Education*（1933）を参考にして自著の構成を考えたことを明記している。そしてこの書では、これまでの各国の教育制度を羅列する「列国体」式のタテの比較教育ではなく、例えば国民陶冶、教育管理、教育階梯、地下学校、基礎学校及び強制就学、中継学校、終極学校、教員学校等の「項目体」別に欧米および日本の教育を考察するヨコの比較教育を意図したことを強調している。以上にみられるように、欧米においても日本においても、学問としての比較教育学は大学人によって切り拓かれたといえる。

そこで筆者の場合、比較教育学との関係がどのような契機によりスタートしたかについて述べておきたい。大学に入学したのは一九六〇年であるが、一九六〇年を前後する一〇年間は、世界的にみて比較教育学が第二次大戦後もっとも活況を呈した時代であった。その頃、比較教育学のメッカとなっていたコロンビア大学への留学から帰朝したばかりの沖原豊教授（当時助教授）から比較教育学の講義を受けたのが、筆者の比較教育学との出会いである。その後、比較教育学の魅力にとりつかれ、卒業論文および修士論文において比較教育学方法論に関する論文を書いたのがきっかけとなり、当時日本の比較教育学の中心地であった九州大学（教育学部・比較教育文化研究施設＝通称「比研」）に助手として赴任する幸運に恵まれた。

着任して驚いたことは、「比研」には教育学者だけではなく、文化人類学、社会人類学を専門とする専任教授がそれぞれのディシプリンを生かして比較教育学研究に従事していたことであった。またそれまでは論文や著書でしか知らなかった世界の著名な比較教育学者が、共同研究者や招聘教授として「比研」に滞在することが日常化していた。同時に「比研」の教授陣も長期・短期の在外研究および会議出席、さらには国際機関への勤務等で海外との往来は激しかった。つまり筆者が「比研」に赴任した一九六六年当時、九州大学は日本の比較教育学研究のセンターであったばかりでなく、世界の比較教育学研究をリードする拠点になっていたのである[4]。

このような研究環境は筆者にとってまことに幸運であった。赴任早々、稚拙なものではあったが、はじめての研究論文（「比較教育学の方法」九州大学教育学部紀要第一三号）を発表すると同時に、同僚との共同研究を契機に自らのフィールドを韓国に定め、ソウル大学への長期留学を通じて、比較教育学研究への小さなスタートを切ったのである。留学から帰国後は、助手任期（三年＋留学期間）の関係もあり、前述したように文部省に職場を移したが、程なくして大学（広島大学・大学教育研究センター）に復帰した。このような様々な「越境」体験を経て、まずは留学時代の成果を筆者としては最初の単行本となる『現代韓国教育研究』（高麗書林、一九八一年）を刊行した。本書はいわゆる「外国教育学」に属する書物ではあったが、比較教育学としての「地域研究」を強く意識して執筆した[5]。

4　比較教育学の制度化——組織（講座・研究所・学会）の時代

以上みてきたように、比較教育学研究は二〇世紀の前半期に、大学人が著書を刊行する形で花開いたのであるが、本格的な比較教育学研究が開始されたのは第二次大戦後になってからである。ある学問分野が成立するには、まず大学・大学院にその研究領域に関する教育プログラム（日本の場合、講座ないし学科目）が開設され、研究所・研究センターが設立される。さらにその分野の学会が結成され、学会誌（ジャーナル）が発行される等の条件が揃った時に、その学問領域は「制度化」され学界において一定の「市民権」を得ることとなる。こうした比較教育学の制度化が一九五〇年代の半ばから一九六〇年代にかけて世界各地でおこった背景には、第二次世界大戦終結から一〇年が経過し、各国が戦後復興のカギを教育改革に求め、一種の教育競争が各国間で繰り広げられつつあったことが挙げられる。先進的な外国教育の研究は、一国の教育改革を考える際に必須のこととなったのである。

第二次世界大戦前の比較教育学研究の中心地は、ニューヨーク、ロンドン、ミュンヘンに限定されていたのであるが、戦後はアメリカ、イギリス、ドイツのみならず、フランス、スウェーデン、日本およびアジア・アフリカ諸国の大学にも比較教育研究の拠点が形成され、多彩な教育プログラムが展開されることとなった。ロンドン、シカゴ、コロンビア、ミシガン、ボッフム、ストックホルムおよびハンブルク等の各大学・研究所において比較教育学の博士論文が量産され、比較教育学は活況を呈したのである。こうした大学における研究活動と並行してユネスコやＯＥＣＤ等の国際機関も比較教育研究に関心を示した。ユネスコが創設に関係した機関として、ユネスコ国際教育局（ＩＢＥ：一九六八年、前身は一九二九年設立）、ユネスコ教育研究所（ハンブルク：一九五一年）、国際教育計画研究所（ＩＩＥＰ：一九六三年）がある。ユネスコ教育活動と密接に連携したＩＥＡ（International Association for the Evaluation of Educational Achievement：国際教育到達度評価学会）の国際共同研究は、比較教育学研究に大きな刺激を与えた。またＯＥＣＤの教育委員会および教育研究革新センター（ＣＥＲＩ：一九六八年）も、世界各国の教育政策形成にインパクトを与える比較教育研究を推進したことで知られている。

このように大学および国際機関による比較教育学研究が活発になるにつれ、各国、各地域で比較教育学の研究者集団（「学会」）の結成が相次ぐこととなる。まず北米地区に比較教育学会（The Comparative Education Society：初代会長W.W. Brickman）が一九五六年に設立され、その学会誌（Comparative Education Review, Vol.1-No.1, 1957）と年次大会（Annual Conference）は世界の比較教育学をリードする役割を果たすことになった。一方ヨーロッパでも、ヨーロッパ比較教育学会（Comparative Education Society in Europe：初代会長J. Lauwerys）が一九六一年に設立され、隔年の大会とニューズレター（一九七八－）の発行を行なっている。その後、六〇年代を通して各国の比較教育学会が設立されることとなり、一九七〇年には各国・地域の比較教育学会の連合体としての世界比較教育学会（World Council of Comparative Education

Societies: WCCES）が結成され、三年ごとに大会（World Congress）を開催してきている。WCCES傘下の加盟学会は二〇〇七年現在、三一学会を数えている。

日本においても世界の動きに連動して比較教育学は発展してきた。戦後最も早い時期に比較教育学講座が創設されたのは一九五二年の九州大学（教育学部）であったが、その翌年には広島大学（教育学部）に比較教育制度学講座が創設され、続いて一九五五年には九州大学に比較教育文化研究施設（二講座相当規模）が創設され、日本でも比較教育学の制度化がはじまったといえる。その後、比較教育学研究に関心を持つ有志により学会結成の機運が高まり、一九六五年に日本比較教育学会（初代会長：平塚益徳）が設立された。発足当初の会員は一〇〇名程度であったが、一九八〇年には四〇〇名の規模に発展を遂げた。その間、一九七〇年には世界比較教育学会（WCCES）の創設メンバーに加わり、一九八〇年にはWCCES東京大会を誘致し成功に導いた。その後も学会は発展を続け、学会創立四〇周年大会（二〇〇四年：名古屋大学）時の会員数は八〇〇名を数えるまでに発展してきた[6]。

以上みてきたように、第二次大戦後の比較教育学研究は大学および研究所、さらには学会活動を通じて急速に発展してきたといえる。筆者はこのような比較教育学の発展期に、学生として比較教育学講座に所属し卒論、修論を書き、最初の職場として日本の比較教育学の中心地（九州大学教育学部・比較教育文化研究施設）にポジション（助手）を与えられたことは、まことに幸運であったと思っている。また広島大学大学院（教育学研究科・比較教育制度学講座）の修士課程一年の時に、比較教育学会の成立大会（広島：宮島）に学生会員として参加できたことも、今にして思えば運命的なものを感じるのである。四〇年の時を経て、二〇〇四年に『日本比較教育学会四〇年の歩み』の編纂に参加し、微力ながらその学会長として四〇周年の記念大会（名古屋大学：二〇〇四年）を挙行できたことは、感慨ひとしおであった。この間、まことに亀の歩みではあったが、筆者なりに様々な「越境のレッスン」を重ねるなかで、比較教育学の醍醐味を味わってきたのであるが、そのいくつかを記して序論のむすびとしたい。

第一は、学部、大学院の学生時代に、戦後における比較教育学の発展期の果実（著書やジャーナル論文）を享受できたばかりでなく、その成果を生み出した人々と直接に交流できたことである。例えばアメリカの比較教育学会を牽引していたベレディ（G.Z.F. Bereday）の *Comparative Method in Education*, 1964（岡津守彦訳：『比較教育学研究法』福村出版、一九六八年）は学部・大学院生時代に何度も通読した必読書であったが、講演会で教授に直接お会いし話ができたことは大きな刺激になった。また、修士論文の作成のためにシュナイダー（F. Schneider）の *Vergleichende Erziehungswissenschaft*, 1961（沖原豊訳『比較教育学』御茶の水書房、一九六五年）を辞書と首っ引きで訳し終えた頃、指導教授がその書を翻訳することになり、部分的に下訳として使っていただいたことも思い出に残っている。さらに一九六六年にキング（Edmund King）教授が広島大学で集中講義を行なった際には、教授の世話役として一週間くらい行動を共にし、ロンドンとの距離が近くなるのを感じたものである。

第二は、職場を得てからは、比較教育学の必須条件である「越境」を、国内外において体験することができたことであった。まず国内においては「文化」の異なるいくつかの機関（九州大学「比研」→文部省調査課→広島大学・大学教育研究センター→名古屋大学大学院・比較教育学講座→桜美林大学大学院・国際学研究科）に在職できたことは、特に高等教育を比較教育学研究の対象にしている筆者にとっては興味尽きないことであった。一方、外国への最初の「越境」は、諸般の事情で当初予定していた比較教育学のメッカ（欧米）への留学ではなく、最も近い隣国（韓国）への留学を選択することになったが、結果的にみるとよかったと思っている。もともと両国は一衣帯水の関係にあったにもかかわらず、二〇世紀の前半期を通じて支配―従属関係（植民地支配）にあったため、解放（一九四五年）後の日韓関係は常にギクシャクしたものであり、韓国人（社会）の日本人を見る視線は、常に鋭く厳しいものであった。そうした状況の中に身をおいた留学時代（一九六九―一九七一：国立ソウル大学大学院）は、何事においても彼此《かれこれ》を比較して考えざるを得ない毎日であり、比較教育学のレッスンの場として、これ以上の所はなかった。しかも朝鮮戦争により灰燼に帰した国土を、明確な復興ビジョンを掲げ強力なリーダーシップで国民を導いていた朴正熙政権（一九六三－一九七九）を直に観察できたことは、教育と国家発展の関係を考える上で、きわめて有益であった。留学の前年（一九六八年）に誕生していた韓国比較教育学会（KCES）との交流は今日まで連綿と続いている。その韓国比較教育学会が主催して開かれたWCCES第一一回大会（二〇〇一年）には、その前年から筆者はソウル大学（師範学部・教育学科）で客員教授を務めていた関係もあり、その準備段階から加わり大会時には日本比較教育学会長として出席することができた。大会の成果は、当時WCCESの事務局長（現会長）であったマーク・ブレイ氏により著著（Mark Bray ed., *Comparative Education: continuing tradition, new challenges, and new paradigms*, Kluwer Academic Publisher, 2003）として刊行され、その日本語訳は日本比較教育学会のメンバーにより出版されている（馬越徹・大塚豊監訳：『比較教育学：伝統・挑戦・新しいパラダイムを求めて』東信堂、二〇〇五年）。

第三に、制度化された比較教育学時代の到来は、大学および学会をベースにした人的交流や共同研究を飛躍的に増大させた。またそのことが比較教育学を専攻する大学院生の教育に対しても大きな影響力を発揮してきたといえる。筆者の狭い体験からも、国内の学会（年次大会）はもとより、数次におよぶWCCES、CIES、CESEおよび近隣アジア諸国の比較教育学会年次総会（韓国比較教育学会、中国比較教育学会）への参加は、研究上のヒントを得るにとどまらず、関係者との交流を通じて彼らの大学院生を受け入れたり、われわれの大学院生を受け入れてもらったりする契機となった。研究交流上の成果としては、筆者の場合、欧米の同僚たちが出版した比較教育学関連の著書（編著書）を日本の読者に翻訳紹介したものと国際共同研究の企画がある。思い出に残るものを一点ずつ挙げるとすれば、翻訳の例としては、WCCESの「理論と方法」部会の成果を翻訳したユルゲン・シュリーバー編著（馬越徹・今井重孝監訳）『比較教育学の理論と方法』（東信堂、二〇〇〇年）が、国際共同研究の成果としては、Philip G. Altbach & Toru Umakoshi (ed.), *Asian University: Historical Perspectives and Contemporary Challenges*, The Johns Hopkins University Press, 2004がある。こうした作業は時間と資金のかかることではあったが、幸い政府の科学研究費や内外の助成財団の援助を得て実現にこぎつけることができた。また、外国研究者との交流が機縁となって、特に中国および韓国から優秀な学生を多数受け入れることができた。そして嬉しいことに彼らのほとんどは、それぞれの国において比較教育学研究の中心となって活躍している。

第四に、このような比較教育学の発展にもかかわらず心配な点がないわけではない。特に日本の場合、大学における比較教育学のインフラ（研究拠点）が、このところ弱体化しているのではないかと考えられる。本書の第三―四章で考察するとおり、筆者自身、日本の大学で最後となる「比較国際教育学」講座を運よく創設できたにもかかわらず、折からの国立大学改革の中で、数年にして小講座は解体・再編を余儀なくされた。このことが比較教育学の教育・研究にプラスに働く確たる保証はどこにもない。第二次大戦後、日本で最初に比較教育学講座と研究センター（比較教育文化研究施設）を創設した九州大学の場合も、国立大学改革の中で両者とも姿を消し、大講座化した組織の中で細々と命脈を保っているのが現状である。広島大学、東京大学、京都大学等の比較教育学関連講座も同じような講座再編の中で、比較教育学研究の拠点が必ずしも強化されているとはいえない。また一九六〇―七〇年代、日本の比較教育学研究に中心的役割を果たした国立教育研究所（現国立教育政策研究所）の比較教育学研究部門も、かつての面影はなくなっている。大学および研究所等における、新しいコンセプトによる比較教育学研究のインフラ（拠点）整備が求められるのではなかろうか。

最後に第五として、こうした戦後半世紀にわたる比較教育学とのかかわりの中で、最近筆者が強く感じることは、グローバリゼーションの急速な進展による研究そのものの変質である。筆者が歩んできた同時代のキー・コンセプトは「近代国家（nation states）」であり「近代化（modernization）」であった。比較教育学の方法論議における、歴史的・哲学的アプローチや構造・機能主義的アプローチ、ネオマルキシズムや従属理論、さらにはポスト・モダンの様々な言説にしても、すべてはモダニゼーション（近代）との関係において論じられてきたといって過言ではない。ところがインターネットや衛星は、時空間を圧縮してしまった。遠い世界の出来事がリアルタイムで文字情報および画像により配信され、瞬時のうちにローカル化されると同時に、鳥インフルエンザ（パンデミック）のようなローカルな出来事がたちまちのうちにインターナショナルな枠組みの中で論議される時代となった。もちろんこれからも、これまでと同様に人の誕生からはじまる人間の成長発達の本質は変わらないであろうが、このような人間を取り巻く状況の劇的な変化により、教育の過程は確実に変化を余儀なくされている。二一世紀の比較教育学にとって最大の課題は、グローバリゼーションに対しどのように向き合うかであろう。それは近代を構成していた「ナショナル」概念やその延長線上に成立していた「リージョナル」な概念とは異質の事象への挑戦ということになる。つまりはこれまでわれわれが考えてきた、方法としての「越境（crossing the border）」が意味を成さなくなりつつあるのではないかということである。いま求められているのは、ボーダレス時代における比較教育学の再構築である。

〈注〉

1　石附実『教育における比較と旅』東信堂、九三頁。

2　『学問のすゝめ』第一二編において、「オブセルウェーション（observation）」を「物事を視察することなり」、「リーゾニング（reasoning）」を「物事の道理を推究し、自分の説を付くることなり」と、述べている。

3　沖原豊編『比較教育学』有信堂高文社、一九八一年（東信堂で一九八五年刊行）、二三頁。

4　九州大学教育学部附属比較教育文化研究施設『比研四〇年のあゆみ』一九九七年。

5　本書の〈補章〉（二九五－三二二頁）の冒頭部分において、「外国教育学」と比較教育学との関係について記している。

6　日本比較教育学会『日本比較教育学会四〇年の歩み』（非売品：東信堂）二〇〇四年。

【付記】

筆者は一九八〇年代の半ばからごく最近までの二〇年間、毎日何らかの形で比較教育学のことを考える生活を送ってきた。もう少し正確に言うなら、比較教育学を意識せざるを得ない日々を過ごしてきた。それは一九八六年の春、ある偶然から名古屋大学（学部・大学院）で比較教育学講座を担当することになり、比較教育学の教育と研究が、自らの職責となったからである。名古屋大学時代の約一七年間、職責として「比較教育学概論」を隔年で担当してきたのであるが、本章はその講義ノートの一部を今回はじめて活字化したものである。それは比較教育学の発達史と比較教育学研究における「自分史」とを重ね合わせて語るという、やや牽強付会《けんきょうふかい》のそしりをまぬかれない「系統発生論的」方法によるものではあるが、このような考え方は、学部（学士課程）学生への入門講義としては、一定の効果があることを確信してきたからである。また折にふれこの考え方は、大学院の演習でも紹介し、それなりの有効性を確認できたので、半ば私記に近い類のものではあるが、本書の序章とすることにした。

なお、本論を書くに当たっては、これまで学んできた数多くの先行研究の恩恵に浴しているが、序章の性格上、研究論文として書いたものではないので、参考文献を列挙することはしなかった。最小限度の注にとどめたゆえんである。

I部　比較教育学方法論

——理論・方法・教育研究基盤——

第1章　一九九〇年代の比較教育学研究
——比較教育学への手引き——

1　新しい問題状況

(1)　比較研究の「おもしろさ」と「むずかしさ」

比較するということは、ややもすれば物事の優劣を論じることのように考えられがちであるが、本来の意味はそうではない。英語(compare)の語源(ラテン語＝com-pare)が示すよう、「ならべて、置く」つまり複数の事象の関係(意味構造)を、偏りなく吟味することが、その本来的な意味である。

比較教育学が学問の世界で市民権を与えられた今世紀は、国民国家(nation state)全盛の時代であり、また国家間競争の時代でもあったため、先進国の教育が主要な研究対象となり、彼此の優劣を論じることが一般的傾向であった。ところが、二〇世紀も終わりに近づいた現在、一方では旧ソ連や東欧諸国にみられる国民国家の分裂と崩壊、他方ではＥＵに代表される国民国家を超えた地域統合という異なるベクトルが同時に進行する時代となった。また新たな民族問題の発生やマルチ・メディアのもたらす世界共通化現象が、これまでのような「国」単位での思考の限界を、否応なく示すことになった。比較教育研究の対象は、国を超えて「世界(国際)」に広がらざるを得なくなったのである。

「国家」の呪縛から解き放たれた比較教育学研究は、これまで以上に「おもしろく」なったと言える。ここで「おもしろい」とは、面白おかしいことではもちろんなく、「何かに心が引かれ、続けてしてみたり、見たり聞いたりしたい」（三省堂『新明解国語辞典』）という意味においてであるが、教育を取り巻く状況はまさに面白い。ところがこれに本格的に取り組むには、かなりの覚悟が必要とされる。外国語の習得や、当該国・地域に一定期間生活することも必要となろう。また、日本語のわからない外国人の子どもや留学生を、いかに教えるかというような実際的な問題も解決していかなければならない。上記の国語辞典によれば、「むずかしい」とは「理解したり、解決したり仕上げたりするのに手間がかかる」と語釈されているが、われわれが当面している教育問題はまさに手間のかかる問題が多い。しかしこう見てくると、本来的にいって、「おもしろい」ことは「むずかしい」し、「むずかしい」ことは「おもしろい」と言える。比較研究もむずかしいからこそ、面白い作業であるとも言える。

このような観点から、一九八〇年代の後半から九〇年代までに日本語で書かれた書物（単行本）を取り上げ、比較教育学研究への「手引き」として小論を構成する。したがって、一般的に入手困難な学術論文や外国語で書かれた書物は、ここでは原則として取り上げていない。

(2)「問題群」の多様化

一九七〇年代までの比較教育学研究は、欧米先進国の教育、なかんずくその先進的な教育制度改革や政策運営の実態を紹介する類のものが多かった。いわゆる「外国教育研究」であり、それらを横に並べた「列国体の比較研究」が主流であった。ところが、八〇年代に入ると、「教育の国際化」というスローガンにみられるように、国境を越える教育現象が日本の教育現場に様々な形で現れ、それに取り組む研究が展開されてきた。

まず第一に、日本経済の国際化戦略が生み出した日本人の海外進出は、教育面では海外日本人学校や帰国子女教育としてクローズアップされ、文部省の大きな政策課題となった。そのような状況のなかで、帰国子女の母親が書いた手記『たったひとつの青い空――海外帰国子女は現代の棄て児か』（大沢周子、文藝春秋、一九八六年）は、海外で異文化を体験した子どもを拒否する日本の学校の異質性を鋭く告発するものとして、衝撃的であった。また海外における日本人生徒の実態に迫った報告として、ジェニー・ファーカス・河野守夫『アメリカの日本人生徒たち――異文化間教育論』（東京書籍、一九八七年）がある。海外子女・帰国子女研究は、それを専門に研究するセンターの設置（東京学芸大学・海外子女教育研究センター、一九七八年）や異文化間の教育問題を専門に研究する学会の創設（「異文化間教育学会」一九八一年）を経て、大きく発展してきた。最近では、こうした問題を扱った本格的な研究書としてロジャー・グッドマン著／長島信弘・清水郷美訳『帰国子女――新しい特権層の出現』（岩波書店、一九九二年）、佐藤郡衛『海外・帰国子女教育の再構築』（玉川大学出版部、一九九七年）も刊行されている。この問題を日本の近代史にさかのぼって考察したユニークな研究として、小島勝『日本人学校の研究――異文化間教育史的考察』（玉川大学出版部、一九九九年）がある。

第二に、ヒトの国際移動は日本人だけの問題ではなかった。政府の「留学生受け入れ一〇万人計画」により、八〇年代の初頭には一万人に満たなかった外国人留学生が、九〇年代の半ばには五万人を越え、日本の大学は一挙に国際化の波に直面した。またこの時期には、大学における外国人教員の任用も本格化すると同時に、多くの問題点も指摘された。その間の事情は『大学教育の国際化――外からみた日本の大学（増補版）』（喜多村和之、玉川大学出版部、一九八七年）に詳しい。また大学の国際化に関する本格的研究として江淵一公『大学国際化の研究』（玉川大学出版部、一九九七年）を挙げなければならない。さらにバブル経済期に日本にやって来た外国人労働者の子どもの教育が、小・中学校の新しい問題として登場してきた。『ニューカマーの子どもと日本の学校』（太田晴雄、国際書院、二〇〇〇年）、志水宏吉・清水睦美『ニューカマーと教育』（明石書店、二〇〇一年）は、このような日本の学校の問題状況を分析したものである。またこれらと並んで、定住外国人（特に在日韓国・朝鮮人）の民族教育や定住難民の教育のあり方が「内なる国際化」問題として意識されはじめたのも、この時期の特色と言える。このような多民族共生時代の教育のあり方として、欧米諸国で推進されてきた「多文化教育」を、理論と実践の両面から追求し、その研究成果が世に問われたのも八〇年代の半ばであり、小林哲也・江淵一公編『多文化教育の比較研究』(九州大学出版会、一九八五年)を皮切りに、平沢安政『アメリカの多文化教育に学ぶ』(明治図書、一九九四年)、田中圭次郎『多文化教育の世界的潮流』(ナカニシヤ出版、一九九六年)、田中圭次郎『教育における文化的多元主義の研究』(ナカニシヤ出版、二〇〇〇年)、中島智子編『多文化教育――多様性のための教育学』(明石書店、一九九八年)、江原武一編『多文化教育の国際比較』(玉川大学出版部、二〇〇〇年)等が続々と世に問われると同時に、ヨーロッパの視点からこの問題にアプローチした天野正治『ドイツの異文化間教育』(玉川大学出版部、一九九七年)が刊行されている。また多文化教育に関しては、この分野の権威者ジェームズ・バンクスの著書の翻訳も出版されている(平沢安政訳『入門・多文化教育――新しい時代の学校づくり』明石書店、一九九九年)。

第三に、このような学校を取り巻く状況の変化は、国際機関の新しい動向とも連動して、様々な新しい活動として展開されることになった。従来、社会科教育の一環として取り組まれてきたユネスコの教育活動と関係の深い国際理解教育(特に国際共同学校計画)は、国連環境計画(UNEP)等の影響を受け、環境、人権、平和の問題に積極的に取り組むようになり、一九九一年には、日本国際理解教育学会が創設されている。また八〇年代には、欧米のNGOによる国際協力活動に起源を有する「開発教育」が日本でも関心をよぶところとなり、一九八二年に開発教育協議会が結成され、学校関係者だけでなく若者や地方自治体関係者にまでその輪を広げている(田中治彦『南北問題と開発教育――地球市民として生きるために』、亜紀書房、一九九四年)。さらに八〇年代には、アメリカの社会科カリキュラムの改革に端を発するグローバル教育が、社会科教育関係者によって日本に紹介され、地球的問題群に取り組む教育実践と研究が展開されるようになった。一九九三年には、日本グローバル研究会が発足し(魚住忠久『グローバル教育――地球人・

地球市民を育てる』黎明書房、一九九五年)、その後グローバル教育学会に発展している。これらの動向と密接な関係をもちながら、教育と開発の関係を国際教育協力論および国際教育開発論の立場から研究するグループの業績も顕著となっている。例えば、豊田俊雄編『開発と社会――教育を中心として――』(アジア経済研究所、一九九五年)、内海成治『国際教育協力論』(世界思想社、二〇〇一年)、江原裕美編『開発と教育――国際協力と子どもたちの未来――』(新評論、二〇〇一年)などが世に問われている。

第四に、教育の国際化に関連して、教育内容(特に歴史教科書)のあり方や修了・入学資格の認定をめぐって、国際的な協力関係が模索されるようになってきた。国際間の教科書改善事業としては、比較史・比較歴史教育研究会編『自国史と世界史――歴史教育の国際化をもとめて』(未来社、一九八五年)、西川政雄編『自国史を越えた歴史教育』(三省堂、一九九二年)、近藤孝弘『ドイツ現代史と国際教科書改善』(名古屋大学出版会、一九九三年)、近藤孝弘『国際歴史教科書対話――ヨーロッパにおける「過去」の再編――』(中央公論社、一九九八年)、『歴史教科書を日韓協力で考える』(日韓歴史教科書研究会編、大月書店、一九九三年)が参考になる。また、国際バカロレア(International Baccalaureat: IB)資格の認定をめぐる国際学力問題については、『国際学力の探究――国際バカロレアの理念と課題』(西村俊一編、創友社、一九八九年)が刊行されている。

(3)　新しいパラダイムの模索

このように、比較教育学研究が対象とする「問題群」が多様化するにつれ、これまでのアプローチに代わる、新しい研究方法論が求められるようになってきている。ここで比較教育学研究の理論的系譜を簡単に整理しておこう。まず先進諸国の教育制度改革を記述的に研究していた一九五〇年代は、歴史的・哲学的アプローチが主流であった。六〇年代になって、社会経済の変動と教育発展との関係に関心が集中するようになると、実証的・計量的な構造機能主義的アプローチが一世を風靡した。第三世界の教育開発の理論的根拠となった人的資本論はこの系譜に位置づけられる代表的なものであった。またＩＥＡ（国際教育到達度評価学会：一九六〇年創設）による国際規模での学力の国際比較研究も、いわゆるインプット・アウトプット理論モデルに基づいていたと言える。

ところが、このような政策志向的パラダイムは、一九七〇年代の後半から八〇年代にかけて、国際情勢の緊張や石油危機による経済的停滞等の外的条件の変化により、また教育面では学歴主義の弊害や学校システムの機能障害・逆機能（学力格差・学校・暴力・不登校）が顕在化するにつれ、重大な挑戦を受けることとなった。「社会統合」を前提とする構造・機能主義は葛藤理論に取って代わられ、第三世界を研究対象としてきた人的資本論もネオ・マルキシズムや従属理論に取って代わられることとなった。研究の対象は「発展の諸相」ではなく、「停滞の分析・解釈」へとシフトしたのである。このような流れの中で、エスノメソドロジー的手法や社会史的アプローチが注目され、脚光をあびるようになった。しかし八〇年代は、総じて諸理論が競合した時代であり、北米を拠点とする世界的学会である比較・国際教育学会（CIES）の会長エプスタイン（Erwin Epstein）は、「果てしない論争により、この研究分野が崩壊することのないように、異なるイデオロギーへの寛容と独善的自己主張の抑制」[1]を呼びかけたほどである。

では九〇年代の状況はどうであろうか。言うまでもなく九〇年代は、世界秩序そのものが再構築を迫られている時代であり、比較教育学の理論的枠組みについても支配的パラダイムを見いだせないでいる。このところ、この分野の言説論争の主役となっているポールストン（R. Paulston）[2]によれば、八〇年代末から今日まで、比較教育学に「唯一の正統的方法（single orthodox method）」は存在しなくなっている。諸理論は、ある場合には相互に競争的であり、別の文脈では相補的である場合もあり、いわば「折衷的（eclectic）」状況にあると言われている。確かに彼の言うように、パラダイム戦争は終結したともみられるが、かつての構造・機能主義や葛藤理論、従属理論、世界システム論は、いまなおアプローチとしての有効性を保持しつつ、新しいパラダイムを模索していると言える。過去において主流であった歴史的アプローチも、社会史・心性史的アプローチという形で復権してきている。諸理論が併存する状態は、今しばらく続くことが予想される。

2　一九九〇年代の研究動向

このような比較教育学理論の世界的動向は、翻訳等を通じて日本にも紹介されたが、日本から世界の学会に発信するようなモデルは作り出せなかった。「理論は外国から」という、明治以来の通弊を脱することができないまま、外国理論の後追いを続けてきたことになる。実際の研究スタイルも、最新の理論に基づく研究というより、歴史的アプローチによる記述的研究が多く、「比較（comparison）」を伴わない「一国（国別）研究」が多かった。しかし、九〇年代は「円高」等の経済的要因により、日本人研究者の海外におけるフィールド調査の機会が飛躍的に増えたことも手伝って、様々なタイプの「比較研究」が、日本人研究者によってなされるようになった。以下、それらのいくつかを紹介してみよう。

(1)　二国間比較研究

a　アメリカとの比較

二国間比較のうち、何と言っても多いのは日米比較である。研究対象も、就学前（保育園・幼稚園）教育から高等教育まで、すべての分野にまたがっている。先鞭をつけたのは、いわゆる「日本研究」を専門とするアメリカ人研究者による比較研究であるが、その全貌を市川昭午『教育システムの日本的特質――外国人がみた日本の教育』（教育開発研究所、一九八八年）は丹念に紹介している。八〇年代に邦訳されたW. K. カミングス（友田泰正訳）『ニッポンの学校』（サイマル出版会、一九八一年)、B.C.デューク(国弘正雄・平野勇夫訳)『ジャパニース・スクール』(講談社、一九八六年)、T.P.ローレン『日本の高校――成功と代償』(サイマル出版会、一九八八年)は、いずれもアメリカ人の目から日本の学校を分析した優れた研究である。また、八〇年代の両国の「教育危機」に対し、日米両政府が取り組んだ比較研究として天城勲編著『相互にみた日米教育の課題』(第一法規、一九八七年)が注目される。また同様の問題意識からなされた日本人研究者の成果として、潮木守一・天野郁夫・喜多村和之・市川昭午編『教育は「危機」か――日本とアメリカの対話』(有信堂高文社、一九八七年)を挙げることができる。

日本人研究者による日米比較研究も、八〇年代以後、多様な展開がみられる。勝浦クック範子『日本の子育て・アメリカの子育て』(サイエンス社、一九九一年)、恒吉僚子『人間形成の日米比較――かくれたカリキュラム』(中公新書、一九九二年)は、日米の幼児期・少年期の人間形成のあり方を見事に比較分析している。高校生の意識と行動を、調査データに基づいて比較分析した千石保/ロイズ・デビッツ『日本の若者・アメリカの若者』(NHKブックス、一九九二年)は、新しい形の比較文化論としておもしろい。稲垣忠彦他編『授業の世界――アメリカの授業と比較して』(岩波書店、一九九三年)は、授業実践の日米比較としてユニークな視点を提供してくれる。また、家族の体験を綴ったルポルタージュであるが、唐須教光『バイリンガルの子供たち』(丸善ライブラリー、一九九三年)も、日米の教育制度を比較するうえでおもしろく読める。

日米の比較研究のうち、もっとも多くの成果が出されたのは高等教育の分野であり、制度・政策分野だけでなく、授業内容・方法に関する研究にまで多岐にわたっている。喜多村和之『高等教育の比較考察』(玉川大学出版部、一九八六年)は、日米比較を軸に大学制度と中等後教育のシステム化を論じている。苅谷剛彦『アメリカの大学・ニッポンの大学――TA・シラバス・授業評価』(玉川大学出版部、一九九二年)は、自らのアメリカの大学での教師体験に基づいて、ユニークな日米比較大学教育論を展開している。また、江原武一『大学のアメリカ・モデル――アメリカの経験と日本』（玉川大学出版部、一九九四年）や中山茂『大学とアメリカ社会――日本人の視点から』（朝日選書、一九九四年）は、日本の大学を念頭にアメリカの大学を論じた比較大学論である。金子忠史編『短期大学の将来展望――日米比較を通して』（東信堂、一九九四年）は、調査に基づいた短期大学の日米比較論である。また清水一彦『日米の大学単位制度の比較史的研究』（風間書房、一九九八年）や高木英明『大学の法的地位と自治機構に関する研究――ドイツ・アメリカ・日本の場合――』（多賀出版、一九九八年）は本格的な比較研究である。

b　ヨーロッパ諸国と日本との比較研究

ヨーロッパ諸国と日本との比較研究の成果は、アメリカほど多くはない。しかしそのなかでも、イギリスとの比較研究がこのところ注目される。やや古いところでは、経済学者・森嶋通夫の書いた『イギリスと日本――その教育と経済』（岩波新書、一九七七年）が出色であるが、B・サイモン・堀尾輝久『現代の教育改革――日本とイギリス』（エイデル出版社、一九八七年）は日英教育関係者の対話として、また三好信浩『ダイヤーの日本』（福村出版、一九八九年）は、日英比較教育交流史を扱ったものとして注目される。また竹内洋『パブリック・スクール――英国式受験とエリート』（講談社現代新書、一九九三年）、志水宏吉『変わりゆくイギリスの学校』（東洋館出版社、一九九四年）および志水宏吉『学校文化の比較社会学――日本とイギリスの中等教育』（東京大学出版会、二〇〇二年）は、比較社会学的なフィールド調査に基づく労作であり優れた日英教育比較論になっている。イギリス人の書いたものとしては、R.P.ドーア（松居弘道訳『学歴社会――新しい文明病』（岩波書店・同時代ライブラリー、一九九〇年）は初版（一九七八年）以来四半世紀が経ってはいるが、グランド・スケールの比較教育文明論を展開しており、そのなかの日英比較からは教えられるところが多い。

ドイツとの比較研究もそれほど多くない。八〇年代初期に書かれた日独教育比較論としては、比較教育学を専門とする研究者によるものではないが、西尾幹二の『日本の教育・ドイツの教育』（新潮選書、一九八二年）や子安美智子の『ミュンヘンの小学生――娘が学んだシュタイナー学校』(中公新書、一九七五年)をはじめとするシュタイナー学校に関するシリーズは、両国の教育に鋭い問題提起を行なっている点で注目される。一方、比較教育学者である天野正治による一連のドイツ教育研究には、つねに日独比較が折り込まれているが、特に最新作『日本とドイツ・教育の国際化』(玉川大学出版部、一九九三年)では、九〇年代の日独両国が当面している教育課題を「国際化」の観点から分析していて興味深い。日独シンポジウム報告書・木田宏／H．ベッカー編『日本とドイツの継続教育』(愛育出版、一九八五年)は、日独の教育関係者が討論を通じて、日独比較を展開している。

c　アジア諸国に関する比較研究

アジア諸国との二国間比較は、比較教育史ないし留学交流史に関するものに特色ある研究が蓄積されてきている。特に、日中比較交流史に関するものに優れたものが多く、阿部洋『中国近代教育と明治日本』(福村出版、一九九〇年)、阿部洋編『日中教育交流と摩擦――戦前日本の在華教育事業』(第一書房、一九八三年)が挙げられる。同じく阿部洋編『米中教育交流の軌跡――国際文化交流の歴史的教訓』(霞山会、一九八五年)は、米中教育交流史を扱ったものとして、きわめてユニークであり学術的にも大きな意味をもつと言える。中国人の書いた日本留学史に関する労作として、厳安生『日本留学精神史――近代中国知識人の軌跡』(岩波書店、一九九一年)や楊威理『ある台湾知識人の悲劇――中国と日本のはざまで』(岩波書店・同時代ライブラリー、一九九三年)も興味深い。また陳永明『中国と日本の教師教育に関する比較研究』(ぎょうせい、一九九四年)や李元淳『韓国から見た日本の歴史教育』(青木書店、一九九四年)も、特定課題に関する二国間比較として示唆に富む観点を提供している。なお、単著ではないが、近代アジア教育史研究会(代表・阿部洋)編『近代日本のアジア教育認識・資料篇【韓国の部】』(龍溪書舎、一九九九年)は、比較教育史研究者にとって必携本となる労作である。

(2) 多国間比較および国際比較研究

次に複数国間の比較研究（並置比較）についてみてみよう。これには二つの系譜があり、第一は比較史・交流史研究である。第二は、各国教育の現状ないし教育課題（問題）を横断的に比較考察することを通して、一定の傾向性をつかもうとする研究である。

第一の系譜に属するものとしては、日本（明治）の近代教育を比較史的観点から考察したものとして、石附実『西洋教育の発見——幕末明治の異文化体験』（福村出版、一九八五年）、三好信浩『日本教育の開国』（福村出版、一九八九年）、石附実『近代日本の海外留学史』（中公文庫、一九九二年）、平田諭治『教育勅語国際関係史の研究——官定翻訳教育勅語を中心として——』（風間書房、一九九七年）等がある。アジアの大学の成立と展開を比較史の観点から論じたものとして、P. G. アルトバック・V. セルバラトナム編（馬越徹・大塚豊訳）『アジアの大学——従属から自立へ』（玉川大学出版部、一九九三年）は、類書がないだけに貴重である。一方、欧米および日本の近代中等教育を比較史的に考察した望田幸男編『国際比較・近代中等教育の構造と機能』（名古屋大学出版会、一九九〇年）も、この系譜に属する研究といえる。

第二の系譜に属するものには、地域別のものと問題別のものとがある。地域別比較としては、アジア諸国に関するものとして、馬越徹編『現代アジアの教育——その伝統と革新（改正版）』（東信堂、一九九三年）、権藤與志夫・弘中和彦編『アジアの文化と教育』（九州大学出版会、一九八七年）、豊田俊雄『第三世界の教育』（アジア経済研究所、一九八七年）、水越敏行・大隅紀和他編『アジアで学んだこと、教えたこと』（明治図書、一九八七年）、もっとも新しいものとして村田翼夫編『東南アジア諸国の国民統合と教育——多民族社会における葛藤——』（東信堂、二〇〇一年）がある。

問題別比較としては、教育改革を全般的に扱ったものとして岩波講座（現代の教育）シリーズの『世界の教育改革』、『国際化時代の教育』（岩波書店、一九九八年）、佐藤三郎編『世界の教育改革——二一世紀への架ヶ橋——』（東信堂、一九九九年）

がある。また恒吉僚子・ブーコック(共編著)『育児の国際比較——子どもと社会と親たち』(日本放送出版協会、一九九七年)は、世界の育児書の比較分析を通して見た子ども・社会・親に関するユニークな研究である。中等教育に関しては、日本、アメリカ、ドイツ、イギリスのカリキュラム構成原理を比較研究した安彦忠彦『中学校カリキュラムの独自性と構成原理——前期中等教育課程の比較研究——』(明治図書、一九九七年)、アメリカを中心とする才能教育の比較分析を行なった麻生誠・岩永雅也『創造的才能教育』(玉川大学出版部、一九九七年)等がある。高等教育分野に関する研究は多いが、入試問題を扱った中島直忠編著『世界の大学入試』(時事通信社、一九八六年)や留学生問題を扱った石附実『日本の対外教育——国際化と留学生教育』(東信堂、一九八九年)、権藤與志夫編著『世界の留学——現状と課題』(東信堂、一九九一年)は比較の観点から問題を掘り下げている。また外国人の日本留学意識を時系列的調査に基づいて論じた岩男寿美子・萩原滋の『留学生が見た日本——一〇年目の魅力と批判』(サイマル出版会、一九八七年)と『日本で学ぶ留学生——社会心理学的分析』(勁草書房、一九八八年)は、貴重なデータを提供してくれる。日本人学生と留学生との関係を大学教育論の立場から描いたものに、坪井健『国際化時代の日本の学生』(学文社、一九九四年)がある。また、喜多村和之編『学校淘汰の研究——大学「不死」幻想の終焉』(東信堂、一九八九年)、飯島宗一・戸田修三・西原春夫編『大学設置・評価の研究』(東信堂、一九九〇年)、市川昭午・喜多村和之編『現代の大学院教育』(玉川大学出版部、一九九五年)、有本章・江原武一編著『大学教授職の国際比較』(玉川大学出版部、一九九六年)、は、日本の大学が当面している重要課題を、国際比較の観点から詳論している。またバートン・クラーク編著(潮木守一監訳)『大学院教育の研究』(東信堂、一九九九年)は監訳者も加わっている国際共同研究(日・米・独・仏・英)の成果である。これらの他に、社会教育・生涯教育に関する一連の国際的動向研究として、日本社会教育学会編になる『社会教育の国際的動向』(東洋館出版社、一九八七年)および『多文化・民族共生社会と生涯教育』(東洋館出版社、一九九五年)、佐々木正治・諸岡和房編『世界の生涯教育』(亜紀書房、一九九一年)がある。

なお、これらの研究とは系譜を異にするが、心理人類学および教育人類学的アプローチにより、子どもの異文化体験や移民・在留民を研究した、箕浦康子『子供の異文化体験――人間形成過程の心理人類学的研究』(思索社、一九八四年)、江淵一公『異文化間教育学序説――移民・在留民の比較教育民族誌分析』(九州大学出版会、一九九四年)、江淵一公『異文化間教育研究入門』(玉川大学出版部、一九九七年)は、比較・国際教育学研究にさまざまなヒントを与えてくれる。

なお、初等・中等学校における教育方法・内容の現状に関する比較研究として、佐藤三郎編著『世界の教育方法改革』(東信堂、一九八六年)やマイケル・W・アップル／ジェフ・ウィッティ・長尾彰夫『カリキュラム・ポリティックス――現代の教育改革とナショナル・カリキュラム』(東信堂、一九九四年)をあげることができる。また、学校経営の比較経営文化論的研究として、中留武昭『学校経営の改革戦略――日米の比較経営文化論――』(玉川大学出版部、一九九九年)がある。日本青少年研究所による国際比較研究に基づく一連の小・中・高校生の意識調査もユニークな視点を提供してくれる(例：千石保・飯長喜一郎『日本の小学生――国際比較で見る』NHKブックス、一九七九年)。なお、初等・中等学校現場における「国際化」および「国際理解」の問題に焦点を当てた研究として、八〇年代に刊行されたものとして永井滋郎『国際理解教育に関する研究』(第一学習社、一九八五年)、東京学芸大学海外子女教育センター編『国際化時代の教育――帰国子女教育の課題と展望』(創友社、一九八六年)、九〇年代には坂井俊樹編著『国際理解と教育実践――アジア・内なる国際化・教室』(エムティ出版、一九九二年)、中西晃・杉山光男・長谷川順義編著『教室からの国際化』(ぎょうせい、一九九一年)、佐藤郡衛『国際化と教育――異文化間教育学の視点から――』(放送大学教育振興会、一九九九年)、米田伸次他『テキスト・国際理解』(国土社、一九九七年)、奥住忠久『共生時代を拓く国際理解教育』(黎明書房、二〇〇〇年)、佐藤郡衛『国際理解教育』(明石書店、二〇〇一年)等が刊行されている。

(3) 地域研究

次に、厳密な意味で「比較研究」を目的とはしていないが、各国および各地域の教育を深く掘り下げた研究が、最近多く出版されるようになってきている。方法論的には、歴史的アプローチをとる場合もあれば、人類学的または社会学的アプローチをとる場合もある。いずれの場合も、何らかの形で比較（史）の視点が研究に組み込まれていることを特色としている。これらを、従来型の資料紹介的な「外国研究」と区別する意味で、ここでは一応「地域研究（area study）」と呼んでおく。

最近発表されたものを挙げると、東アジア諸国（地域）に関するものとしては、阿部洋『中国近代学校史研究――清末における近代学校制度の成立過程』（福村出版、一九九三年）、牧野篤『中国近代教育の思想的展開と特質――陶行知「生活教育」思想の研究』（日本図書センター、一九九三年）、馬越徹『韓国近代大学の成立と展開――大学モデルの伝播研究』（名古屋大学出版会、一九九五年）、大塚豊『現代中国高等教育の成立』（玉川大学出版部、一九九六年）、稲葉継雄『旧韓末「日語学校」の研究』（九州大学出版会、一九九七年）、稲葉継雄『旧韓国の教育と日本人』（九州大学出版会、一九九九年）、小川佳万『社会主義中国における少数民族教育――「民族平等」理念の展開』（東信堂、二〇〇一年）がある。東南アジア地域に関するものとしては、西野節男『インドネシアのイスラム教育』（勁草書房、一九九〇年）を皮切りに、石井均『大東亜建設審議会と南方軍政下の教育』（西日本法規出版、一九九四年）、竹熊尚夫『マレーシアの民族教育制度研究』（九州大学出版会、一九九八年）、市川誠『フィリピンの公教育と宗教――成立と展開過程――』（東信堂、一九九九年）、杉村美紀『マレーシアの教育政策とマイノリティ――国民統合の中の華人学校――』（東京大学出版会、二〇〇〇年）、服部美奈『インドネシアの近代女子教育――イスラーム改革運動のなかの女性』（勁草書房、二〇〇一年）等にみられるように、活発な研究活動が展開されている。さらに新しい領域を開拓したものとして、石附実・笹森健編『オーストラリア・ニュージーランドの教育』（東信堂、二〇〇一年）が注目される。

欧米諸国（地域）に関するものとしては多岐にわたっているが、それぞれの国（地域）に関する主なものを挙げておこう。フランスについては、八〇年代のものとしては原田種雄他編『現代フランスの教育――現状と改革動向』(早稲田大学出版部、一九八八年)、九〇年代のものとして小林順子編『二一世紀を展望するフランス教育改革――一九八九年教育基本法の論理と展開――』(東信堂、一九九七年)、が改革動向を網羅的に分析・紹介している。また、個別テーマに関するものとして、藤井穂高『フランス保育制度史研究――初等教育としての保育の論理構造――』(東信堂、一九九七年)、池田賢市『フランスの移民と学校教育』(明石書店、二〇〇一年)等がある。ドイツについては、今井重孝『中等教育改革研究――ドイツギムナジウム上級段階改革の事例』(風間書房、一九九三年)が、比較中等教育改革論として成功している。東西ドイツ統一後の教育状況全般を分析したものとして天野正治・結城忠・別府昭郎編著『ドイツの教育』(東信堂、一九九八年)、旧東ドイツ地域のカリキュラム改革を論じたものとして大野亜由未『旧東ドイツ地域のカリキュラム変革――体制の変化と学校の変化――』(協同出版、二〇〇一年)がある。イギリスについては、窪田真二『父母の教育権研究』(亜紀書房、一九九三年)、藤井泰『イギリス中等教育制度史研究』(風間書房、一九九五年)、望田研吾『現代イギリス中等教育改革の研究』(九州大学出版会、一九九六年)、宮腰英一『十九世紀英国の基金立文法学校』(創文社、二〇〇〇年)を挙げておこう。

アメリカについては多くの研究がなされているが、歴史的研究として市村尚久『アメリカ六・三制の研究』(早稲田大学出版部、一九八七年)および田中喜美『技術教育の形成と展開――米国技術教育実践試論』(多賀出版、一九九三年)がある。また、比較史的な観点から日米教育交流を扱った著書として、橋本美穂『明治初期におけるアメリカ教育情報受容の研究』(風間書房、一九九八年)、茅島篤『国字ローマ字化の研究――占領下日本の国内的・国際的要因の解明――』(風間書房、二〇〇〇年)がある。現代教育改革を包括的に論じたものとして今村令子の二部作『教育は「国家」を救えるか――質・均等・選択の自由』(東信堂、一九八七年)、『永遠の「双子の目標」――多文化社会と教育』(東信堂、一九九〇年)と喜多村和之編『アメリカの教育』(弘文堂、一九九二年)が参考になる。また高等教育に関する著作は多いが、代表的なものとして、喜多村和之『現代アメリカ高等教育論』(東信堂、一九九四年)、江原武一『現代アメリカの大学――ポスト大衆化をめざして』(玉川大学出版部、一九九四年)、山田礼子『プロフェッショナルスクール――アメリカの専門職教育――』(玉川大学出版部、一九九八年)、八尾坂修『アメリカ合衆国教員免許制度の研究』(風間書房、一九九八年)、坂本辰朗『アメリカの女性大学：危機の構造』(東信堂、一九九九年)等がある。カナダについては、「多文化教育」の観点から学際研究を行なった成果として、関口礼子編著『カナダ多文化主義教育に関する学際的研究』(東洋館出版社、一九八八年)がある。なお、旧ソ連・ロシアに関しては、川野辺敏編『ソビエトの教育改革』(明治図書、一九八六年)、福田誠治『ペレストロイカにみる教育改革――教育の再編』(ぎょうせい、一九九〇年)、村山士郎・所伸一『ペレストロイカと教育』(大月書店、一九九一年)、川野辺敏監修のもとで編集された岩崎正吾・遠藤忠編『ロシアの教育・過去と未来』(新読書社、一九九六年)および関啓子・澤野由紀子編『資料：ロシアの教育・課題と展望』(新読書社、一九九六年)は、近年のロシアの教育の動きを正確に伝えていて貴重である。

3　比較教育学の教育研究基盤

(1)　大学・研究所における「比較教育学」の位置

比較教育学研究が学界において「市民権」を得るには、大学や研究所にその研究領域に関する講座や研究部門(研究センター)が設置されることが、重要な要件となってくる。日本で最初に比較教育学講座が誕生したのは、九州大学教育学部(一九五二年)であるが、その後広島大学、京都大学、東京大学に同様の講座が設置されている。もっとも最近設置された省令講座として、名古屋大学教育学部の比較国際教育学講座(一九九三年)がある。(筑波大学にも比較・国際教育学研究室がある）これらの大学では、学部段階から大学院（博士課程）段階までの教育を行なっている。

比較教育学研究に関連のある研究所としては、国立教育研究所（現国立教育政策研究所）があり、全国の研究者ネットワークの中心として、数々の共同研究を企画して成果をあげてきた。また九州大学教育学部附属比較教育文化研究施設（一九五五年創設、通称「比研」）は、東アジア・東南アジア地域の教育文化に関するユニークな比較研究を行ない数多くの実績をあげてきたが、創設四〇周年を期に教育学部の再編に伴い廃止となったのは、比較教育学の教育研究基盤にとって痛手となった。なお、「比研」の実績については、同研究施設の編集になる『比研四〇年のあゆみ』（一九九七年）および『教育文化の比較研究――回顧と展望』（九州大学出版会、一九九六年）に詳しい。

次に、大学（教育学部および教職課程等）に開設されている「比較・国際教育学」関連の授業科目は、教育の国際化が叫ばれるようになった一九八〇年代に急速に増えた。窪田眞二による調査（「『比較教育』教育調査の報告」『比較教育学研究』一九九三年）によれば、全国六二大学、三研究機関に、一六八の比較教育学関連科目が開設されており、科目名称もバラエティーに富んでいる。ただ各大学が開設している教育学関連科目全体からみると、比較教育学関連科目は量的にまだ貧弱であり、教育学研究の周辺にしか位置づけられていない。九〇年後半における比較教育学教育の現状については、本書の第三章を参照願いたい。

(2)　学会・学会誌（ジャーナル）

ある学問分野が制度化される目安として「学会」の成立がある。日本比較教育学会は一九六五年に創設され、年次大会を毎年開催してきており、二〇〇四年に第四〇回記念大会（於名古屋大学）を迎えている。会員数も八〇〇名を越えるまでに発展してきている。

学会は、年次大会の開催と同時に、機関誌『比較教育学研究』（一九七五年に『日本比較教育学会紀要』として刊行され、第一六号から現在の名称に変更）およびニューズレターの発行を行なっている。また一〇年毎に会員の研究業績一覧（『会員の研究論文・文献一覧――第三号』一九九三年）を刊行している。一九九一年からは、初代学会長の名を冠した学会賞（平塚賞）を創設し、各年度に優れた研究を行なった若手研究者に授与している。

日本比較教育学会は、世界比較教育学会（The World Council of Comparative Education Societies, WCCES）に加盟しており、三年に一度開催される大会にもかなりの会員が参加している。また一九九五年には、日本比較教育学会のメンバーが中心となって「アジア比較教育学会」（Comparative Education Society of Asia, CESA）を結成し、アジア地域の比較・国際教育学関係者のネットワーク作りの中心的役割を果たしつつある。

比較・国際教育学の世界的動向を知るには、世界比較教育学会（WCCES）や北米地域の比較・国際教育学会（Comparative and International Education Society, CIES）、ヨーロッパ比較教育学会（Comparative Education Society in Europe, CESE）などの年次大会に出席することが早道であるが、これらの学会のニューズレターも参考になる。P. アルトバック他によって編まれ、上記 CIES の協力で出版された Programs and Centers in Comparative and International Education: A Global Inventory, 1995 は、世界の比較教育学研究および教育プログラムを網羅的に紹介したハンドブックとして便利である。また、より専門的に研究するには、これらの学会等が刊行している専門誌（ジャーナル）に目を通すことが必須となる。代表的なジャーナルのみ、次に挙げておこう。

・Comparative Education Review（1957–）
・Comparative Education（1964–）
・Compare—A journal of comparative education（1971–）
・International Review of Education（1955–）
・Journal of Studies in International Education（1997–）

(3) 概説書・叢書類

これから比較教育学を学ぼうとする者にとって、まず必要なのは概説書(入門書)であるが、冒頭でも述べたように、このところ比較教育学を取り巻く環境が大きく変わり、新しい問題群が続々と登場しているため、現時点ですべてを網羅した体系的な比較教育学の概説書を見つけることは難しい。以下、最近書かれた概説書のいくつかを取り上げ、その特色を述べて読者の参考に供したい。

まず、比較教育学理論と実践上の課題に各国の教育事情も加味した入門書として、吉田正晴編著『比較教育学』(福村出版、一九九〇年)がある。比較教育文化史的なアプローチによるユニークな入門書としては石附実『教育の比較文化誌』(玉川大学出版部、一九九五年)があり、同じ著者による『教育博物館と明治の子ども』(福村出版、一九八六年)を併せて薦めたい。問題別(例：学歴社会、職業教育、麻薬と性の教育、家庭教育、愛国心教育、マイノリティ教育、国民意識と国際理解、識字教育、国民統合と教育、宗教教育の伝統、異文化葛藤と教育、留学生教育、環境教育等)に世界の教育問題を取り上げている概説書として宮沢康人編著『世界の教育』(放送大学教育振興会、一九九三年)がある。これは放送大学(テレビ)の印刷教材として作成されたものであり、映像(ビデオ)を併せて活用すれば、なお効果的であろう。二一世紀を展望した各国の教育改革と現代教育の重要問題について概説しているものとして、権藤與志夫編著『二一世紀をめざす世界の教育――理念・制度・実践』(九州大学出版会、一九九四年)、二宮皓編著『二一世紀の社会と学校』(共同出版、二〇〇〇年)がある。世界各国の学校を学校文化論の立場から描いたものとして、二宮皓編著『世界の学校――比較教育文化論の視点に立って』(福村出版、一九九五年)は、写真や解説を挿入した丁寧な編集で、読みやすい。また、日本の教育の「国際化」をキーワードに、教育課題を比較の観点から縦横に論じた概説書として、小林哲也・江原武一編著『国際化社会の教育課題――比較教育学的アプローチ』(行路社、一九八七年)、石附実・鈴木正幸編『現代日本の教育と国際化』(福村出版、一九八八年）、石附実『世界と出会う日本の教育』（教育開発研究所、一九九二年）、中西晃編『国際教育論――共生時代における教育』（創友社、一九九三年）、小林哲也『国際化と教育――日本の教育の国際化を考える』（放送大学教育振興会、一九九五年）等がある。なお、九〇年代に出版された比較教育学の概説書として最も包括的なものとして石附実編著『比較・国際教育学』（東信堂、一九九六年、補正版一九九八年）がある。

邦訳されたレ・タン・コイ（前平泰志他訳）『比較教育学――グローバルな視座を求めて』（行路社、一九九一年）は、比較教育学理論を対象・方法・技法の観点から扱った大著であり、比較教育学を専門に学ぼうとする者にとっては必読の書である。さらに付け加えるなら、世界比較教育学会(WCCES)の「理論・方法部会」の成果であるユルゲン・シュリーバー編著（馬越徹・今井重孝監訳）『比較教育学の理論と方法』（東信堂、二〇〇〇年）が、九〇年代の比較教育学の水準をあらわすものとして参考になる。なお、テーマは高等教育に限定されているが、従属理論の立場から書かれた比較高等教育の概説書として、P．G．アルトバック（馬越徹監訳）『比較高等教育論――「知」の世界システムと大学』（玉川大学出版部、一九九四年）も参考になるであろう。

なお、前記アルトバック他の編集したハンドブックによれば、世界の大学でもっとも使用頻度の高い比較・国際教育学の概説書は、次の五点である。参考までに列挙しておく。

- Ingemar Fagerlind and Lawrence J. Saha, *Education and National Development: A Comparative Perspective* (Oxford: Pergamon, 1989).
- Philip G. Altbach and Gail P. Kelly, eds., *New Approaches to Comparative Education* (Chicago: University of Chicago Press, 1986).
- W.D. Halls, *Comparative Education: Contemporary Issues and Trends* (London: Jessica Kingsley, 1990).
- Robert F. Arnove, Philip G. Altbach and Gail P. Kelly, eds, *Emergent Issues in Education: Comparative Perspective* (Alberny: SUNY Press, 1992).

・Murray Thomas, ed., *International Comparative Education: Practices, Issues and Prospects* (Oxford: Pergamon, 1990).

ただし、これらの入門書は九〇年代の初頭までに書かれたものに限られているので、九〇年の後半にかかれたものを筆者の判断で四点追加しておこう。

・Vandra Masemann and Anthony Welch (ed.), *Tradition,Modernity and Post-Modernity in Comparative Education*, UNESCO Institute for Education/Humburg, 1997.

・Harold J. Noah & Max A. Eckstein, *Doing Comparative Education: Three Decades of Collaboration*, Comparative Education Research Centre, The University of Hong Kong, 1998.

・Robert F. Arnove and Carlos Alberto Torres (ed.), *Comparative Education: The Dialectic of the Global and the Local*, Rowman & Littlefield, 1999.

・Jürgen Schriewer (ed.), *Discourse Formation in Comparative Education*, Peter Lang, 2000.

次に、比較教育学に関する辞典（事典）としては、古いものでは『増補改訂世界教育事典』（平塚益徳監修、一九八〇年）があるが、その後に出されたものとしては『国際教育事典』（松崎巖監修・西村俊一編集代表、アルク、一九九一年）、石坂和夫他編『国際理解教育事典』（創友社、一九九三年）がある。また、叢書類としては、『国際教育交流実務講座』（全一二巻、アルク、一九九三年）、『国際理解教育と教育実践』（全二六巻、エムティ出版、一九九四年）等がある。なお、文部省編『教育指標の国際比較』（各年版）、ユネスコ編『ユネスコ文化統計年鑑』（原書房、各年版）、ＯＥＣＤ（ＣＥＲＩ）『図表でみる教育』（明石書店、各年版）は、比較研究を行なう際の基本的資料となろう。

〈注〉

1　E.H. Epstein, "Currents left and right ideology in comparative education", *Comparative Education Review* 27 (1983), p.29.

2　R.G. Paulston, "Mapping discourse in comparative education texts", *Compare* 23 (1993), pp.101-114.

【付記】

本論はもともと比較教育学の教科書（石附実編著『比較・国際教育学』東信堂、一九九六年）の一部（第Ⅰ部第3章）として執筆されたものであり、しかも執筆に当たってカバーした文献の範囲（時期）は一九九五年前後までのものである。そこで本書に収録するに当たり、世紀の転換点を前にした一九九〇年代の後半までの関連文献を補正し、一九九〇年代における「比較教育学への手引き」となるよう加筆を行なった。したがって二一世紀に入り、急速にグローバル化が進展しつつあるここ数年の比較教育学の研究成果は盛り込んでいない。

はしがきや序論でも述べたように、二一世紀の「比較教育学入門」（教科書）は、新たな視点から書かれることを期待したい。すでにその可能性は、日本比較教育学会誌『比較教育学研究』（第二六－三四号、二〇〇〇－二〇〇七年）所収論文や杉本均による論文「比較教育学の風景――特殊性のなかに見る普遍性」（『教育学研究』第七一巻第三号、二〇〇四年九月）、さらには田中圭次郎編著『比較教育学の基礎』（ナカニシヤ出版、二〇〇四年）に垣間みることができる。

なお、本書に収録するに当たり、章のタイトルも変更したことを断っておきたい。元論文の執筆機会を与えてくださった故石附実先生のご冥福を衷心よりお祈りするとともに、先生の白鳥の歌となった『教育における比較と旅』（東信堂、二〇〇五年）の書評（「教育学研究」第七三巻第二号、二〇〇六年）を墓前に捧げたい気持ちでいっぱいである。

第2章　「地域研究」と比較教育学

はじめに

『比較教育学研究』(日本比較教育学会紀要第一六号、一九九〇年七月)所収の市川昭午論文1(「比較教育再考」、以下「再考」論文)に指摘されるまでもなく、比較教育学研究者は、ある国や地域の「事情屋」であったり「情報屋」であったりでは困るのであり、独自のディシプリン(discipline)とまではいかないまでも、固有の課題や方法をもたなければ、その存在理由に疑問符がつくのは当然である。小論では、市川論文に触発され、その後考えてきたことを、「地域研究(area studies)」と比較教育学という観点から整理し、若干の問題提起をしてみたい。

日本の学会(および学会誌)は、ややもすれば言いっぱなし、書きっぱなしになることが多い。これは研究者養成(大学院)において、発表したり書くこと自体に重きをおき、対話したり論争したりすることを必ずしも重視していないことに原因があるのではないかと筆者は考えている。こうした日本の学会風土の中にあって、市川の論文はしばしば論争的であり、異彩をはなっていることは周知の事実である。「再考」論文において日本の比較教育学研究者(学会)に対して放たれた「矢」は鋭く挑戦的である。学会誌編集委員会への質問事項あり、学会への提案・問題提起あり、そして何よりも研究者の研究姿勢に対する数々の批判・疑問が投げかけられている。傾聴すべき多くの指摘がなされている。筆者には、「再考」論文に対して、全面的な「再再考」を書くには荷が勝ちすぎる。ただ、市川は「再考」論文において、筆者の書いた市川の著書（『教育システムの日本的特質――外国人がみた日本の教育』）の書評[2]に対して、比較教育学に関連する丁寧なコメントといくつかの疑問を呈されているので、それへの回答をも兼ねて、小論を試みることとする。

1　問題意識――なぜ「日本との比較」をことさら問題としないか――

市川が「比較教育」という用語を用いて、「学」を付した「比較教育学」を用心深く避けているのは、それなりの理由があってのことであろう。それは、ジョゼフ・ラワリーズやロバート・キング・ホールの言葉を引用しながら、彼らの見解を、比較教育が「教育政策家を助ける」ための研究領域であるとか「教育政策」研究と同一であると解釈し、市川自身も比較教育を教育政策（研究）の補助学と位置づけているふしがあることからも明らかである。（ただ念のため付け加えておくが、ジョゼフ・ラワリーズも、ロバート・キング・ホールを引用したガストン・ミアラレも、比較教育を市川が解釈したようには必ずしも定義しているとはいえない。）「再考」論文における日本の比較教育研究に対する問題提起は、市川のこうした比較教育理解（解釈）と深く関わっていると考えられるが、彼の論点（批判）は、次の三点に集約されよう。

①　どこかの国の教育情報の収集や比較教育理論の理解（紹介）を、比較教育研究と勘違いしているのではないか。
②　「比較」をしない「各国別報告」の羅列が比較教育研究としてまかり通っている。
③　外国教育の研究者に、日本の教育問題に対する関心が乏しく、日本の問題解決に寄与しようとする意欲も希薄である。日本との比較の意識の乏しさが、比較教育研究が低調なもっとも大きな原因となっている。

①、②については、筆者も同感であり、これらの弱点を克服しない限り「学」を名のることもできないし、教育学

研究の中で市民権を獲得することも難しいと考えられる。③についても、事実認識としてはそのとおりであり、別段異を唱えるつもりはない。重要な問題点の指摘だと思う。

しかし、比較教育学研究の貧困を「再考」し、再興への道筋をつけるには、市川のいうように、日本教育への問題意識を研ぎ澄まし、問題解決への寄与を目指して外国と日本との「比較」に徹すれば、出口が見つかるかといえば、筆者は必ずしもそうは考えない。それよりも比較教育学研究者の、①にみられるような勘違いや、②に指摘されているような安易な意識を改めることが先決であろう。そのために比較教育学研究者が、まず取り組まなければならないことは、これまでの外国教育研究のあり方に、抜本的メスを入れ、これを改めることであると考える。それには、大学院における研究者養成システムにも手をつけなければならないであろう。

筆者の結論を先に示そう。比較教育学を活性化するには、その基礎部分を形成するはずの「教育の地域研究」を充実させることが、喫緊の課題であるということである。地域間の「比較」は二の次でよいし、「日本」との比較はそのまた次でよかろう。なぜなら、真の地域研究には、それ自体のなかに「比較」が方法として組み込まれているはずであるし、それなくして魅力ある地域研究たりえないからである。人類学者・川田順造のいう「文化の三角測量」[3]にちなんで言えば、ある特定の地域（文化）を研究する際には、対象を相対化し、また研究者の目を相対化するためにも、少なくとも「三方向からの比較的アプローチ」が必要だと筆者は考える。川田の場合、三角地点は、自己の生まれ育った「日本」、ディシプリンを磨いた「フランス」、そして研究対象地域としての「西アフリカ」となるらしい。川田もいうように、測量（比較）地点がさらに増えればそれにこしたことはない。

市川が指摘するように、日本の比較教育研究者の外国教育研究が「情報提供」程度に留まっているのは、まことに残念なことであるが、それは筆者のそれを含めて「比較」がその中に組み込まれた真の「地域研究」となっていないからであって、地域間比較や日本との比較を正面きってしていないからではない。その証拠に、筆者が書評させていただいた市川の名著に収録されている魅力あふれる外国人の書いた日本教育研究のほとんどは、筆者のみるところ、日本を対象とする「教育の地域研究」であり、それぞれの研究者の出身国との比較を直接行なっているわけではないし、ましてや自国の教育問題への解決のためになされた研究ではない。それでいてそれらの研究は、明示的にではないにしろ、それぞれの研究者に内在する自国の教育という「測量点」から日本の教育を分析しているところに、面白さの源泉があることは言うまでもない。

再言するなら、日本人の外国教育研究を魅力あるものにするには、日本の教育問題の解決を強く意識したり、比較を性急に行なうことよりも、「地域研究」に徹することが先決である。日本の比較教育学が、日本の教育研究に貢献することが少なく、世界の比較教育学会に通用しないのは、比較教育学の基礎部分であり、その中核を形成しなければならない（と筆者は考える）「地域研究」の水準が低いところに最大の原因がある。

さらに付け加えるなら、日本の比較教育学理論が、常に外国の理論の借用ないし後追いの域を出ないのも、元をただせば「地域研究」の弱さに原因があると筆者はみている。「地域研究」が本物とならなければ、理論らしい理論も出てこないだろう。言葉を換えて言えば、いくら外国の理論を紹介（消化）しても、それだけでは日本の比較教育学は自立できない。「地域研究」を豊かにしないことには、日本の比較教育学研究は「学」としての体裁を整え「学籍」を確立することはできないと思うのである。

2　「地域研究」の課題と方法

ここでいう「地域研究」は、一般的な意味での地域研究（area studies）、すなわち第二次大戦中アメリカで生まれ、戦後急速に発展したそれを念頭に置いていることは言うまでもない。その方法論を比較教育学研究においても積極的に取り入れる必要があるというのが、小論の趣旨となるはずである。カギ括弧つきで「地域研究」としたのは、教育を対象とする狭義の地域研究という意味であり、それ以上に特別の意味はない。

(1) 課　題

地域研究が、アメリカの対外政策と密接な関連の下で発展してきたことは周知の事実であり、「支配の科学」的役割を果たしてきたその功罪を批判・吟味することは必要なことではあろう。しかし交戦相手国研究という地域研究の「出自」や倫理性を問題にする以上に筆者の関心を引くのは、その後発展した地域研究の成果が既存のディシプリン(discipline)に与えたインパクトであり、特に研究方法・研究体制・教育プログラム上のユニークさである。地域研究のユニークさは、言うまでもなく「ディシプリン」からではなく「地域」から出発するところにある。その地域は「国(nation state)」のこともあれば、複数の国を含む地理的空間(東南アジア、南アフリカ等)や文化圏(イスラム圏、儒教圏等)を指す場合もある。しかしいずれの場合も、その地域の人間集団が作りだす政治・経済・社会・文化の全体系を総合的・包括的に把握(理解)することを目的としている。旧来のディシプリンも地域を研究の対象としてこなかったわけではないが、ディシプリンが必要とする限りにおいて、地域の事象を部分的に取り出して分析してきた。しかし地域研究は、一定の時間と空間という枠組みの中で対象をトータルにとらえようとする点で、旧来のディシプリンと大きく異なっている。

日本におけるこれまでの比較教育学研究、なかんずく外国教育研究は、ほとんどが「国」を単位に成立している教育、すなわち正統性原理としての「国」が主体となる「公教育」を対象としたものであった。しかも国民国家(nation states)として比較的長い歴史を持つ欧米先進国の公教育を主たる対象として、それらの国の行政当局が作成した文書や、それらの国の研究者が発表した著書・論文を、時々の関心に添って、要領よく纏めたり紹介したりしたものが多かったと言える。それはまさに市川が「研究の準備段階」に過ぎないと批判しているそれであり、それを「研究」と勘違いしている向きもなかったわけではない。ただ、そうした「情報収集」的研究は、日本の時事的教育問題を考えるために各方面からの要請に応えるためになされた場合が多かった。これは研究者の政治的立場（保守・革新）の如何を問わず共通した現象であったと言える。そして、双方とも日本の教育との対比（比較）を念頭に、主要先進国（ソ連や中国まで含まれていた）の事例を紹介するケースが多くみられた。つまり日本の外国教育研究は、市川の言うように「わが国の教育問題に関心が乏しく」、「比較の意識が希薄」であったのでは必ずしもない。むしろ問題なのは、これまでの日本の外国教育研究がややもすれば、①ご用聞き的問題設定、②欧米先進国の事例は日本のものより進んでいるとする潜在意識（その結果、進んだ面だけをつまみ食いする）、③教育問題のみを社会全体のコンテクストから切り離して単独に扱う、④ドロドロした現地（外国・地域）にまみれることなく、第二次資料を使って要領よく「論文」らしきものを書けば業績になる研究風土（大学院における研究指導・教員人事のあり方）、等のもとでなされた点であり、これが日本の比較教育学研究なかんずく外国教育研究をダメにした原因とみたほうがよさそうである。要するに、「進んだ国」のモデルさえ翻訳・紹介し、学習しておれば事足れりとする意識が、日本の外国教育研究を底の浅いものにしてきたと思うのである。

こうした研究風土は、この十数年徐々にではあるが盛んになってきたアジア諸国をはじめとする開発途上国の教育を対象とする研究にも影響しており、欧米研究者のアジア研究に遅れをとる原因となっている。

日本の比較教育学研究が「ダメ」の烙印を払拭し、理論面でも実証研究の面でも日本の教育学研究や社会諸科学に多少なりともインパクトを与えるようになるには、何をさておいても、比較教育学の基礎部分である「地域研究」を強化しなければならないと考える。そしてこれこそが「地域研究」であるという成果を、学会に提示しなければならない。ちなみに西野節男の著作『インドネシアのイスラム教育』（勁草書房、一九九〇年二月）[4]をはじめとする日本比較教育学会の若手研究者によるアジアの教育に関する「地域研究」の水準はこのところ急速に高まっている。

(2) 対象

ここでいう教育の「地域研究」は、従来の外国教育研究とどこがどのように違うのかを述べてみよう。まず「地域」という概念を空間的にみると、すでに述べたようにかなり広義で伸縮性をもつ。国民国家(nation states)を指す場合もあれば、「国」を超えた「あるまとまり」(アセアンにみられるような政治・経済的な連合体のこともあれば、イスラム圏・仏教圏といった宗教圏等)を「地域」として設定する場合もある。日本のように限りなく単一民族に近い国は例外的であり、多くの場合、国家は複数のエスニック集団から構成されていることを考えれば、一国内のある民族(民族自治区)を研究対象とすることも考えられる。こうした状況を考えると、研究の対象(単位)を「国」という地域に限定してしまうことには無理がある。あるまとまりをもつ集団の教育的諸原理を明らかにするには、地域を「国」に限定してしまわないほうが有効な場合もままあるといわなければならない。これまでの日本の外国教育研究は、あまりにも「国」という枠に縛られすぎていたのではなかろうか。「地域」という概念に内在する「曖昧の有効性」を、ここでは提起しておきたい。

地域研究の対象を時間的側面からみると、「現代」ないし「現状」に重点が置かれるべきであろう。そうすることによって、フィールドワーク(現地実態調査)という、地域研究独自の力を発揮できることになる。しかしこのことは歴史的アプローチを否定するものではない。地域研究における「現在」とは、蓄積された時間の総体であることを考えれば、歴史的アプローチの重要性は言うまでもない。ただこのことをもって、比較教育史の研究までもが比較教育学研究の一部だと考えてはならない。この点、日本の比較教育学会ではやや曖昧になってきたきらいがある。比較教育史的研究は教育史研究の中に位置づけられるべきであり、ここで言う地域研究は、それとは一線を画したものと考えたほうがよいのではなかろうか。なぜなら、「地域研究」は、現代（現在）を対象とするゆえに、歴史的アプローチだけでなく、学際的（interdisciplinary）にして多専門的（multi-disciplinary）なアプローチを必要とし、それを通じて対象を幅広く総合的に分析することができるところに特色があるからである。

研究対象に関連してもう一つ問題となるのは、当面の課題解決のために行政や企業から求められる研究課題である。矢野暢は地域研究の陥り易い陥穽《かんせい》として「学問の政治化」を問題にしている[5]。これは研究費の出所との関係でしばしば問題となるが、政策にお墨付きを与える類の「行政調査」は別にして、広義の政策研究や課題解決型の研究を地域研究は敢えて避ける必要はないと筆者は考える。地域研究の成果が、政策形成や課題解決に有効なものであるなら、その成果を正しく反映させていく努力は研究者の側の責任でもある。行政当局や企業の求める研究課題と一線を画すことによってしか、研究の自立性は保たれないと考えるのは、短絡的に過ぎるであろう。地域研究の真骨頂は、既存の理論（グランド・セオリー）に囚われず、また瑣末な個別専門科学に埋没してしまわないところにあるのであり、まさに「中範囲」的な問題の設定と理論化を志向するところに求められているのである[6]。ただ誤解のないように言っておきたいのは、現在の地域研究はこうした政策的要請や課題解決に応えることを主目的になされているのではもちろんない。それは研究方法をみれば分かるように、地域研究は専門分化（細分化）した旧来型のディシプリンに対するアンチテーゼとして生まれてきたのであり、それがもつ総合性・学際性のゆえに、結果的に政策当局もその有効性を認めて研究要請をする場合があるとみるべきであろう。しかし実際には、日本の場合、行政サイドからの積極的な意味での地域研究への要請と支援は、過去においても現在においてもほとんどないのが現実であり、そのことのほうが実は問題なのかもしれない。

(3) 方　法

地域研究をその方法の面から考える際、二つの「軸」が重要となる。第一の軸は対象としての「現地（フィールド）」にかかわる方法的特色、第二の軸はディシプリンへの関わり（関係）、である。地域研究が既存のディシプリンへの批判として生まれてきたことはすでにみたところであるが、そのことは地域研究がもう一つのディシプリンとなることを主張することでもなければ、既存のディシプリンを拒否することでもない。両者の関係は、学際的地域研究の提唱者ジョン・D. レッグが、サセックス大学の地域研究を例に述べているように、「地域の研究がディシプリンを背景に行なわれるというよりも、むしろディシプリンが地域を背景として研究される」[7]といった趣旨に近い。

第一の軸については、文化人類学・中村光男が地域研究の特色として挙げている次の五つの観点が重要であり、教育の地域研究においてもそのまま適用されるべきだと考える[8]。

① 現地語能力の習得
② 現地語による第一次資料・文献の収集と活用
③ フィールドワーク（現地調査）、現地生活体験の重視
④ 現在的関心の優位性
⑤ 学際的協力の既成ディシプリンの定説・常識にたいする批判的態度

これらの中でも最も重要なのは、②③⑤であり、特にフィールドワークを通じて獲得したデータにものを言わせて、既存の定説・常識に挑戦することである。フィールドワークは、短期の調査旅行（study trip）の場合もあるが、できれば年間のサイクルを通して対象を観察する定住型の調査（survey）が望まれる。こうした調査方法は、文化人類学、社会人類学において蓄積されてきているので、それを大いに学ぶ必要があろう。

比較教育学における地域研究は、最近では①や②は常識となりつつあり、③についても「円高」メリットにより海外調査（旅行）が増えているのは事実であるが、なお資料収集型の調査が主流であり、資料作成（形成）型のフィールド

ワークが定着しているとはいえない。資金さえあれば「質問紙調査」等は、海外においても簡便に（場合によっては調査機関に委嘱する形で）実施可能になっているため、教育研究の各分野で行なわれるようになっているが、それはここでいうところのフィールドワークとは別種のものと考えるべきであろう。比較教育学（とりわけ「地域研究」）におけるフィールドワークは、あくまでも現地に密着し、データを作り出すタイプのものでなければならない。

第二の軸であるディシプリンとの関係であるが、地域研究それ自体が独自のディシプリンを主張しない以上、地域研究に携わるものは、人文・社会科学（歴史学、社会学、政治学、経済学、人類学、教育学、心理学等）の中のいずれかのディシプリンをもつことが必須となる。中根千枝はフィールドワークの重要性を繰り返し主張している社会人類学者であるが[9]、研究者養成の観点から、少なくとも一つのディシプリンを習得することがフィールドワークを成功に導く前提であると述べている。ディシプリンの習得は一つでも大変であるが、学際性を特色とする地域研究にあっては、一つのディシプリン（「主専攻（major）」）を習得した後もう一つのディシプリン（「副専攻（minor）」）を習得するとなおよいとも述べている（中根は、フィールド自体についてもメイジャー、マイナーという考え方を提案している）[10]。

比較教育学における地域研究の場合、メイジャー・ディシプリンを何にするかは、研究者の興味・関心、フィールドの性格などによって一様ではない。その有効性、問題点については学会創立時から議論が繰り返し行なわれてきているが、（『日本比較教育学会紀要』第一号・一九七五年、の特集はまさにその問題を扱っている）、これまでは主に哲学、歴史学、社会学、人類学等が検討の対象となってきた（なぜか教育学はディシプリンとしてあまり問題にされてこなかった）。ただ私見によれば、従来あまり重視されてこなかった政治学的アプローチがもっと注目されてよいのではないかと考える。それは政治学がディシプリンとして強力であるというよりも、比較政治学が辿ってきた過程そのものが比較教育学を理論化していく上でかなり参考になると考えるからである。一九六〇年代における「政治システム論（分析）」の確立により、政治発展論（近代化論）・政治過程論・政治変動論へと発展し、そのプロセスにおいて発展途上地域を対象とする「地域研究」が蓄積され、それが基礎となって「従属理論」や最近の「コーポラティズム論」等の理論化もなされてきた一連の経緯は、その功罪を含めてきわめて示唆に富むものである[11]。特に、市川が提起している「教育システムの特質解明」を行なう場合には、有効なのではなかろうか。

もう一つ指摘しておかなければならないのは、地域研究は単なる「事例研究（ケース・スタディ）」に終るものではないという点である。地域研究は確かに「個性記述」を重視し、「法則発見」を主たる目的とはしていない。しかしそのことをもって、地域研究が「理論」や「仮説」の提示に無関心であってよいということにはならない。むしろ地域研究は、「フィールド」と「ディシプリン」への二重帰属という性格のゆえに、「仮説」の提示に大胆であってよかろう。その可能性は、観察データの質にかかっていることは言うまでもない。

3　「地域研究」と比較教育学

次に、「地域研究」と比較教育学との関係についてみてみたい。ここ数年、著者はフィリップ・G・アルトバックと共同研究を行なっているが、比較教育学のあり方について意見交換をする機会が多い。彼は最近まで約一〇年間にわたって、北米を中心とする比較国際教育学会の機関誌『比較教育学評論（Comparative Education Review）』の編集長を務め、現在は同学会のニューズ・レターの編集長を務めている。また、勤務校・ニューヨーク州立大学（バッファロー校）では、その比較教育学センター長を務めており、世界の比較教育学会の動向を最もよく把握している研究者の一人である。

その彼の比較教育学に対する考え方は、第二六回日本比較教育学会（一九九〇年七月、於日本大学）における講演[12]において述べられたとおり、素朴というか、何のためらいもないというべきか、きわめて単純明快である。すなわち、比較教育学は確固たるディシプリンではなく、教育の諸側面を通文化的文脈において考察する学際的研究領域であり、したがって、比較教育学には明確に定義された、他の学問とは異なる方法論があるわけではないというものである。比較教育学研究において用いる方法論は、社会科学・行動科学のそれであり、それにためらいを感じる理由は何もないというものである。筆者との討論においても、「地域研究」については彼自身かつてインドでフィールドを経験しているので一定の理解は示すものの、「地域研究」が比較教育学研究において特別に意味を持つわけではなく、それはある地域の教育事象を社会科学的手法で分析することと同義であると割り切っている。また市川が提起している「自国の教育問題への関心（解決）」やそのための「比較研究」といった観点は、特別意識してはいない。つまり彼は、筆者の提起した問題自体、すなわち比較教育学研究における「地域研究」のあり方を問うことを、あまり意味のあることとは受け取らなかった[13]。

比較国際教育学会（CIES）における最近の動向からすると、彼の見解が特別に現状を単純にみすぎているとも思えない。ただ、日本の比較教育学研究の現状を考えれば、こうした割り切り方には若干問題を感じるのである。筆者の立場からすれば、情報収集的外国教育研究を克服し、比較教育学の基礎部門を充実させるためには、教育の「地域研究」の充実を図ることが急務であり、かつ「地域研究」とディシプリンとの関係も、研究者の研究テーマに応じて再構成する必要があり、それらの作業を通じて「仮説の提示」→「理論化（概念化）／類型化（モデル化）」への道筋をつける必要がある、と考えている。そしてこうした「地域研究」と、それを通じての「理論化」の総体を、「比較教育学」として位置づけたいと思う。

そこで、筆者がささやかながら取り組んでいる「アジアの教育」を対象とする比較研究を例に、「地域研究」と「ディシプリン」の関係、これらと「理論化」との関係、ひいては「比較教育学」に至るプロセスを図示すると、**図2-1**のようになろう。研究の目的は、アジアの教育の成り立ちと現状の特質解明である。筆者のメイジャー・フィールドは、フィールド・ワーク体験および現地語能力の関係から「東アジア」、なかでも朝鮮（韓国・北朝鮮）および中国ということとなるが、マイナー・フィールドとして東南アジアおよび南アジアを設定しておくことの必要性と有効性を最近強く感じている。そうなるとおのずから「比較」という視点が不可欠になり、川田のいう「三角測量」がどうしても必要となる。こうした「地域研究」を行なうに際してのディシプリンとの関係については、筆者の場合「地域」と「テーマ」の特性から、制度論的アプローチと文化論的アプローチが必要となるので、前者の場合は政治学(major)・社会学(minor)、後者の場合人類学(major)・歴史学(minor)

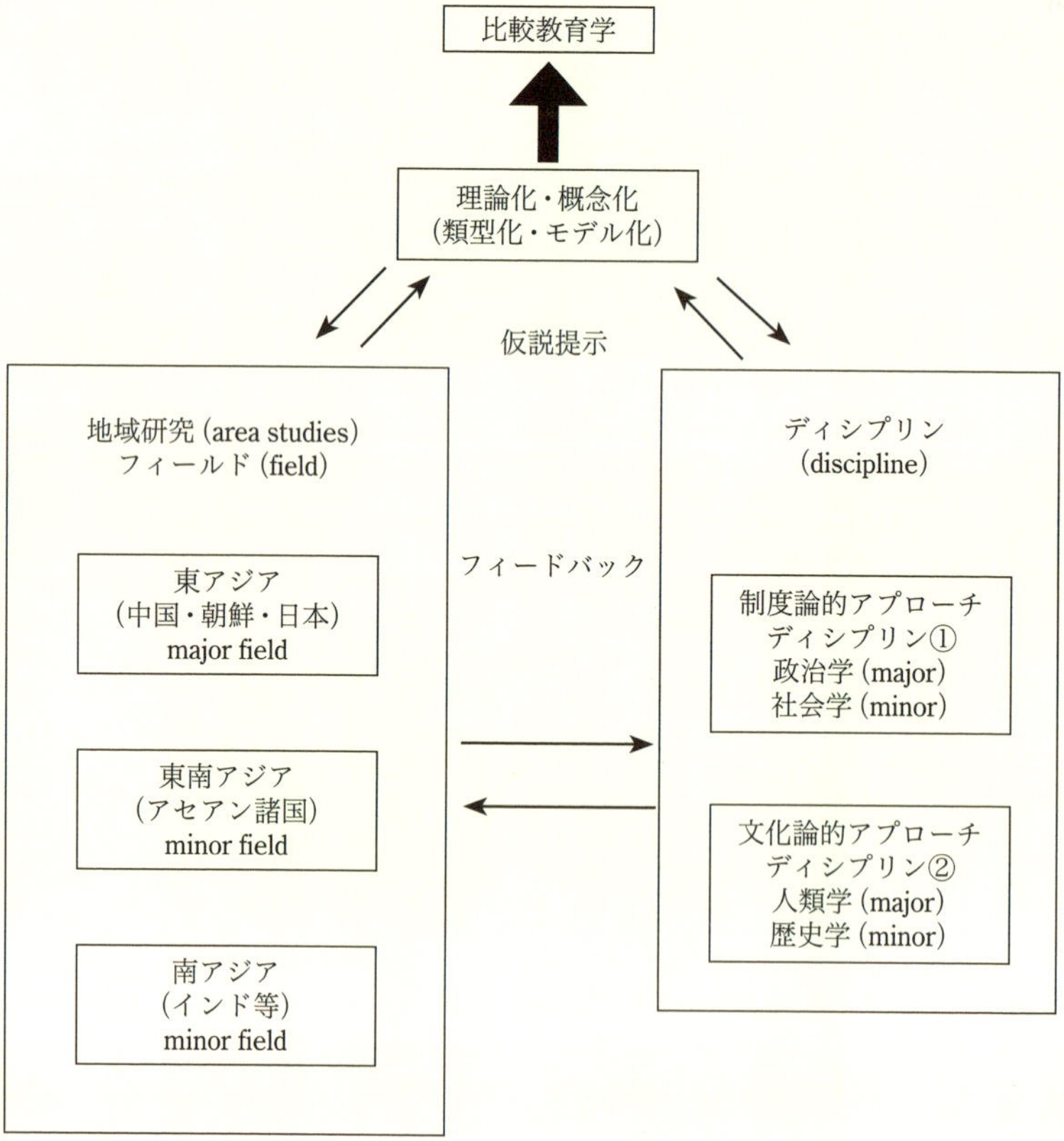

図2-1　「地域研究」と比較教育学の関係図
(「アジアの教育」の比較研究のケース)

が有効なディシプリンになると考えている。

「地域研究」は、まずはフィールドに徹することが重要であるが、「仮説の提示」に消極的である必要はない。また、先行仮説の検証もあってよかろう。例えばアジアの高等教育制度の生成と機能を研究しようとすれば、既存理論としてのトロウ (Martin Trow) の史的発展段階論、ドーア (Ronald P. Dore) の後発効果論、アルトバック (Philip G. Altbach) の従属理論などが想起されるが、筆者のみるところ、これらのモデルはアジアの高等教育を十分には説明し得ない。もしそうだとしたら、新しい仮説の提示が必要であり、彼らのモデルは修正されなければならない。新たな仮説をフィールドにフィードバックすることにより「地域研究」はより豊かなものとなり、地域研究から得られた成果は既存理論の修正へとつながっていく可能性をもつことになる。繰り返しになるが、こうした「地域研究」と「理論化」往復運動が、比較教育学を豊かにしていくことになるのではなかろうか。

最初にも触れたように、「地域研究」を基礎部門とする比較教育学を構想するには、研究者養成システム（大学院のあり方）、学部・大学院のプログラムのあり方、さらには研究費の問題や学会誌を始めとする比較教育学のインフラ・ストラクチャーの問題を検討する必要があるが、紙幅の関係もあり、それについては別の機会に譲らざるをえない[14]。

おわりに

最初の市川の問題提起に戻るが、単なる外国（地域）の「事情通」の域を超えて、トータルな認識を目指す「地域研究」は、言うは易くして困難な作業である。中島嶺雄は近著『国際関係論――同時代史への羅針盤』[15]において、地域研究者が超えなければならない最低三つのハードルとして、①国際語（英語）と地域言語の習得、②複数のディシプリンの習得、③対象地域の事情（政治、経済、社会、歴史、文化、風俗、習慣など）への精通、を挙げている。一人の研究者が立ち向かうにはあまりにも過酷なハードルである。しかしこれらは、いわゆる普遍主義的認識に疑問を呈し、相対主義的の立場から地域研究の確立を考える際、どうしても避けて通れない関門である。エスノセントリズム（自民族中心主義）を克服するためにも、こうした研究手法は必要となる。言うまでもなく、地域研究（フィールドワーク）において取られるエスノグラフィックな手法は、「他者性（otherness）」の存在を大前提にしており、「西洋エリート知」の結晶ともみられるディシプリンに内在しがちなある種のエスノセントリズムを、極力止揚することを目指している。ディシプリンから出てくる「概念・モデル」の扱いには、常に慎重でなければならない。もちろんそうした西洋的概念を、地域研究が対象とする文化とは別の（異なった）文化の中で生まれたものであるというだけの理由で拒否する「逆の誤り」に陥ってはならないことは言うまでもない。同時に地域研究者は、「地域」への過度のシパシーや安易な文化相対主義に陥ることを常に注意しておかなければならない。ただ、最も警戒しなければならないのは、最近レ・タン・コイの大著『比較教育学――グローバルな視座を求めて』（行路社、一九九一年）を訳出した前平泰志がその解説[16]で書いているように、西洋的テキストとコンテクストで学問的訓練を受け「西洋知」を内面化してしまったわれわれ非欧米の研究者のもつ「もうひとつのエスノセントリズム」であるのかもしれない。それゆえにこそ、「地域研究」の重要性と必要性はますます大きくなっていると言わなければならない。

〈注〉

1　市川昭午「比較教育再考」『比較教育学研究』（日本比較教育学会紀要）第一六号、一九九〇年七月。
2　『教育社会学研究』第四五集（一九八九年）、一九四―一九六頁。
3　中嶋嶺雄・チャルマーズ・ジョンソン編『地域研究の現在』大修館書店（一九八九年）、一七〇頁。
4　西野はこの書物により、一九九一年第一回日本比較教育学会賞（平塚賞）を受賞した。
5　矢野暢「地域研究と政治学」『講座・政治学Ⅳ―地域研究』（矢野暢編）三嶺書房、一九八七年、一二―一三頁。
6　林武「「地域研究」の現状と方法」『講座・政治学Ⅳ―地域研究』、二九一頁。

7　中嶋嶺雄・ジョンソン編、前掲書、四頁。
8　中村光男「地域研究」『国際教育事典』アルク社、一九九一年、四八二頁。
9　中根千枝『社会人類学―アジア諸社会の考察』東京大学出版会、一九八七年（特に、第1章「フィールドワークの意味」参照）
10　中嶋・ジョンソン編、前掲書、三一〇―三一一頁。
11　砂田一郎・薮野祐三編『比較政治学の理論』東海大学出版会、一九九〇年（特に第1章「比較政治学のアプローチ」参照）。
12　フィリップ・G. アルトバック（馬越徹訳）「比較教育学の動向―アメリカの場合―」『比較教育学研究』第一七集（一九九一年）、一六七―一八一頁。
13　筆者の聴き取り（一九九〇年七月）
14　この問題について筆者は、一九九一年七月の日本比較教育学（第二七回大会）の「学会のあり方を考える特別部会」において「日本の比較教育学会のインフラ・ストラクチャーを考える」と題して報告した。
15　中嶋嶺雄『国際関係論―同時代史への羅針盤』中公新書、一九九二年一二月、七七頁。
16　レ・タ・コイ（前平泰志他訳）『比較教育学―グローバルな視座を求めて』行路社、一九九一年（前平氏の解説は、四一七―四三六頁）。

【補論】日本のアジア比較教育研究と「比研」

はじめに

近年、アジアは「成長のリング（輪）」として世界から注目されるようになっており、「アジア的貧困」と呼ばれたかつての面影は薄らいできている。アジア地域・国家を研究対象とする日本人研究者も増えている。教育文化に関する分野についてみても、例えば第三一回日本比較教育学会（一九九五・六・三〇―七・二　広島大学）の自由発表件数についてみると、五七件中二六件（四五・六％）がアジア諸国・地域（日本を除く）を対象とする研究であり一〇年前の第二二回大会時（一九八六・六：四四件中九件＝二〇・五％）の二倍以上を記録している。

このように、アジアの教育を対象とする研究は、八〇年代の半ばから急増しているのである。その原因としては、①成長著しいアジア諸国・地域への関心の増大、②アジア諸国（中国をはじめとする社会主義諸国）の開放政策および「円高」等により、日本人研究者の現地調査（研究）が容易になったこと、③日本とアジア諸国との関係の緊密化、④アジアの教育発展に対する世界的関心の増大、等が考えられる。しかし、日本人研究者によるこれまでの研究成果は、比較教育学の方法論的観点からみると、問題なしとしない。また、アジア比較教育研究のインフラ面も、決して満足のいくものではない。以下日本におけるアジア比較教育研究の一般的な問題点を、「試論」として提出し、それとの関連において九州大学教育学部・比較教育文化研究施設（以下「比研」）の役割や課題についても、後段において若干の検討を加えたい。

1　支配的パラダイムからのラグ（乖離）

第二次大戦後の比較教育学方法論は、アメリカにおける社会科学の支配的パラダイムから大きな影響を受けてきた。一九五〇～六〇年代の、社会学における「構造―機能主義」と経済学における「人的資本論」のインパクトは特に強烈であり、これら実証主義的方法論を比較教育学研究にも適用し、比較教育学を「科学化」することが課題となった。同時に、こうした理論を第三世界の開発（発展）に応用する「エリア・スタディ（area study）」がアメリカで流行し、アメリカの比較教育学研究者は教育が第三世界の開発にいかに貢献できるかについての理論的基礎を提供すると同時に、教育援助プログラムの立案・実施にも積極的に参画した。またアメリカの大学には、こうした「問題群」に取り組むプロジェクトやプログラムが数多く開設され、比較教育学研究のインフラは、一段と強化された。一方、日本においても比較教育学は、六〇年代にいくつかの大学に講座が開設されるとともに、学会も創設され、大きな発展がみられた。しかし研究者の主要な関心は「欧米の教育改革」の記述的研究に注がれ、理論の精緻化や応用研究への志向性は弱かった。アジア諸国の教育に関する研究は、「比研」の研究を除けば、教育史やユネスコの教育運動（識字教育、国際理解教育）の観点からの研究が若干みられたにすぎない。

やがて七〇～八〇年代になると、国際情勢の変化や経済的停滞等の外的条件の変化により、楽観主義的な「社会統合」概念を中核とする「構造―機能主義」は、ネオ・マルクス主義、葛藤理論、従属理論、世界システム論、エスノメソドロジー等の挑戦を受けることとなった。アジア研究の対象も「発展の諸相」ではなく「停滞の原因」分析へと向かい、政策科学から批判科学へとシフトした。分析対象となる「問題群」も、ジェンダー（性役割）や学校内問題（カリキュラム、教科書、教師＝生徒関係）へと重点が移った。このようなパラダイムの転換は、日本の比較教育学研究に対しても一定の影響を与えはしたが、アジアの比較教育研究に対しては、それほど大きなインパクトを与えたわけではなかった。冒頭でも述べたように、近年、日本人研究者によるアジア比較教育研究はその数を増やしており、記述的研究から分析的研究へと脱皮しつつあるが、比較教育学研究の支配的パラダイムからは乖離しており、やや「周辺」に位置していると言わなければならない。日本のアジア比較教育研究が、今日の混迷する研究パラダイムに一石を投じることができる可能性については、筆者はやや悲観的にならざるを得ない。

2　「理論志向」の希薄さと「地域研究」の未熟さ

日本のアジア比較教育研究が量的に増大しているにもかかわらず、研究の質的充実や国際的文脈における研究パラダイムに一石を投じることができないでいるとすれば、その原因はどこにあるのであろうか。

本論(第2章)で考察したとおり、数年前、市川昭午は、日本の比較教育研究の弱点として次の三点を指摘し(『比較教育学研究』一六、一九九〇・七)、現在行なわれている比較教育研究のあり方に鋭い疑問を投げかけた。ここではそれを手がかりに、アジア比較教育研究の問題について考察してみよう。市川によって指摘された日本の比較教育研究の弱点は、およそ次の三点である。

① 特定国の教育情報や教育理論の紹介に終始しており、比較研究となっていない。
② 「比較」をしない国別報告が、比較教育研究としてまかり通っている。
③ 日本の比較教育研究には、自国の教育問題に対する関心が乏しく、したがって日本の教育問題解決に寄与しようとする意識が希薄である。

①、②については、筆者もほぼ同感である。ちなみに、日本比較教育学会の機関紙『比較教育学研究』に九〇年代(第

一六〜二〇号）に収録された自由研究論文（五一点）の約三割（一五点）は第三世界教育（東アジア・東南アジア教育研究）に関する研究であるが、そのうち一二点（八割）は「一国研究」であり、クロス・ナショナルな比較分析ではない。市川の指摘するように、「比較」をしない記述的研究が多いことは確かである。

しかし筆者は、日本のアジア比較教育文化研究の貧困は、「比較」しないことにあるというより、アジア各国（地域）の教育に適用できるマクロ理論構築への志向性が希薄なことにその原因があるのではないかと考えている。先にみた近代化理論にしろ、従属理論にしろ欧米の研究者によって提出された一般理論である。「理論は欧米から学ぶもの」という明治以来の「近代日本の習性」が、大学院における若い研究者の養成過程においてもいまだにみられるし、学会誌（ジャーナル）論文の審査においても、ユニークで独創的な仮説の提示よりも、限定したテーマを実証的に論及したものの方が一般的に評価されているという傾向があることは、周知の事実である。こうした理論面での欧米従属傾向を脱し、われわれのアジア比較教育文化研究から、世界に発信する理論の提示が必要な時期に来ているのではなかろうか。

第二は、市川の③の指摘に関連するが、日本人研究者の、日本の教育問題解決に対する意識の希薄さについては、事実認識としてはその通りかも知れない。しかし、日本の教育問題への意識を研ぎ澄まし、アジア各国の教育文化と日本のそれとの「比較」を行なえば、アジア比較教育文化研究の質が上がるかと言えば、筆者は必ずしもそうは考えない。当然のことながら、①や②で指摘された「勘違い」や「安易さ」の意識を改革することは必要である。しかしそれ以上に必要なことは、外国教育研究のあり方に抜本的なメスを入れることである。結論を先に言えば、外国教育研究の基礎部分をなすはずの教育の「地域研究」を充実させる以外に、比較教育研究を充実させることはできないと考える。地域間の「比較」は二の次でよいし、「日本」との比較はそのまた次でもよい。なぜなら、真の地域研究には、それ自体のなかに「比較」が方法として組み込まれているはずであるし、それなくして魅力的な地域研究たり得ないからである。先にみたように、日本のアジア比較教育研究が、常に外国理論の借用か後追いの域を出ないのも、元をただせば「地域研究」の弱さに原因があると筆者はみている。「地域研究」が本物とならなければ、理論らしい理論も生れてこないと考えるからである。

3　研究インフラの未整備

アジア比較教育研究を発展させるには、研究・教育面でのインフラ整備が前提とならなければならないが、現状のそれはあまりにも貧弱である。一九五〇年代の早い時期に設立された「比研（一九五五年）」を別にすれば、例えば大学における比較教育学講座（省令講座）についてみても、五〇年代に九州大学教育学部（一九五二年）、広島大学教育学部（一九五三年、名称は「比較教育制度学」）、六〇年代に京都大学教育学部（一九六五年）、東京大学教育学部（一九六七年）に設置をみたのみであり、以後にそれに続くものはなかった。一九九三年に設置された名古屋大学教育学部の「比較国際教育学」講座は、実に四半世紀ぶりの講座設置であった。しかも、これら比較教育学講座担当者は、一部を除きほとんどが欧米教育を専門とする者であったため、大学院教育（研究者養成）においてアジア教育研究は等閑に付されてきたのである。その意味で、アジアの教育研究を明確に研究対象の一つとしてきた「比研」は、アジア比較教育文化研究所の最大のインフラであったと言っても過言ではない。大学以外のアジア教育関係の研究機関としては、国立教育研究所およびアジア経済研究所等が大きな役割を果たしてきたが、それらの機関においてもアジア教育研究部門（室）は、研究所全体からみると周辺的にしか位置づけられておらず、近年ではその研究スタッフは縮小傾向にある。アジア教育研究の重要性が叫ばれているにもかかわらず。研究インフラはむしろ劣悪化していると言わなければならない。

一方、大学における比較教育学関連科目は、このところの「国際化」ブームで急増しており、一九九二年現在一六八科目を数え、教授内容も「アジア・第三世界」に関するものが増えているようである（窪田眞二「『比較教育』教育調査の報告」『比較教育学研究』一九、一九九三年）。ところが、このようにアジア比較教育文化研究への需要は急増しているにもかかわらず、「比較教育学」は教員養成カリキュラム（「教職専門科目」）の周辺にしか位置づけられていないため、上述したとおり講座増設もままならず、研究インフラは未整備のままなのである。結果として、比較教育学以外の専門分野を専攻した者が、比較教育学関連授業を担当せざるを得ない状況が続いているのである。

近年における新しい動向として、国際協力要員の養成をスローガンに九〇年代に相次いで設立された国際開発・国際協力関連大学院研究科が注目される（例：東京大学、埼玉大学、筑波大学、横浜国立大学、名古屋大学、神戸大学、広島大学の各大学に開設）。これらの独立大学院には、「教育開発」関連の専攻が設置されているところもあり、そこではアジア教育関連科目が多数開設されているため、アジア比較教育文化研究のインフラの強化にはプラスになることが予想される。ちなみに、名古屋大学国際開発研究科第一専攻（国際開発）には、基幹講座として「教育開発」大講座（教授二名、助教授一名）が設置されている。また広島大学国際協力研究科第二専攻（教育文化）にも基幹講座として「教育開発」大講座（教授四名、助教授二名）が設置されている。このように、アジア比較教育文化研究に関する限り、将来的には教育学部に設置されている比較教育学講座より、国際開発関連大学院の方が主流になる可能性が強い。

次に、研究インフラとして重要な学会についてみると、アジア研究一般については、会員数は年々増加傾向にあり、一九九四年現在、日本中国学会（九九六）、東洋史研究会（二〇二）、朝鮮学会（一五八）、東南アジア史学会（二四一）、南アジア学会（二八九）、アジア政経学会（三四二）を数えている。これらの中には、アジアの教育文化を専門とする研究者も相当数含まれている。日本比較教育学会の場合、一九九五年現在、会員は七〇〇名を越え盛況を呈しているが、八〇年代以後、比較教育学研究は細分化される傾向にあり、関連学会（異文化間教育学会、国際教育学会、国際理解教育学会、アメリカ教育学会、フランス教育学会等）が相次いで設立されている。このような現象は比較教育学研究への関心の高まりの結果とも言えるが、比較教育学研究者の軸足がどこに置かれているかが問われているところである。

こうした状況をふまえ、日本比較教育学会第三〇回大会（於筑波大学）において、アジア各国の比較教育学関係者をネットワークすることを目的とするアジア比較教育学会の創設準備が開始され、元学会長（権藤與志夫）を中心に同年十二月福岡にて設立準備国際シンポジウム、一九九五年六月香港大学における国際シンポジウムを経て正式に設立された。一九九六年十二月には、日本（東京・早稲田大学）において第一回大会が開催され、日本のイニシアティヴが発揮されたのは記憶に新しいところである。

4　「比研」が成し遂げたことと仕残したこと

以上、日本のアジア比較教育研究における一般的問題点を、やや批判的に論じてきたのであるが、こうした状況のなかで、九州大学教育学部の比較教育研究施設（「比研」）が戦後一貫してこの分野においてパイオニア的役割を果たしてきたことは、誰しも異論のないところであろう。日本のアジア教育研究者の多くが比研で養成され、ほとんどのアジア教育研究者が比研の研究プロジェクトに何らかの形で関わり、アジア比較教育研究の発展に貢献してきたことは、比研の業績として高く評価されてしかるべきである。

その成果は、『比較教育文化研究施設紀要』計四六巻（一九五七〜一九九五年）に、余すところなく示されている。地域的には、東南アジア（特にタイ、フィリピン、マレーシア、インドネシア）、南アジア（インド、セイロン）、東アジア（韓国、中国）をバランスよくカバーしており、研究対象（テーマ）も、学校教育から村落社会の構造・価値体系まできわめて広範・多彩である。

このような紀要論文を含む「比研」の研究活動が、アジア比較教育文化研究において国の内外に与えた貢献（インパクト）は、次の四点に要約されるであろう。

①一九五〇年代の早い時期から、東南・南アジアの教育文化の比較研究を手がけ、七〇年代以後は、東アジア（韓国、中国）にまでその対象を広げ、フィールド調査を重視した「地域研究」の確立に寄与した。

②異なるディシプリン（文化人類学、社会人類学、教育学、歴史学、心理学、社会学、経済学等）からなる共同研究を組織し、学際的研究の実績をあげた。

③国際的な研究交流を重視し、そのネットワークを通じて若手研究者の育成と国際学会への貢献を果たした。

④学部・大学院（特に比較教育学講座）との協力関係の下で、比較教育学、文化人類学、教育人類学等の分野の人材を養成した。

このように、過去四〇年間に比研が成し遂げた成果は目を見張るものがあるが、若干仕残した点があるとすれば、次の点であろう。

第一は、研究施設の規模（二部門体制）が創設当初のまま推移し、規模拡大が計れなかった点である。この四〇年間は、一般的にみるならば（特に七〇年代）高等教育の拡大期であり、予算規模も倍増した時期である。しかしこの間、比研の部門増設、実験講座化が実現しなかったのは、何としても惜しまれる。懸案であった「欧米部門」を開設できなかったことは、八〇年代以後におけるヨーロッパの統合（ＥＵ）と分裂（東欧）という大変化のなかで、その研究の必要性が高まっていることを考える時、残念でならない。

第二に、比研が蓄積してきた膨大な研究成果を、国際的なアカデミック・マーケットに流通させる面で、やや消極的に過ぎたのではなかろうか。部分的には英文紀要・報告書も刊行されているし、個々の研究者は国際的なジャーナル誌上で活躍してきているが、研究組織体としての「比研」が、その成果を国際的に発信する面では、ややや問題があったのではなかろうか。これはおそらく第一の問題点（規模、予算等）からくる制約があったためであろうが、英文刊行物、国際会議の開催等についてみるかぎり、日本で唯一の本格的な比較教育学研究の拠点としてはもの足らない。また、これだけのアジア研究の成果が、当のアジア諸国でどの程度評価されるかについては、自己点検・評価が必要なのではなかろうか。

第三に、教育学と人類学を専攻する研究者集団からなる比研が生み出してきた研究成果は多彩であり、先にみた『紀要』掲載論文だけをとっても、他の組織にはみられない「学際性」がみられることは、疑う余地のないところである。ただ、両者がディシプリンとしてどの程度相互に影響し、理論構築の面で新機軸を打ち出せたかとなると、今後に残された課題も多いのではなかろうか。「教育」と「文化」をクロスする「問題群」の重要性が高まるなかで、比研に期待されるところは今後ますます大きくなると考えられる。

最後に、これら以外の課題としていくつかの要望を挙げ、比研の飛躍的発展を期待したい。

① 研究者ネットワークを全国的・国際的規模に拡大すること。
② 国際会議・国際セミナー、国際共同研究を頻繁に開催し、「知」の国際的ネットワークをさらに強固なものにすること。
③ 「比研」がこれまで蓄積してきた文献・資料を、全国の研究者がアクセスできるようなリソース・センター（クリアリング・ハウス）に再構築すること。
④ 予算規模の拡大と「欧米部門（第三部門）」の増設。

【付記】

本論は、大学院生時代に「外国教育学」と「比較教育科学」を峻別するシュナイダーの論文に出会って以来、またその後大学院生の教育を行なうようになってからは教育上の観点から気になっていた一国（一地域）研究を比較教育学の中にどのように位置づけるかという問題に対し、「地域研究」という観点から一定の答えを出したものであり、いわば筆者の自己弁護（正当化）の論文である。執筆時から一〇年以上が経過し、関連諸学会における「地域研究」論議はかなりの深まりをみせているが、筆者自身、本論で述べた以上の観点を出すにいたっていないので、ほぼそのままの形で再録した。その後、日本比較教育学会では筆者が編集長時代の『比較教育学研究』（第二五号、一九九九年）の「特集：比較教育学の新展開―その可能性と展望―」において、二人の専門家に「地域研究」のあり方を論じていただいた。続いて江原武一が編集長時代の『比較教育学研究』（第二七号、二〇〇一年）においては「特集：地域教育研究のフロンティア」が組まれ、本テーマに関する掘り下げた検討が加えられている。さらに学会創立四〇周年の記念シンポジウムにおいては、大塚豊が「方法としてのフィールド：比較教育学の方法論検討の一視点」（『比較教育学研究』第三一号、二〇〇五年）において、この問題に関する総括的整理を行なっている。

なお、〈補論〉は、アジア教育研究と「地域研究」の関係を、日本の比較教育学の発展に大きな役割を果たしてきた九州大学教育学部附属比較教育文化研究施設（通称「比研」）の足跡との関連で述べたものである。比研四〇周年記念シンポジウムの講演原稿の一部を活字化したエッセイであるが、本論とあわせて読んでいただければ幸いである。

第3章　比較教育学教育の課題と方法

1　比較教育学教育の歴史と一九八〇年代の現状

はじめに

一九八七年四月一日現在、日本比較教育学会員は五一八人（通常会員四五一人、学生会員六七人）の大台に乗った。これを学会紀要第一号（一九七五年三月）創刊行時の二八五人（通常会員二六〇人、学生会員二五人）と比較すると、この一二年間に一・八二倍、実数にして二三三人の増加をみたことになる。これは決して小さな数字ではない。この間、日本の教育界は、これまでに体験したことのない現実に直面することになった。すなわち海外帰国子女問題をはじめとして、増加する外国人子弟の教育、留学生の増加、中国残留孤児の帰国、ベトナム・ラオス・カンボジア難民の子弟の教育問題など、日本の「外」から持ち込まれた問題への対応にせまられた。経済の分野で始まった「国際化」は、いまや日本社会全体の課題となり、「教育の国際化」は、政府の審議会「臨教審」答申の中心テーマとして取り上げられるにいたっている。

こうした変動する内外の状況下で、「国」を超えた教育の比較を主要課題とする比較教育学研究への期待と関心が高まり、会員数の増加をみたことは偶然ではあるまい。ところがこうした学会員の増加にもかかわらず、大学における比較教育学の教育は、一〇年前とさして変わらない状況にある。制度化された研究・教育組織である「講座」の増加はみられず、授業科目としての「比較教育学」の開設もそれほど増えてはいない。また学会創立（一九六五年）以来の懸案である比較教育学の「学科目」化も、いまだに実現していない。時代の要請が高いといわれながら、比較教育学教育は一向に進展をみていないのである。

筆者はある偶然から、一九八六年比較教育学教育を担当することになったのを契機に、この問題に若干の考察を加えることを思い立った。ただ、比較教育学教育の沈滞の原因に真正面から取り組むには準備不足でもあり、荷が勝ちすぎるので、まずは日本の大学における比較教育学教育の実態をアンケート方式により調査し、それを通じて上記の問題を考える手がかりとしたいと考えたのである。

ただ本論で取り扱うのは、学部段階における比較教育学教育のみであり、大学院段階におけるそれについては、ふれていない。また、比較教育学教育は、「教育学教育」[1]の一領域である関係上、近年問題となっている専門教育としての教育学教育のあり方全体との関連において、論じ且つ位置づけなければならないのであるが、本論ではそこまで立ち入る余裕はない。それらについては稿を改めて論じることを予め断っておきたい。

(1)　比較教育学教育の歴史

比較教育学は欧米生まれの学問（研究領域）であることは周知の事実であるが、すでにわれわれも戦前期に「比較」の名を冠した著書[2]を有している。また「比較」という名称を冠してはいないが、かなり高度な比較教育学の研究書[3]も刊行されている。比較教育学がいわゆる「借用の時代」から「科学（分析）の時代」へと発展をみたのは、日本のみならず欧米においても、二〇世紀に入ってからであるが、その際、その担い手も、かつての教育行政官から大学人へと移り、そして比較教育学の研究書はそうした大学に籍を置く大学教授たちによって生み出されてきたのである。

ところが、このように比較教育学研究の成果を出しはじめた日本の大学で、本格的な比較教育学の教育が広く行なわれていたかということになると、否といわざるをえない。戦前期の教育学が今日のように分化していなかったことを考えれば、ある意味でやむを得ないことではあったかもしれない。あえて、比較教育学教育の先駆的な実践例を探すとすれば、東京大学文学部教育学講座における阿部重孝の例を挙げることができるであろう。ちなみに一九二〇－一九三九年当時における比較教育学関連の講義題目は、その一端をわれわれに示しているといえよう[4]。

一九二〇年（大正九）「北米合衆国ノ教育制度」（週三時間、一単位）
一九二二年（大正一一）「欧米教育制度ノ比較」（週二時間、一単位）
一九二三年（大正一二）「北米合衆国ノ教育制度並学校行政ノ諸問題」（週二時間、一単位）
一九二五年（大正一四）「教育行政ノ比較研究」（週二時間、一単位）
一九二六年（大正一五）「中等教育比較研究」（週二時間、一単位）
一九二七年（昭和二）「教育的事実ノ数量研究」（週二時間、一単位）

一九三二年（昭和七）「欧米ノ教育制度」
（週二時間、一単位）
一九三三年（昭和八）「中等教育ノ比較教育」
（週二時間、一単位）
一九三八年（昭和一三）「比較教育制度論」
（週二時間、一単位）
一九三九年（昭和一四）「比較教育制度」
（週二時間、一単位）

このような阿部の例は、戦前期においては稀なケースであり、比較教育学の教育が本格的に始まるのは、やはり戦後をまたなければならなかった。しかし、本格的に始まると言っても、戦後における教育学教育の急進展の中における比較教育学教育の位置はきわめて小さなものでしかなく、ごく少数の先駆者[5]による一－二の講座創設がそのスタートとなったという意味にすぎない。もちろん比較教育学教育の母体となる「比較教育学」講座が、九州大学教育学部（一九五二年）と広島大学教育学部（一九五三年、名称は「比較教育制度学」）に制度化されたことの意義を過小評価するものではない。しかし、この時期（一九五〇年代）に、これら二大学以外の大学（特に旧帝系大学および文理大系大学）において、比較教育学講座が開設されるにいたらなかったことが、今日の比較教育学教育の沈滞の遠因になって尾を引いていると考えるのは、的はずれなことではないであろう。

その後一九五五年に、九州大学教育学部の附属研究施設として、二講座相当分の「比較教育文化研究施設」が創設されたことは画期的なことであったが、次に比較教育学講座で誕生するのは実に一〇年後の京都大学教育学部（一九六五年）とそれに続く東京大学教育学部（一九六七年）をまたねばならなかった。そして約二〇年後の現在にいたるまで比較教育学講座の増設は皆無なのである。この間において、教育学研究の他の分野の発展に比して、このように遅れをとった原因はどこに求められるのであろうか。

日本比較教育学会が発足したのは一九六五年、まさに教育改革が世界の教育界の主要テーマになりつつある時期であった。その年を前後に、上記二大学(京都大学・東京大学)の比較教育学講座は創設されたのである。ところが、この時期に、国立大学の講座、学科目の設置が省令化されたことは注目されなければならない。「国立大学の学科及び課程並びに講座及び学科目に関する省令」(昭和三九年二月二五日文部省令第三号)がそれである。この省令化に伴い、翌昭和四〇年三月三一日付で「教育学関係学部設置基準要項」[6](大学基準等研究協議会決定)が決定され、その後今日にいたるまで約二〇年間教育学部関係学科(学科および専攻)設置の基準となっている。そこには学科構成の類型(①三以上の学科で組織する場合、②二学科で組織する場合、③一学科で組織する場合)が例示されているが、ここではこれらのうち最も典型的と考えられる二学科(教育学科・教育心理学科)で組織する場合の専門教育科目開設に伴う学科目・授業科目および教員組織の例を挙げておこう。

表3-1　二学科で組織される場合の学科目・授業科目

学科	学科目	授業科目
主要学科目として開設するもの		
教育学科	教育哲学・教育史	教育哲学、比較教育学、日本教育史、外国教育史
	教育社会学・社会教育	教育社会学、社会教育、産業教育
	学校教育	学校教育、教育課程、教育方法、教科教育、視聴覚教育
	教育行財政学	教育行財政学、教育制度、教育計画
教育心理学科	教育心理学	教育心理学、学習心理学、集団心理学、教育評価、教育指導
	発達心理学	発達心理学、児童心理学、青年心理学
	臨床心理学	臨床心理学、性格心理学
関連学科目として開設するもの		
		教育思潮、教育調査、教育統計、図書館学、学校経営、進路指導、体育学、健康教育学、行政法、行政学、財政学、文化人類学、社会心理学、精神医学、美学、社会福祉論

表3-1にみられるとおり、比較教育学は授業科目としては、「教育哲学・教育史」学科目の中に位置づけられては

いるが、独立の「学科目」としては認められていない。このことは、三学科以上で組織される場合および一学科で組織される場合でも、まったく同様である。先にみた講座・学科目の省令化に伴う「設置基準要項」において、比較教育学が「学科目」に認定されなかったことが、その後における講座の開設はもちろん、教育関係学部における授業科目としての「比較教育学」の開講にブレーキをかけることとなり、ひいては比較教育学教育の発展の大きな隘路となったことは否めない。

したがって「比較教育学」の「学科目」化は、日本比較教育学会の悲願であり、毎年の学会(総会)において、その実現に向けての決議がなされてきた。特に、一九七〇年(昭和四五)、カナダのオタワで開催された第一回世界比較教育学会(The 1st World Congress of Comparative Education)の全体テーマのひとつとして、「教員養成における比較教育学の位置づけ」が取りあげられたこともあり、比較教育学の「学科目化」の運動が強力に展開されたが[7]、結局実を結ぶにいたらなかった。その後の展開は、既設の四大学(九州大、広島大、京都大、東京大)における比較教育学講座の「実験講座化」に運動の力点が移されて、一九七八年にその実現をみた。そのことが、実験講座化された大学における比較教育学の研究と教育を強化することになったのは疑いのないところであるが、比較教育学教育を全国の大学に普及する力になったとは言えない。授業科目としての比較教育学の開設は、その後それほど増えてはいないからである。結局のところ、比較教育学は若い学問研究領域であるだけに、学会としての努力にもかかわらず、その「学科目」化を実現するまでの力は発揮できなかった。また個々の大学においても、学会員の多くは、教育史や教育行政学などの既設講座および学科目に所属しているのが一般的であるため、学科内で「比較教育学」講座の新設や「授業科目」の開設に向けて、強力なリーダーシップを発揮することが難しかったとも言えよう[8]。

(2) 一九八〇年代の比較教育学教育

比較教育学方法論に関する論議は、学会発足以来の課題であり、学会紀要第一号（一九七五年）も「日本の比較教育学の現状と展望」と題して方法論特集を組んでいる。これは、その前年（一九七四年）の第一〇回大会（当番校・京都大学、於堀川会館）における「課題研究」で取りあげられたもののまとめであるが、その後一三年を経た一九八七年の第二三回大会（於京都大学）においても、「課題研究」として、「比較教育学研究の方法とその課題」が取りあげられている。これらにおいて検討されている方法論議は、いわゆる研究方法上の諸問題に関するものが主であり、比較教育学の「教育」（teaching）に関することがらには、ほとんどふれられていない。研究方法のあり方の検討は、今後も一層その深化が望まれるところであるが、他方において、比較教育学の教育のあり方がもっと問われてしかるべきだと筆者は考えている。教育の国際化が叫ばれ、比較教育学への期待はこれまで以上に高くなっていると考えられるが、これは「研究」（research）そのものに対する期待もさることながら、大学における比較教育学の「教育」（teaching）に対する必要性と重要性からでてきていると考えるべきであろう。

こうした認識は諸外国においても同様にあるようであり、英国比較教育学会（The British Comparative Education Society）は、一九八二年「英国の教師教育における比較教育学」をテーマに、一〇六校の高等教育機関を対象とする詳細な比較教育学教育に関する実態調査を実施し、その現状と問題点を分析している[9]。

ところがわが国では、比較教育学教育に対する本格的な調査はこれまでなされておらず、わずかに「日本の比較教育学の教育に関する調査および提案」（広島大学教育学部・沖原豊、昭和四九年、九頁、〈日本比較教育学会第一〇回大会におけるシンポジウム「日本の比較教育学の教育上の諸問題」の報告資料、以下「広島大調査」と略称〉）と一九八二年に学会の「比較教育学の研究・教育の充実に関する委員会」（委員長・沖原豊）によって行なわれた「比較教育学の授業に関する調査」[10]があるのみであるといっても過言ではあるまい。約一三年前（一九七四年）に行なわれた「広島大調査」によると、学部段階において授業科目（講義または演習）として「比較教育学」を開設していた大学は、国立大学二三校、私立大学三校、と報告されている。そこで筆者は一九八六年現在の状況を調べるべく、全国の国・公・私立大学のうち、組織的に教育学教育を行なっている四年制大学、具体的には、①教育学部（学校教育学部・文教育学部等を含む）、②教育学科（幼児教育学科、産業教育学科等を含む）、③教育学専攻、等を設置している大学一〇二校（「教職課程」のみを有する一般の大学・学部は除く）を対象に、授業科目としての「比較教育学」の開設状況を調べてみた。それが**表3-2**であるが、開設大学数は国立大学二一校、私立大学一五校、となっており、一三年前に比べ国立大学がやや減少傾向となっているのに対し、私立大学は三校から一五校へと大幅に増えているのが注目される。これを開設授業科目数（延べ数）の点からみると、この一三年間に国立大学は三九科目から五三科目にまた私立大学は四科目から一九科目へといずれも大幅に増加していることが明らかである。一方、省令化されている「比較教育学講座」は、すでに述べたように一九六七年の東京大学における講座設置を最後に、二〇年間新設をみていない。なお、広島大学のそれは、近年における「大講座」への再編成により、昭和五三年（一九七八）、前記省令から「比較教育制度学」の名称が姿を消し、「教育行政学」大講座に再編された形になっている。しかし実際の運営は従前どおり「比較教育制度学」を単位として行なわれているようである。

表3–2　「比較教育学」開設状況（1986年現在）　　　　（学部段階）

設置者	調査対象大学*	「比較教育学」開設大学数	「比較教育学」開設授業科目数（延べ数）	省令化**されている「比較教育学」講座数
国立大学	60	21	53	3***
公立大学	2	0	0	−
私立大学	40	15	19	−
合　計	102	36	72	3

注）＊全国の大学（国公私）のうち組織的に教育学教育を行なっている四年制大学。具体的には、1）教育学部、2）教育学科（幼児教育学科、産業教育学科等を含む）、3）教育学専攻等を設置している大学であり、「教育課程」のみを有する一般大学・学部は含まれない。

＊＊「国立大学の学科および課程並びに講座および学科目に関する省令」（昭和39年2月25日、文部省令第3号）

＊＊＊東京大学、京都大学、九州大学の教育学部に設置されている。

なお、昭和28年（1953）以来、広島大学教育学部に設置されていた「比較教育制度学」講座は、昭和53年（1978）の講座再編にともない、「教育行政学」大講座の中に吸収された。しかし、実際には従前どおり「比較教育制度学」を単位として運営されている。

参考文献）1　文部省「全国大学一覧」昭和60年度。
2　文部省「大学関係事務提要」昭和62年度版。
3　各大学・学部・学科の「学生便覧」および「履修要項」（昭和61年度版）

以上のように、私立大学における授業科目としての「比較教育学」の新設やすでにこれまで比較教育学を開設してきた国立大学において、多様な名称を冠した比較教育学関連の授業科目が増加していることは認められるが、総じて比較教育学教育は数量的にみる限り、他の教育学教育の分野に比して著しく低調であると言わなければならない。

(3)　比較教育学教育の実際

①　調査の概要

比較教育学教育の実態を明らかにするには、授業科目として学部レベルの「比較教育学」関連科目を担当している教師を対象に「アンケート調査」をするのが早道と考えた筆者は、一九八七年五月、小規模な調査(省略)を計画した。先にみた「比較教育学」開設大学計三六校の「学生便覧」および「履修要項」等から、授業科目として「比較教育学」関連科目を担当している教師を可能なかぎりすべて選び出したところ五一名(常勤および非常勤〈集中講義を含む〉)となった。これら比較教育学の担当者に、郵送法により質問紙調査を実施したのである。有効回答者は四二名、(回収率、八二・四%)であった。

回答者の属性をまず所属大学の種類別(**表3－3**参照)にみると、教員養成系大学・学部(学科)四〇・五%(有効回答者に占める比率、以下同じ)、旧制大学系教育学部・教育学科(専攻)四〇・五%、と同率になっており、これらを合わせると八一%となる。しかし教員養成系大学・学部(学科)の数が旧制大学系・学部・学科の数十倍にのぼることを考えれば「比較教育学」は旧制大学系学部・学科により多く開設されていると言える。これら以外にも、一般大学の教職課程

表3-3　「比較教育学」担当者が所属している大学の種類と勤務形態

大学の種類

教員養成系大学・学部(学科)	40.5%
旧制大学系教育学部・教育学科(専攻)	40.5%
一般大学の教職課程等	7.1%
そ の 他	11.9%

勤務形態

常　　勤	76.2%
非 常 勤(集中講義等も含む)	23.8%

（七・一％）や人文・社会系列の一般教養科目（「その他」一一・九％）として開設されている大学も若干ではあるが認められる。

担当者の勤務形態についてみてみると、常勤七六・二％、非常勤（集中講義を含む）二三・八％となっており、常勤者の割合が高い。しかし常勤者として「比較教育学」を担当しているのは三二名にすぎず、これは日本比較教育学会員（一九八七年現在五一八名）の六・二％にすぎない。非常勤者を含めても、全学会員の九・八％しか比較教育学教育に直接携わっていないのである。こうした状態が比較教育学会員の欲求不満を昂じさせるとともに、比較教育学教育の貧困をもたらす原因ともなっていると言えるであろう。

次に、開設されている授業科目の名称についてみてみると、「比較教育学」が六六・七％で最も多く、その他は**表3‐4**にみられるとおり、「比較」、「国際」、「民族」、「各国」などの名称を冠した様々な授業科目が開設されている。特に近年の傾向としては教育の「国際化」との関連で、私立大学に「比較教育学」関連科目が開設されるケースが多くなってきている。

表3‐4　「比較教育学」関連科目の名称

比較教育学	66.7%
比較教育	4.8%
比較教育制度学	2.4%
国際教育学	2.4%
民族教育学	2.4%
比較教育思想史	2.4%
その他	33.3%

〔その他の例：比較教育論、比較教育思想論、各国教育学、国際社会と教育、地域比較教育学、問題比較教育学、等〕

②　比較教育学教育の内容

比較教育学が教育学の他の領域に対して独自性ないし特色をもつとすれば、①「比較」（comparative method）を研究手法として用いること、②研究対象を日本国内の教育事象に限定することなく、諸外国や諸地域、あるいは他民族や他文化などにまで広げて考えることに求められるであろう。これは比較教育学教育においても同様にあてはまることであり、「比較」という方法を駆使しながら世界の様々な国家や地域に生起する教育問題を授業においては取りあげていくことになる。

そこで比較教育学教育で取りあげている　①対象地域(国)、②課題および問題、に関する実情を調査することにした。まず対象地域(国)についてみると(**表3－5**参照)、回答者の七六・二%が北アメリカ(アメリカ合衆国、カナダ)を取りあげている。次に多いのが西ヨーロッパ(六一・九%)であり、続いて東アジア(四〇・五%)、東南アジア(三八・一%)、東ヨーロッパ(ソ連を含む)三一・〇%の順となっている。オセアニア(一一・九%)、南アジア(一一・九%)、南アメリカ(七・一%)、中近東(四・八%)、アフリカ(四・八%)を授業の対象に組みこんでいる者は限られている。したがって、本調査から明らかになった最近の傾向としては、①「欧米」志向は、現在もなお続いている、②しかしながら日本の近隣諸国(東アジア、東南アジア)への関心が急増している、③少数ではあるがオセアニア、南アジア、南アメリカへの関心も芽ばえつつある、④中近東、アフリカ地域への関心は、きわめて低い、などが挙げられるであろう。

しかし、これを前述した一三年前の「広島大調査」と比較すると、かなりの変化が認められる。すなわち、広島大調査では、比較教育学教育において取りあげられている対象国の「頻度数」を調べているが、米、英、西独、ソ連、仏、東独等の欧米諸国が全体の八六・五%を占めており、アジア諸国は五・二%にすぎない。こうした比較教育学教育で取りあげられる対象地域(国)の傾向性は、比較教育学研究における研究対象のとり方を反映していると考えられるので、この一〇年余りの間に、研究面でもその変化が現れてきているのではないかと考えられる。

表3-5　「比較教育学」の授業で取り上げている対象地域

北アメリカ(アメリカ合衆国、カナダ)	76.2%
西ヨーロッパ	61.9%
東アジア(中国、韓国・朝鮮等)	40.5%
東南アジア	38.1%
東ヨーロッパ(ソ連を含む)	31.0%
オセアニア	11.9%
南アジア	11.9%
南アメリカ	7.1%
中近東	4.8%
アフリカ	4.8%
その他 (例：北ヨーロッパ、世界中の国際比較、など)	9.5%

第二に、比較教育学教育で取りあげられている「課題や問題」についてみると（表3-6参照）、回答者の半数以上の者が、比較教育学方法論（六四・三％）、初等教育（五四・八％）を取りあげている。前者は、比較教育学の授業形態として「概論」という形での講義が多いこと、後者は、教員養成系大学における比較教育学教育の内容構成上の必要性から、このような高い数値になっているのではないかと考えられる。これらに次いで多いのが、教育改革・計画（四五・二％）、中等教育（四二・九％）、高等教育（三五・七％）、多文化・異文化教育（三五・七％）の順となっており、担当者の三－四割の者は、これらの「問題」を授業において取りあげている。特に「多文化・異文化教育」は、ここ一〇年来の新しい動向として注目されるが、これは異文化間教育学会の誕生（一九八一年）とも大いに関係しているであろう。これらの外に、国際教育（二八・六％）、民族教育（二一・四％）、教師教育（一九・〇％）、社会教育・生涯教育（一六・七％）の問題が取りあげられているが、これらはいずれも日本の教育学会の全体的傾向を反映したものと言えよう。

以上の傾向を前記「広島大調査」（本調査とは調査項目および方法が異なるので厳密な比較考察にはならないが）と比較すると、概して七〇年代の比較教育学教育は「教育行政」など、制度・行政に関する問題が主流であったのに対し、八〇年代後半の比較教育学教育の内容は、表3-6にみられるとおり多様化してきていることが特色となっている。ここで重要なことは、多様化した研究課題（問題）の内容であるが、本調査ではそこまで立ち入ることはできなかった。比較教育学がすぐれて教育の世界認識にかかわる研究・教育領域（と筆者は考えている）であるとすれば、

表3-6　「比較教育学」の授業で取り上げている課題や問題

比較教育学方法論（歴史・理論）	64.3%
初等教育	54.8%
教育改革・計画	45.2%
中等教育	42.9%
高等教育	35.7%
多文化・異文化教育	35.7%
国際教育	28.6%
民族教育	21.4%
教師教育	19.0%
社会教育・生涯教育	16.7%
職業・技術教育	11.9%
開発教育	11.9%
その他（教育行政、家庭教育、教育関係論）	9.5%

研究課題そのものが「世界性」をもつものであることが望ましく、そしてできれば課題そのものが、教育事象一般を根本のところで動かしている何ものかをとらえる上での「キー（鍵）概念」になるものであることが期待される。そうした意味で、比較教育学教育の課題の多様化は、単なる課題の「拡散」に向かうのではなく、世界性をもった教育課題への「収斂」を指向する方向で模索されなければならないと言えよう。

③　比較教育学教育の方法

比較教育学教育を学部段階の学生に魅力ある授業科目として提供するために、教授法（teaching method）上の工夫が必要となる。テレビ時代に育った現代の学生に旧来の「講義」と原書講読方式による「演習」といった伝統的な授業方法では通用しにくくなっている。

まず比較教育学教育の授業形態についてみてみると（**表3-7**参照）、講義（概論）（八一・一%）、演習（ゼミナール）（五二・四%）、特殊講義（一六・七%）となっており、講義の占める比率が高い。クラス・サイズは、一―二〇人（四六・二%）、二〇―四〇人（三〇・八%）、四〇人以上（二三・〇%）となっており、講義形式の「授業」としては、比較的小規模な構成であると言える。演習は、伝統的な文献講読が中心となっているようであり、「調査実習（国内・国外）」等を課している教師は七・一%にすぎない。また卒業論文で「比較教育学」関連のテーマを選んだ学生を指導している者は、回答者の五九・五%（年間延べ人数、約八〇人）にとどまっている。

次に比較教育学の授業における教科書（textbook）の使用状況についてみると（**表3-8**参照）、特定の教科書を使用し

表3-7　「比較教育学」の授業形態とクラス・サイズ

授業形態

講義（概論）	81.1%
演習（ゼミナール）	52.4%
特殊講義	16.7%
そ の 他	2.4%

クラス・サイズ

1－20人	46.2%
20－40人	30.8%
40人以上	23.0%

ている者四七・六％、使用していない者五二・四％となっており、使用していない者の方が多い。教科書を使用している者の約半数は、沖原豊編『比較教育学』（有信堂、一九八一年、現在は東信堂から刊行されている）を使用しており、その他はまったくバラバラである。このような教科書使用率の低さは、前記沖原豊編の教科書以外に、近年、比較教育学の入門書ないし概論書がまったく書かれていないことと関係しているように思われる。なお、教科書・教材の使用言語は、日本語、英語が圧倒的である。学部段階の授業において、学生にとって第二外国語であるフランス語、ドイツ語、ロシア語、中国語等を本格的な教材として使用することは事実上、無理になっているようである。筆者の個人的経験からしても、英語教材ですら、それのみに限定すると授業をスムーズに進めることが難しいばかりでなく、受講生数が減る傾向がみられる。日本語教材と外国語教材のバランスをいかにとるかが今後の課題となろう。

これに関連して比較教育学教育における「機器」の利用状況についてみると（**表3－9**参照）、利用している者四七・六％、利用していない者五二・三％となっており、半数弱の者が利用しているにすぎない。利用機器のうち比較的利用頻度の高いのは、Slide（三四・三％）、Map（二五・〇％）、VTR（二一・九％）であり、OHP（九・四％）、Film（六・三％）、Computer（三・一％）の利用率はそれほど高いとは言えない。これは機器利用に

表3–8　「比較教育学」の教科書・教材の使用言語

日本語	76.2%
英語	50.0%
フランス語	11.9%
ドイツ語	9.5%
ロシア語	4.8%
中国語	2.4%
韓国・朝鮮語	2.4%
スペイン語	2.4%
その他	4.8%
(インドネシア語、タイ語、マレー語)	

表3–9　「比較教育学」の授業での機器の利用状況

1. 利用している	47.6%
〈内訳〉	
Slide	(34.3)
Map	(25.0)
VTR	(21.9)
OHP	(9.4)
Film	(6.3)
Computer	(3.1)
2. 利用していない	52.3%

先立つ準備にかなりの手間と時間がかかることが原因となっているのではなかろうか。もうひとつの問題は、機器(ハードウェア)面での進歩に比して、使用教材(ソフトウェア)面での開発の遅れであり、これが機器利用がそれほど進まない原因のひとつになっていると考えられる。

以上は、比較教育学教育の外的諸条件の整備にかかわる問題であるが、最後に、授業を展開していくに際しての接近方法(アプローチ)について考察しておかなければならない。言うまでもなく、比較教育学教育において重要なのは「比較法」(comparative method)であるが、これはあくまでもひとつの技法であり、教育事象に対する接近方法は、関連諸科学の方法から学ばなければならない。その際最も多用されているのは、**表3-10**にみられるとおり、歴史学的方法(六四・三%)と「社会学的方法」(五七・一%)である。垂直的アプローチ(vertical approach)と水平的アプローチ(horizontal approach)を併用しながら、教育事象を構造的に解明する手法をとっていると言える。なお、これら二つの接近方法の他に人類学的方法(一六・七%)、政治学的方法(一六・七%)、経済学的方法(一一・九%)が補助的アプローチとして用いられているようである。

表3-10　「比較教育学教育」で重視している方法

歴史学的方法	64.3%
社会学的方法	57.1%
政治学的方法	16.7%
人類学的方法	16.7%
経済学的方法	11.9%
心理学的方法	4.8%
そ　の　他	12.3%
(生態学的方法、教育問題史、国際比較、等)	

(4)　比較教育学教育の改善方策

本論の冒頭でも述べたとおり、日本比較教育学会員はここ数年、増加傾向にある。比較教育学への関心が高まっていることの左証であろう。日本の教育をとりまく内外の情勢を考えれば、比較教育学への期待の高まりは、ある意味では当然のことかもしれない。近年における国民国家の変容(例えば、ひとつの国家内における移民の増大やそれに伴う「民族性」(ethnicity) の活性化など)は、国民国家を単位として成立してきた従来の世界秩序に大きな変化をもたらそうとしている。教育の世界においても同様であり、国民国家の枠を超えた幅広い思考が要求されるようになってきている。比較教育学研究においても、国民国家を単位としてきたこれまでのアプローチとは異なった方法が求められるようになっている。最近、小林哲也教授の提唱している「グローバリズム・モデル」の比較教育学[11]は、その一例と言えるであろう。近年、世界各地の比較教育学会において「従属理論」(dependency theory)、「中心・周辺理論」、「世界システム・アプローチ」などがしばしば取りあげられているのも、以上のような傾向の反映に外ならない。

ところが、大学における比較教育学の教育は、このような動向に適確に対応しているとは言えず、旧態を脱しているとは言えない。大学における比較教育学の研究・教育体制は、大きく立ち遅れていると言わなければならない。とりわけ比較教育学の「教育」は、量的にも質的にも、教育学の他の分野に比して見劣りがする。

以下、アンケート調査の「自由記述意見」の分析をとおして、比較教育学教育の改善方策を探ってみたい。

①　今日的意義

比較教育学がなぜ必要かについては、回答者のほとんどが、近年における「国際化時代」という外的条件をあげ、国際的視野から日本の教育を再検討することの必要性に言及している。

「……二一世紀を展望する大学の学問として、国際的視野を広げることは当然のこと、自国の教育問題を検討する上でも不可欠の授業科目である。」

「国際的視野から日本の教育を考究するうえで不可欠の学問であり、将来教育学関係の職に就く者にとって必修の分野であると思います。」

「学生に諸外国の教育について客観的に知らせるのみならず、彼らが自国の教育を比較的視点から見直すうえで、きわめて有効な授業科目と思う。」

このような国際化社会における比較教育学の一般的な重要性の指摘とともに、日本の教育学教育に占める「比較教育学」の必要性に言及している意見もかなりみえる。

「教育学専攻の学生に対し、国際的・比較的視点をもたせるために、比較教育学の授業科目の設置をすすめる必要がある。」

「日本の国際化のためには、教育養成プログラムの中に、「比較教育学」の授業をもっと重点的に位置づけるべきだと思う。」

「教員養成系卒業生の少なくない者が、海外日本人学校教員となって赴任するような今日、この授業は必修科目にすべきだと思います。」

② 目的・性格

では比較教育学教育を通じて、いかなる教育学的認識を学生に与えることが可能であろうか。この点については様々な意見が寄せられているが、総じて教育・文化に対する相対的見方やグローバルな視点から教育を考察する訓練になるとする見解が一般的である。このような考え方は、先にみた比較教育学の一般的意義とも相即すると言えるであろう。

「比較教育学は、多文化論的文脈において教育をとらえる訓練になり、……」

「国際交流、異文化接触が増大する傾向にあって、彼我の教育の制度や思想を教育することの重要性は一層大きくなる。文化の相対論的見方についても、特に学生に一考させることに意義がある。」

「比較教育学は、教育の同時代史的(地球的)意味を解明してみせる教育学の中でも原論的性格のものだと思う。」

「学部段階で、比較教育学の「学(説)史」や方法論に深入りする必要はなく、教育そのもののトータルな理解に資するような方法を用意することが望ましい。」

③　内容・方法

次に、具体的な比較教育学教育は、どのような内容を、いかなる方法によって行なうべきなのであろうか。まず内容構成については、次のような意見が参考になろう。


「この科目の意義は、①正確な海外情報の提供、②教育の国際交流の動機づけ、③日本国内の異文化(在日朝鮮人問題等)への眼を開かせる、④帰国・海外子女教育への取り組みなど、にある。」

「今後、①日本人の目からみた外国教育の研究、②外国人自身による彼らの母国の教育の研究、③外国人の目からみた日本の教育研究、これらを対比して研究すべきである。」


また学部段階での比較教育学教育においては、「方法論に深入りする必要はなく、教育そのもののトータルな理解に資する」ような内容構成および教授方法を開発することが必要であろうし、「比較や比較の方法を云々するあまり、対象国の実情把握が忘れられても困る」という意見も、重要な指摘であろう。

授業方法については、「まだ board and chalk に頼り、ＡＶ機器の利用が不十分である。複数の大学協同による学生の海外フィールド旅行も望まれます。」との提案や、「文字でない、映像機材の開発を望みたい。今後外国旅行をする学生に課題を課して（選択させて）レポートを求めて単位を与えてもよい」、さらには、「これからは海外の教育を実際に目で見、肌で感じる「体験学習」が必要な段階にきている。時間と金のことを考えると、近隣の国からそれを始めてはどうだろうか」などの意見は、今後の比較教育学教育の方向を示すものとして興味深い。

④　**改善方策**

比較教育学教育の振興を図るには、何といっても「比較教育学」を授業科目として開設する必要があるとする点については、回答者の多くが一致して指摘しているところである。

「教育の国際化が叫ばれている今日、開設の意義は益々大きくなっている。ただ、実証的研究・理論的研究の双方において一段の充実が望まれる。また、制度的にも「比較教育学」開設のため学会としての取り組みが必要である。」

「この科目は、日本の教育改革や国際理解・協力をすすめるに当って、もっとも大切なものと思います。すでにフィンランド（ヘルシンキ大学）では教職課程履修者に「国際教育学」が必修になっているといわれている。」

ただ一方において、次のような批判的な見解が寄せられていることにも注目しなければならない。

「従来の、いわゆる「講座制」のワクにとらわれない幅広いトピック、教育問題研究が可能であることが「比較教育学」の最大のメリットである。したがって、この科目を教員養成の「必修」科目にしようとしたり、学部あるいは大学院の中で、「伝統的な」諸「講座」とつまらぬ競合をしようとするようなあらゆる努力を無意味なものと思います。」

「今日、古典的な比較教育学は時代遅れである。現状では、比較の観点を欠落させた外国教育学であり、固有の方法論をもたず、各ディシプリンのそれぞれもしくは、その総合として、比較教育学が成立している以上、諸外国の情報提供を除くと、新しい内容を盛り込むのでなければ、「比較教育学」開設の意味はない。」

前者は、比較教育学教育のメリットを認めながらも、いたずらにこれを制度化するよりも、個々の教育者が、それぞれの授業科目の中で比較教育学的方法を駆使することの重要性を指摘したものと思われる。また後者は、比較教育学の現状への批判であり、必ずしも比較教育学教育そのものを否定したものと解すべきではないであろう。

これら自由記述意見を通読して痛感することは、回答者のほとんどが、比較教育学教育の今日的意義を認めながら、①制度的に「比較教育学」教育が確立されていないこと(「講座」、「学科目」はもとより、「授業科目」としての開設状況もはかばかしくない)、②比較教育学教育の方法面(教材、機器の利用、フィールド調査)での立ち遅れが目立っていること、③受講生は必ずしも多くないこと、等のジレンマに直面していることが明らかである。

比較教育学的認識が今日ほど求められ、またその重要性が高まっている時代はないだけに、上記のジレンマを克服する道は、今を措いてないと考えられる。改善方向は、上記の自由記述意見の中に自ら出尽くしているとも言える。われわれに課された課題は、それぞれの提案を実現する手立てを具体化し、一つ一つ実施に移していく以外にないであろう。

以上、比較教育学の「教育」(teaching)に限定して、アンケート調査の結果を検討してきた。それは最初に述べたとおり、筆者の私的な必要性から、すなわち比較教育学の「教育」に直面することになったのを契機に、日本の比較教育学教育の現状と課題を、できるだけ正確に把握しておきたいと考えたからに外ならない。結論的に言えば比較教育学教育の現実は、決して満足すべき状態ではないし、将来への見通しも必ずしも明るいものとは言えない。

しかし、このような比較教育学教育の先行き不透明感は、何も日本に限ったことではないようである。先にふれた英国比較教育学会の調査（一九八二年）によれば、英国においても、教師教育に果たす比較教育学教育の役割は、幾分小さくなっていると言われている。すなわち、比較教育学の履修生はこのところ減少気味であり、財政難の折から、「比較教育学教育」コースはカットの対象とさえなっているようである。その理由としては、現行の比較教育学研究（教育）があまりに「理論志向」(theoretical nature) であり、「実践的目標」(practical goals) に欠けるからであるとされている。そのため比較教育学は、「社会学や心理学のような実証性を基礎にした現実的科目 (real subject) の「周辺部」にしか位置づけられなくなっている」[12]と分析している。しかし同時に、同調査は、「かつてのような拡大 (expansion) の時代ではなく、昨今のような縮小 (contraction) の時代にこそ、教育研究に比較的・国際的視点を導入する必要がある」[13]と、比較教育学教育の重要性を強調してもいる。このような英国比較教育学会の冷静な現状認識と将来展望は、われわれ日本の比較教育学教育に携わる者も共有することとしなければならないのではなかろうか。

一九八〇年代の初頭、アルトバックが「比較教育学はどこに行くのか」[14]において、比較教育学が、現実の教育問題に適切に応えること、また比較教育学の顧客であり支持者でもある教師や教育専門家のニーズに応えることの必要性に言及しているのも、同様の趣旨からの発言と言えよう。

われわれのアンケート調査の回答者もまた、これらと同様の認識に立っていることは、すでにみたとおりである。要は、これらの課題意識を、比較教育学の研究と教育の場面で実践に移していく以外にないと言えよう。おわりに、比較教育学教育の今後の課題について筆者なりのまとめを列記し、結びとしたい。

まず第一には、各国の制度化された教育（特に先進欧米諸国の教育）を羅列的に叙述していく類の比較教育学教育のあり方は、過去のものとなりつつあるということである。これからの比較教育学は、「国」という枠組にのみとらわれるのではなく、一方では文化圏的視点から、また他方ではグローバリズムの立場から、これを再構築する必要があるのではなかろうか。

第二には、近年叫ばれている「教育の国際化」が、いわゆる「国民」の育成から、世界に通用する「人間」の育成への転換を意味するものであるとすれば、教育学教育（とりわけ教師教育）においては比較教育学の果たしうる役割は今後大きくなると考えられる。

第三に、比較教育学教育のための「講座」や「学科目」の新設といった制度面での整備が、財政難の状況下で難しいとすれば、われわれに残された道は、カリキュラム改革を通じて授業科目としての「比較教育学」を開設することに関係者が真剣に取り組むことであろう。私立大学における「比較教育学」の開設が進んでいるのは、そうした努力の現われとみることができよう。

第四に、比較教育学教育の内容構成および教授方法を抜本的に改革し、教育関係者や学生の多様なニーズに適格に対応できるレリバンス（relevance）を獲得しなければならないであろう。そのためには、①授業内容（構成）の体系化、②各種教材の開発、③フィールド調査を含む各種調査法の訓練、など新しい工夫が求められよう。

第五に、学部段階における比較教育学教育において、もっとも肝要なことは、学生が自己の経験を通して抱いている「教育」＝「日本の学校教育」という固定観念を打破することにあるのではなかろうか。そのことを通じて、教育事象に対する彼らの視界をよりグローバルな世界へと広げていくことができると考える。

2　比較教育学教育の新展開——一九九〇年代を中心に

比較教育学研究は比較教育学教育と密接な関係にある。比較教育学教育はその重要性が指摘されているにもかかわらず、教育学教育の周辺的位置に甘んじている。それはなぜなのか。両者の間に何らかの関係があるのか。日本比較教育学会会員は比較教育学教育の現状をどのように認識し、どのような展望をもっているのであろうか。ここでは、先にみた一九八七年調査の一〇年後に実施した調査に基づき、一九九〇年代の比較教育学教育の現状と新たな展開についてみてみたい。

調査対象は、一九九八年一一月時点の日本比較教育学会員(七三八人)から、学生会員(一一三人)および海外会員(二七人)を除いた通常会員五九八人である(日本の大学における比較教育学教育の実態を把握することを目的としたため、学生会員および海外会員を除いた。)。調査は一九九八年一一月－一二月にかけ郵送法(回答は無記名)により行なわれ、回収率は四八・〇%(二八七人)であった。以下の分析は、回答者二八七人に関するものであるが、そのうち「比較教育学関連授業」を担当している者は一一〇人(回答者の三八・三%)、担当していない者(その他を含む)は一七七人(回答者の六一・七%)であった。なお、本調査に関連する先行研究として、窪田眞二「『比較教育』教育調査の報告——比較教育関連授業の現状——」(『比較教育学研究』第一九号、一九九三年)がある。

(1)　回答者の属性

回答者二八七人の属性を、所属機関、職階、中心的な研究分野の三点からみると次のとおりである。

①**所属する機関**については、私立大学が一三八人(四八・一%)と最も多く、次いで国立大学七八人(二七・二%)、公立大学一九人(六・六%)、国公立の研究機関一三人(四・五%)、非常勤一二人(四・二%)、その他(無回答を含む)二七人

者が四七・四％と半数近くに達しているのに対し、私立大学ではやや低く四一・三％、公立大学二六・三％、国公立研究機関三三・三％と比較的低くなっている。

②職階についてみると、教授一三三人（四六・三％）、助教授六六人（二三・〇％）、講師三四人（一一・八％）、助手一〇人（三・五％）、研究員九人（三・一％）、その他（無回答を含む）三五人（一二・二％）であった。教授と助教授が回答者全体の七割近くを占め、講師や助手などの若手研究者は少ない。「その他」には、非常勤講師や高等教育機関以外の機関に勤務する学会員が該当していると考えられる。「比較教育学」関連授業を担当している割合は、教授四八・九％、助教授四二・四％、講師二三・五％、助手〇（ゼロ）、研究員三三・三％、その他（無回答を含む）は一七・一％であり、職階が上がるにつれ授業担当の割合が高くなるという特徴がみられる。

③中心的な研究分野（二つまで選択可）については、「比較教育学」と回答した者が一三五人（四七・〇％）と最も多く、次いで「教育行政・制度」七六人（二六・五％）、「教育史」六三人（三四・九％）、「高等教育学」三五人（一二・二％）、「教育社会学」二九人（一〇・一％）、「教育思想」二四人（八・四％）、「社会教育・生涯教育」二三人（八・〇％）、「教育哲学」一四人（四・九％）、教育経営学一三人（四・五％）であった。これによると、本調査の回答者は「比較教育学」を中心的な研究分野としている者の他に、教育行政・制度および教育史分野の研究者が比較的多く、そのほか高等教育学、教育社会学、教育思想、社会教育・生涯教育などを専門とする者が多いことがみてとれる。また、比較教育学を専門とする研究者の五一・九％、高等教育学専門の研究者の四五・七％、教育行政・制度を専門とする研究者の四三・四％が「比較教育学」関連授業を担当しているが、その他の領域を専門とする研究者で「比較教育学」関連授業を担当している割合は一〇～三〇％台にとどまっている。

(2) 「比較教育学」関連授業の開設状況

「比較教育学」関連授業を担当している一一〇名にその開設状況について尋ねたところ、次のような回答が得られた。

①授業の正式名称は「比較教育学」が二八名と最も多いが、回答者全体の二五％程度にすぎない。続いて「比較教育論」(一〇人)、「比較・国際教育学」(八人)、「比較教育制度学」(七人)、「国際教育学」(六人)、「比較教育」(四人)、「異文化間教育論」(四人)、「比較教育思想史」(四人)の順となっている。それ以外の名称を挙げた者も三九人(全体の三五・五％)に達する。その内訳もさまざまであり、挙げられた正式名称は三〇以上にのぼる。「教育学」や「教育学研究」などの包括的な名称から「現代アメリカ教育と地域社会」、「アジアの就学前教育」のようなテーマを特定したものまで多岐にわたる。このことは、「比較教育」という用語が授業の名称に掲げられていなくても、実際には比較教育学に関連する内容の授業が開設されているケースが少なくないことを示している。

②授業が開設されている高等教育機関の種類についてみると、「総合大学の教育学部・学科・系」が四三人(三九・一％)と最も多く、次いで「総合大学および単科大学の教職課程」一四人(一二・七％)、「教員養成系大学」一二人(一〇・九％)、「短期大学」九人(八・二％)、「その他」三二人(二九・一％)となっている。「その他」の回答の中では、大学の形態を問わず教育学部以外の学部・部局(例えば文学部、人文学部、国際文化学部、国際関係学部、国際協力系など)が数多く挙げられている。比較教育学関連の授業は教育学部以外でも広く行なわれていることが明らかとなった。

③担当する「比較教育学」関連授業の開設形態については、講義(概論)八一人(七三・六％)、講義(特論・特殊講義)五一人(四六・四％)、演習(ゼミナール)四五人(四〇・九％)となっており、海外実施調査(フィールド・スタディ)も五人(四・五％)ほどみられた。大多数の授業は伝統的な講義形式による授業ないしは演習となっている。

④年間の受講者数は回答者によって実にさまざまであるが、しいて言えば少人数型とマスプロ型に二極分化する傾

向がみられる。その内訳をみると、二九人以下の少人数型授業が五四人（四九・一％）、三〇人以上七九人以下の中規模型が二六人（二三・六％）、八〇人以上の大規模型が二九人（二六・四％）となっている。とりわけ、一〇〇人以上と回答した者が二二人にのぼることは注目される。

続いて、**⑤卒業論文を「比較教育学」関連のテーマで書く学生の数**について尋ねたところ、〇〜二人程度五〇人（四五・五％）、三〜五人程度二八人（二五・五％）、無回答二〇人（一八・二％）であり、五人以下が全体の七割を占めている。一〇人以上と回答した者は五人にとどまっている。授業の規模が多様であるのと対照的に、卒業論文の指導学生数は少数であることがみてとれる。

(3)「比較教育学」関連授業の内容と方法

次に、授業の内容と方法についての回答結果を観察したい。

①授業で対象としている地域（三つまで選択可、**図3-1**参照）については、授業担当者一一〇人のうち、最も多いのは「ヨーロッパの大規模国」（ドイツ、フランス、イギリス、イタリア、スペイン）七〇人（六三・六％）、「北米」（アメリカ合衆国、カナダ）六八人（六一・八％）となっている。日本で開設されている比較教育学関連授業の六割以上が、いわゆる「欧米主要先進国」を取り上げていることがわかる。続いて、「北東アジア（日本、中国、朝鮮半島、

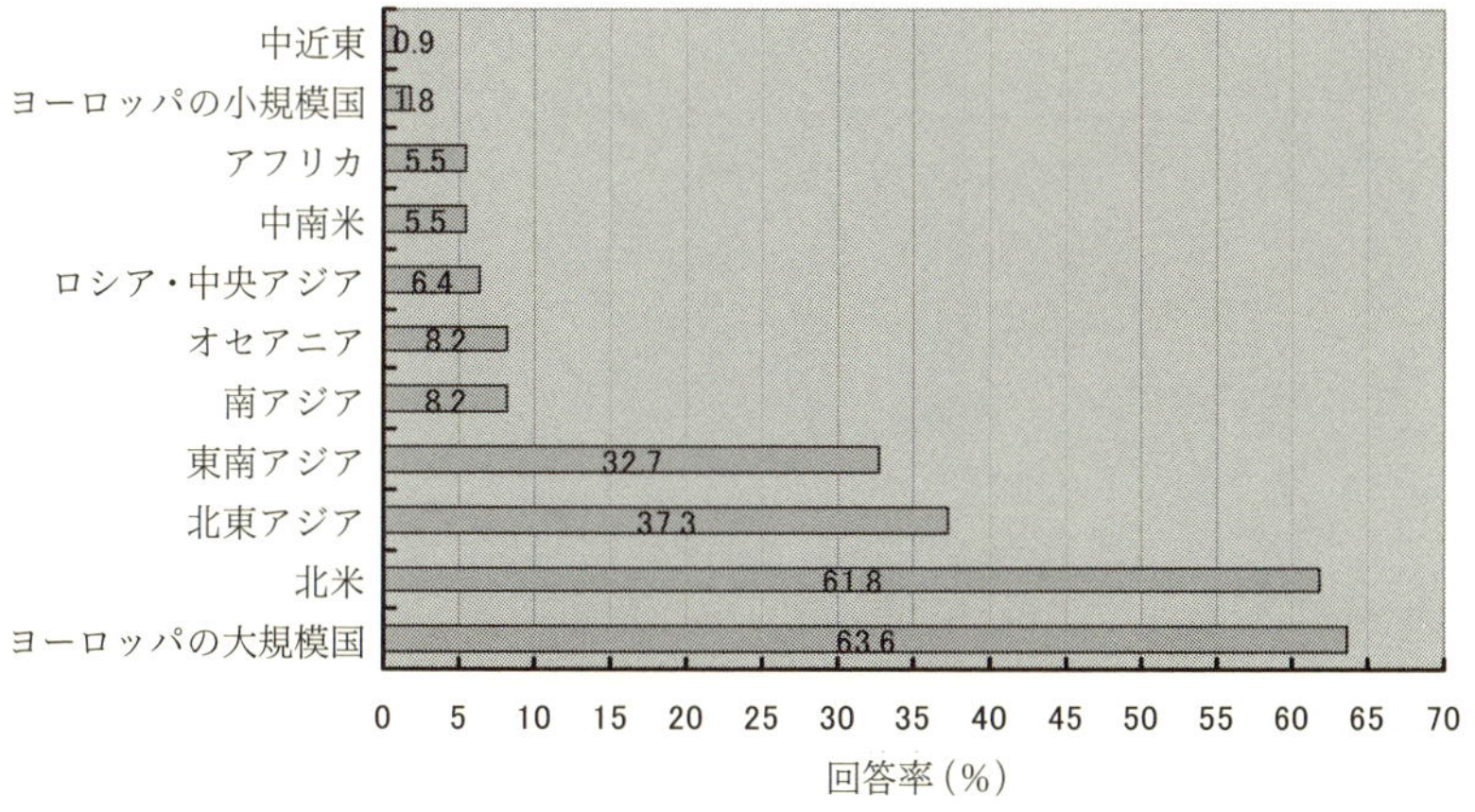

図3-1　授業で主として取り上げている地域（3つ以内）

モンゴル、台湾）」四一人（三七・三％）、「東南アジア」（ベトナム以南でインド圏を含まず）三六人（三二・七％）の順になっている。両者を合計すると、回答者の実に七割が北東または東南アジアを扱っているという結果になっている。対照的に、「南アジア」（いわゆるインド圏）、「オセアニア」、「ロシア・中央アジア」、「中南米」、「アフリカ」、「ヨーロッパの小規模国家」（上記の大規模国家に含まれない国々）の諸地域はあまり取り上げられておらず、世界の中でも特定の諸地域だけに関心が集中していることがみてとれる。学会誌である『比較教育学研究』の自由投稿論文においても、一九八〇年代あたりから研究対象が主要欧米諸国と北東・東南アジア諸国に集中する傾向がみられるが、学会員のこうした志向が授業現場にも反映されていると言えよう。

②授業で主として取り上げている課題（三つまで選択可、**図3－2**参照）については、回答者によって多様化する傾向が他の質問項目よりも大きいことがわかった。その中でも比較的関心の高い課題は「多文化・異文化教育」（三八・二％）、「教育改革・教育政策」（三六・四％）、「教育行政・教育制度」（三〇・九％）、初等教育（三〇・九％）などである。それに対し「技術・職業教育」（三・六％）、「開発教育」（五・五％）、「就学前教育」（六・四％）、「教師教育・教員養成」（六・四％）、「教育思想」

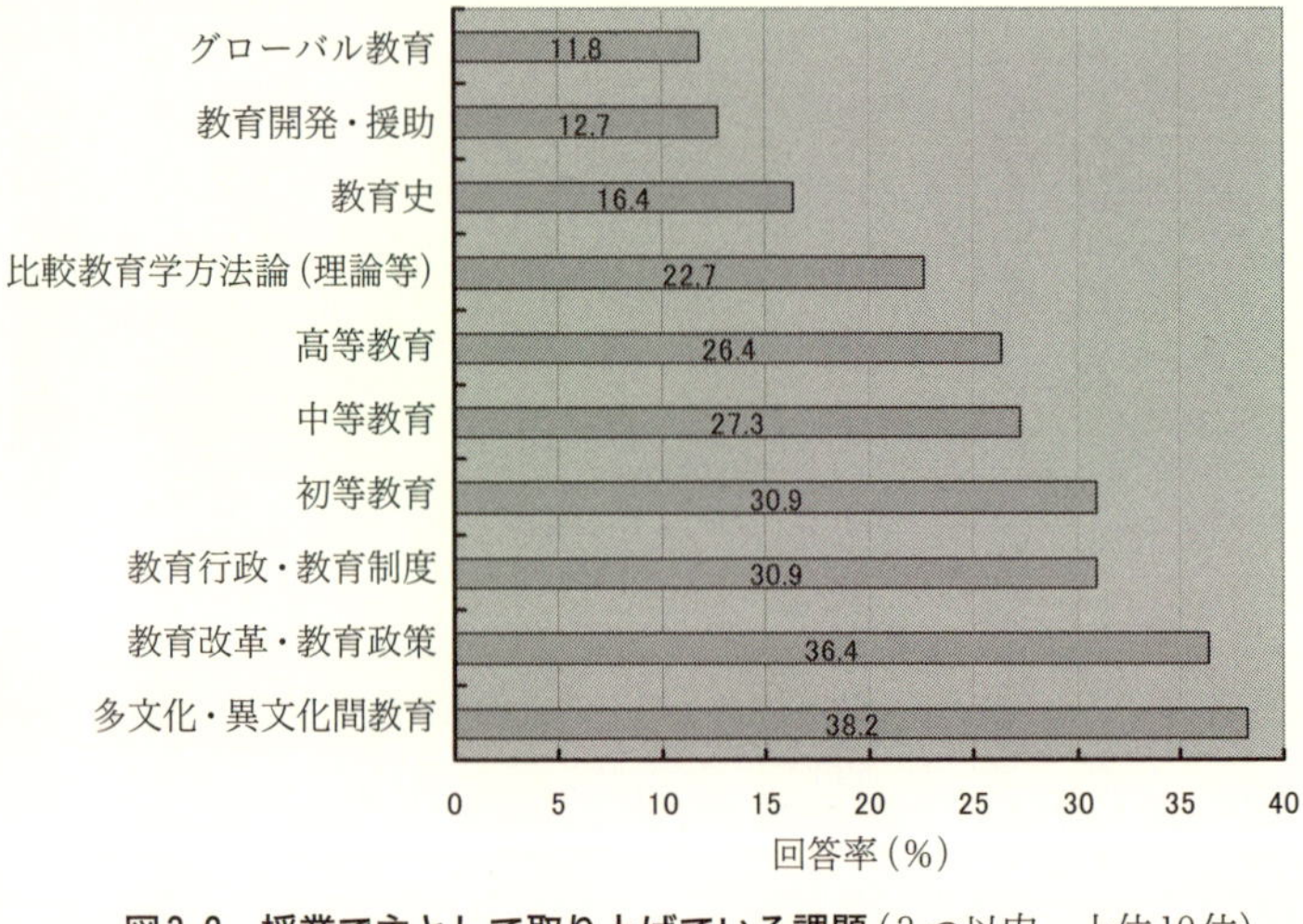

図3–2　授業で主として取り上げている課題（3つ以内、上位10位）

（七・三％）、「社会教育・生涯教育」（八・二％）などは比較的低い関心しか示されていない。

③授業で重視しているアプローチ（二つまで選択可、**図3－3**参照）についての回答結果では、「社会学的アプローチ」（五五・五％）および「歴史学的アプローチ」（五一・八％）が他のアプローチを大きく引き離している。回答者の過半数の支持を得ているのはこの二つだけであり、「人類学的アプローチ」（一八・二％）、「政治学的アプローチ」（一三・六％）、「経済学的アプローチ」（六・四％）、「哲学的アプローチ」（六・四％）、「心理学的アプローチ」（五・五％）などはいずれも少数にとどまっている。この結果は、日本の比較教育学が伝統的に社会学的アプローチを重視してきたことを端的に示している。

④授業で用いる教科書（二者択一）についてみると、「使用している」と回答したのは三五人であり、全体の約三分の一（三一・八％）を占める。主要な文献としては、石附実編著『比較・国際教育学』（東信堂、一九九六年）、二宮皓編著『世界の学校――比較教育文化論の視点にたって』（福村出版、一九九五年）、吉田正晴編著『比較教育学』（福村出版、一九九〇年）、馬越徹編著『現代アジアの教育――その伝統と革新――』（東信堂、一九八九年）などが挙げられた。翻訳文献としてはレ・タン・コイ著（前平泰志他訳）『比較教育学――グローバルな視座を求めて』（行路社、一九九一年）などが挙げられたが、外国語文献はほとんど見あたらなかった。

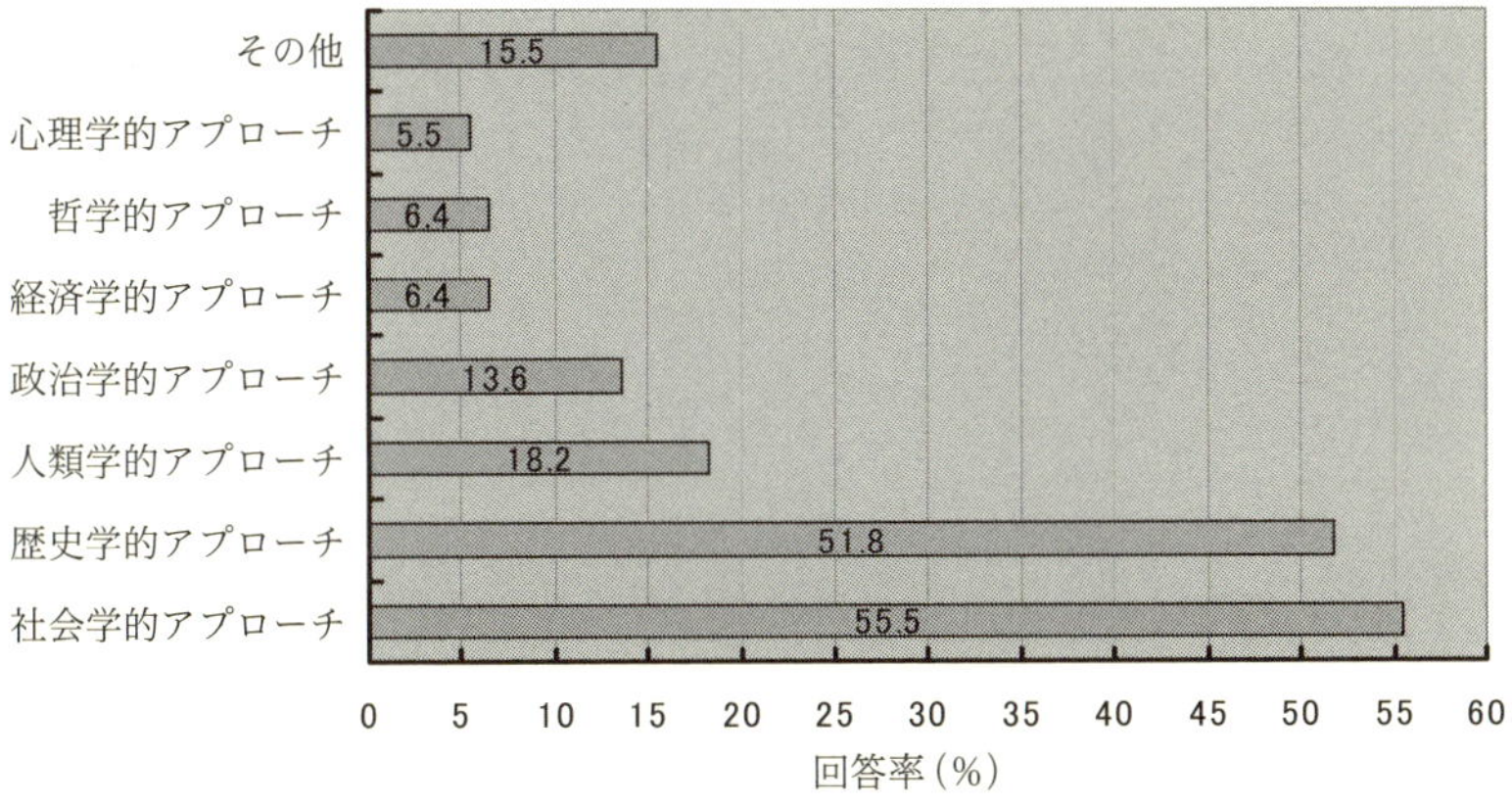

図3-3　授業で重視しているアプローチ（2つ以内）

⑤最も主要な教科書あるいは教材等に使用されている言語（複数回答可、**図3－4**参照）については、日本語（九五・五％）は当然としても、英語の使用は四三・六％にとどまり、回答者全体の過半数に満たない。さらに、英語以外の外国語（ドイツ語、フランス語、中国語、ロシア語、韓国・朝鮮語、スペイン語など）の使用度はきわめて低い。教科書に外国語文献がほとんど用いられていないという前述の結果を反映した形になっている。

最後に、**⑥授業で最もよく用いる機器**（二つまで選択可、**図3－5**参照）について尋ね

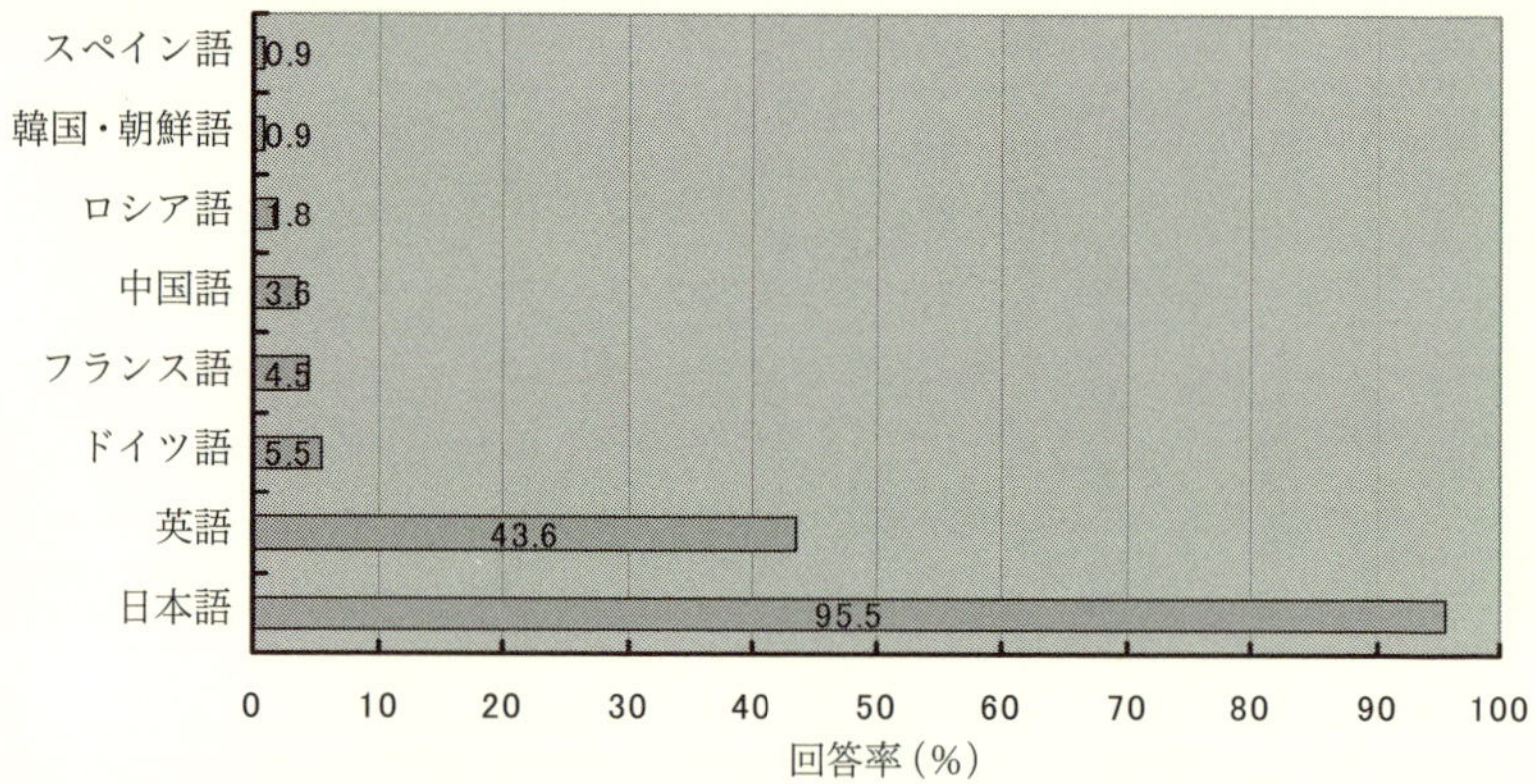

図3–4　主要な教科書や教材で使われている言語（複数回答可）

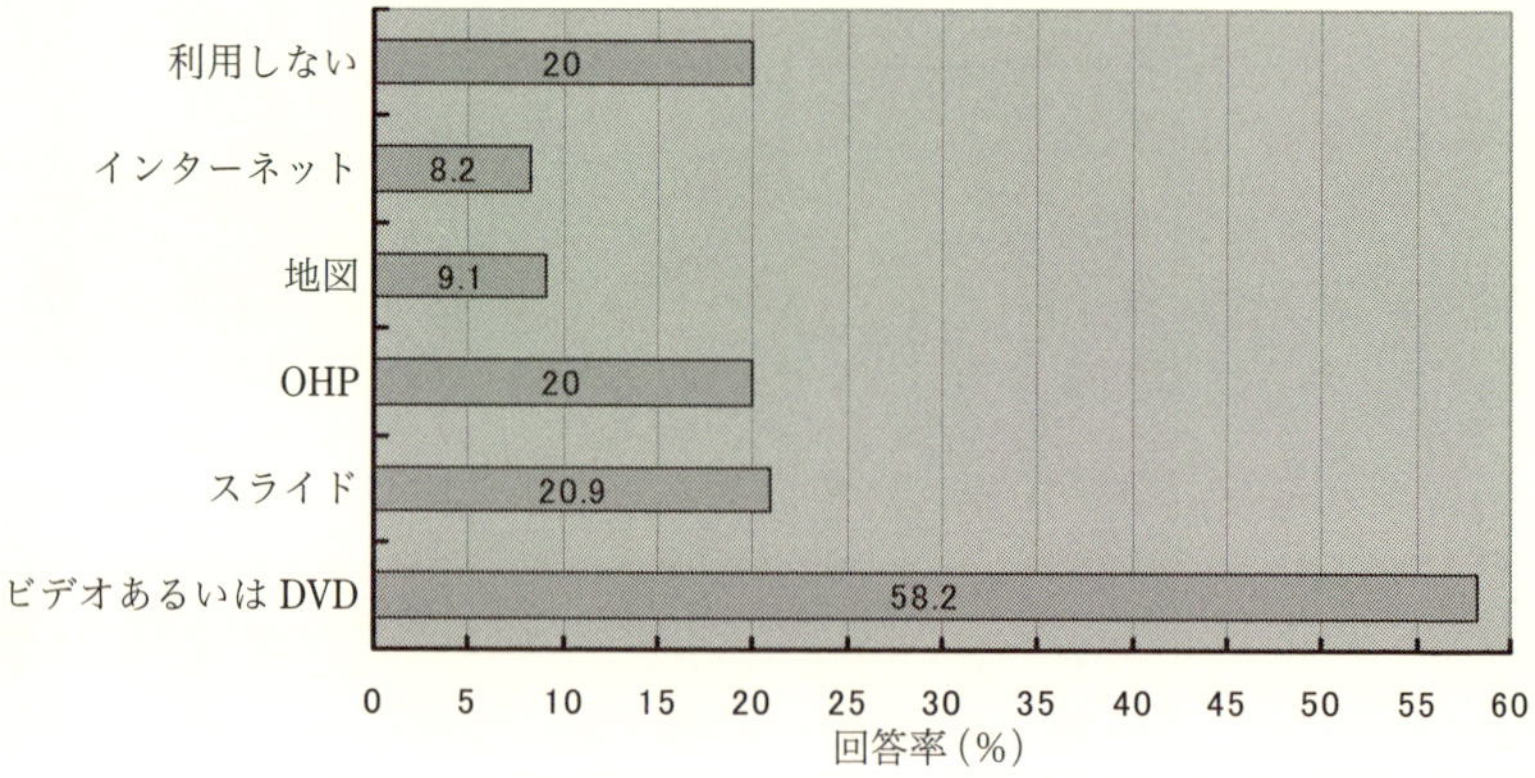

図3–5　授業で最もよく用いる機器（2つ以内）

たところ、「ビデオあるいはＤＶＤ」の回答率が五八・二％と最も多く、次いでスライド二〇・九％、ＯＨＰ（オーバー・ヘッド・プロジェクタ）二〇・〇％、地図九・一％という順になっている。映像メディアが授業で広範に利用されている様子が窺える。一方で、「全く利用しない」も全体の二〇・〇％にのぼった。また、新しい授業形態の一つとしてインターネット（コンピュータ通信）の利用が挙げられている（八・二％）。

(4)　「比較教育学」教育のあり方についての自由記述意見

自由記述欄には、きわめて示唆に富む多様な意見が寄せられた。回答者二八七人のうち、五五人（一九・二％）から自由記述意見が寄せられた。紙幅の関係上そのすべてを紹介できないのは残念であるが、比較教育学教育に関する、①制度上の位置づけ、②教育内容・方法上の問題点、③今後の課題等について、以下紹介する。

①　制度上の位置づけ

比較教育学関連授業を担当している者の比率（三八・三％）が低いことの原因として、比較教育学が教職課程の必修科目として位置づけていないことが多くの者によって指摘されている。特に教職課程の再課程認定に向けての提言もみられる。また、比較教育学の授業が、全学の共通科目や「国際」「文化」関連学部の授業として開設されていることに関連する問題点の指摘も少なくない。代表的な自由記述意見を、以下紹介する。

・教育職員免許法で、国際化に対応する必修科目として「比較教育学」が取り入れられない限り、今後は科目存続も困難な状況である。現状では、教職課程（私大工学部）の選択科目として「比較教育学」を設けているため、本来の比較教育学とはいえないレベルの内容となっている。

・教職課程教育では本来比較の視点が欠かせないはずであるが、免許法ではまったく取り上げられていない。よい意味での「制度化」（免許法に取り入れる）が必要ではないか。

・新教育免許法で、比較・国際教育学、国際理解教育論などの必修化を期待したのですが、残念ながらまたも裏切られました。これであきらめることなく今後とも教員養成審議会などの場で、必修化するよう働きかけてほしいものです。

・教職課程の再課程認定に際して、教養審がいうところの「得意の分野づくり」のなかに比較教育学関連科目を多数開設するように全国的に緊急アッピールすべきだと思います。小三〜高三の「総合学習」のなかで国際理解教育が取り上げられることが多いので、得意分野として必要な教育内容だと思います。この機を逸すれば、日本の大学で比較教育学の科目を置くことは、当分困難になるのではないでしょうか。

・全学共通の総合科目として「比較教育学」が位置づけられているが、学生の日本の教育に対する正確な知識が欠けており、困難を覚える。

・大学院修士課程（応用言語研究科）の授業として比較・国際教育学を担当している。言語教育の基礎としての役割を果たしている。将来、様々な研究科において多様な比較教育学が用意されてよいでしょう。

・本学では比較教育学は教養科目、あるいは一九九九年度以後の新課程ではいわゆるゼロ免課程に位置づいているに過ぎません。

②　**教育内容・方法上の問題点**

比較教育学の内容（カリキュラム）・方法については、国際化・情報化に対応した新たな試みの必要性が提起されている。

・従来型の概論、特論、演習も必要であるが、field study への学生の関心はきわめて高く、特効薬のようだ。

・短大、四年制大学（非常勤）で「比較教育学」の授業を行なっていますが、学生が最も関心をもつのはビデオです。自分の考え方と同じ視点で編集されたものの一部を一コマ授業で一〇〜二〇分程度学生に見せています。
・学生の比較教育学への関心は着実に増加しています、授業は、「理論（学説史・研究方法）」、「実態（歴史的比較・調査データ）」、「体験（教授の外国経験、外国人研究者・留学生の招待、TVの活用、学生・院生の海外旅行）」をクロスさせるとよい。
・研究入門として世界全体を視野におき、しかも、比較教育に関する最新情報を折り込んだコンパクトな安いテキストがほしい。
・実際に行なわれている就学前、初等、中等、高等、職業教育との関連性・具体性をもった教育内容・方法にかかわる課題について研究を深めるべきです。特に各国の教育研究から「比較」による研究への深化、比較教育研究のための方法論の開発が重要です。
・比較には単位と指標がある。単位を国家とすると教育制度比較論が顕著となるが、民族・文化体系を単位とする時、比較教育学の新たな地平が見えるように思う。学会をあげての方法論論争が待たれる。
・比較教育学だけで学部の教育を満たすのには無理があります。国際比較教育とか、名前を広げ国際理解教育や多文化教育等の多様な領域をカバーする必要があります。
・決して借り物ではない、まさに日本人ならではの思想、着眼点、解釈に彩られる研究意識をもつこと、特に現地に出かけて自らの体験に基づく認識を土台とする多様な内発的研究が現れる必要がある。
・比較教育学の教育は、複数（四人くらい）で組んで担当する必要がある（例えば、制度系、哲学・思想系、高等教育系、国際教育系等）。これだけ国際化・情報化が進むと、他国の事例分析のような古典型比較教育学は解体していくでしょう。

③　今後の課題

最後に、比較教育学の今後の問題点および課題に関する意見のいくつかを紹介しよう。これらのなかには、比較教育学教育のあり方にとどまらず、比較教育学研究のあり方に関する意見まで含まれているが、参考までに挙げておく。

・教科教育レベルの比較研究がきわめて少ない。したがって、教育実践への貢献度は非常に低いと思われる。

・世界に発信できる、日本型の比較教育（学）を作り上げる必要があると思います。

・比較の方法の研究だけでなく今後は比較して得られた知見を日本（あるいは他国）の教育改善に向ける政策提言の領域にも力を入れるべきだと思います。

・国際教育交流、協力援助分野に対する関心が高まっているが、それらの実際的な社会的要請とアカデミックな地域研究、比較教育研究をいかに調和させていくか工夫を要する点であると思う。

・比較教育学の分野で論文を書く学生の多くが、海外へ出て、貧困をはじめとする多様な問題に触れる経験をもっています。このような学生たちに交流の場を作るべく、インターカレッジ・セミナーを年次研究大会前後に組織してはどうであろうか。

〔追記〕第3章2の執筆分担は、冒頭の導入部分と(4)は馬越徹、(1)〜(3)は近田政博である。

〈注〉

1　「教育学教育」については、次の文献が参考になる。
・大浦猛・長尾十三二・吉本二郎編『大学と教育学教育』（教育学研究全集第一四巻）第一法規出版、一九七七年。

・松本賢治『大学教育と教育学』、協同出版、一九七八年。
・寺﨑昌男「教育学教育とその問題点」、『大学における専門教育の問題点』（ＪＵＡＡ内外大学関係情報資料9）大学基準協会、一九八五年。
・児玉善仁「教育学科の略史と現状―私立大学を中心に―」『帝京大学文学部紀要（教育学第一二号）』一九八七年。

2　例えば、次の文献がある。
・中島半次郎『独仏英米国民教育の比較研究』教育新潮研究会、一九一六年。
・樋口長市『比較教育』宝文館、一九二八年。
・樋口長市『比較教育制度論』成美堂、一九三六年。

3　例えば、阿部重孝『欧米学校制度発達史』目黒書店、一九三〇年。

4　『阿部重孝著作集』（第八巻）、日本図書センター（一九八三年）の「年譜」（六五三―六六二頁）より作成。

5　平塚益徳（九州大学教授）、皇至道（広島大学教授）の両氏の尽力によるところが大であったと考えられる。

6　文部省高等教育局大学課法令研究会『大学関係事務提要―I』（加除式）昭和六二年度版、ぎょうせい、四一一頁。

7　昭和四八年七月一六日付で、下記のような要望書が、平塚益徳・日本比較教育学会長名で作成され、文部大臣その他関係当局に提出されている（「日本比較教育学会・会報第九号」、一九七三年一二月、六九頁より）。

「わが国の教育においては、今後いっそう広い国際的視野をもった国民の育成が重要な課題とされております。そのための一施策として、教員養成大学・学部に比較教育学に関する学科目を特設し、教員の国際的視野を広め、国際理解ならびに国際協力の精神ならびに態度を養うことが肝要と存じます。一九七〇年、ユネスコの後援のもとにカナダのオタワで開催された第一回世界比較教育学会大会において、「教員養成における比較教育学の位置づけ」が全体テーマの一つとして取り上げられたことは、その必要性が世界的に認められていることの証左と言えましょう。

現在わが国における教員養成大学・学部の一部で比較教育学はわずかに授業科目として設けられているにすぎず、この点早急な対策が必要とされております。

以上の趣旨により、これを学科目として設置し、この面での教職教養の内容を抜本的に改善されるよう特別にご配慮を賜りたく要望致します。」

8　いわゆる「省令」講座ではないが、学内措置により、講座外講座として「比較教育学」が開設された例として、名古屋大学教育学部の例（昭和四五年開設）があり、現在も存続している。（『名古屋大学教育学部三十年の歩み』、昭和五五年三月、六七頁）。

9　Keith Watson, Comparative Education in British Teacher Education, *Changing Priorities in Teacher Education* (ed. by The British Comparative Education Society), pp.193-225.

10　日本比較教育学会は一九八一年度の事業として、「比較教育学研究・教育の充実に関する委員会」（委員長・沖原豊）を設け、実態調査を企画・実施した。その結果は「比較教育学の授業に関する調査―中間報告―」（一九八一年一一月、一三頁、手書き資料）、および「比較教育学の授業に関する調査」（一九八二年一〇月、二二頁、手書き資料）としてまとめられ、学会員に配布された。なお前者は昭和五六年度の授業実態を調査したものであるが、後者は、昭和五六年度と五七年度の両年にわたって調査をしているため、開講授業科目数がかなり多くなっている。大学によっては、隔年開講のケースがかなりみられるためである。

11　小林哲也「国際化社会と比較教育学」小林哲也・江原武一編『国際化社会の教育課題―比較教育学的アプローチ―』行路社、一九八七年、二五一四一頁。

12　Keith Watson, op. cit., p.221.

13　Keith Watson, op. cit., p.222.

14　P.G. Altbach, “Whither Comparative Education?”, *Comparative Education Review*, Vol.24, No.2, 1980.

【付記】

比較教育学方法論とともに比較教育学教育のあり方に筆者が関心を持つようになったのは、一九八六年度から比較教育学講座を担当することになり、職責として比較教育学教育を意識せざるを得なくなったからである。それと同時に考えさせられたのは、一九八〇年代から九〇年代にかけて日本社会は「国際化」、「グローバル化」の波にさらされ、比較教育学には「追い風」が吹いていたにもかかわらず、比較教育学が飛躍的に発展することができなかったのはなぜなのか、ということであった。

原因の一つとして考えられるのは、本書の第一章でも考察したように、グローバル化が進む中で「問題群」の多様化がおこり、それに対応する専門学会・領域（例えば、異文化間教育学会、国際教育学会、国際理解教育学会、グローバル教育学会、開発教育協議会等）が相次いで設立されたこと、二つには既存の教育学関連学会でも「海外の教育」に眼を向け始めたこと、等があげられる。つまり比較教育学のアイデンティティが揺らぎはじめていたにもかかわらず、大学の比較教育学講座および日本比較教育学会の関係者は有効な手を打てなかった。特に問題なのは、比較教育学教育のあり方に十分な関心が払われてこなかったことである。

本論は、こうした問題意識のもとに実施した「比較教育学教育」に関する二回の全国調査の結果を紹介するものである。比較教育学教育を魅力的なものとするには、比較教育学に関心を有する大学人が比較教育学関連科目の開設に努力すること、そして魅力的なプログラム（教育内容）を開発することに尽きるであろう。筆者自身について言えば、本書の第４章で述べているように、比較教育学講座の創設、外国人客員ポストの制度化、海外教育調査実習の実施、翻訳教材を含む教材の開発等、限られた範囲ではあるが努力を重ねてきた。幸い日本比較教育学会でも、比較教育学教育のあり方には関心を持ち続けており、第四二回大会（広島大学）においては課題研究として「各国の大学における比較教育学の授業の在り方について」が取り上げられ、その成果の一部は『比較教育学研究』（第三四号：二〇〇七）に収録されている。

第4章　比較教育学の教育研究基盤
——大学改革と「小講座」の創設・解体・再編——

はじめに

現在行なわれている大学改革、とりわけ国立大学改革は目前に迫った「法人化」対応に追われており、研究と教育のあり方に関する本質的な議論のないままに、いわば済《な》し崩し的に事態は進行している。一例を挙げるなら、講座制に関する論議がすっかり影をひそめたこともその一つである。言うまでもなく講座制は日本の近代大学における研究と教育の中核として位置づけられ学術の進展に大きく貢献すると同時に、他方においてその閉鎖性と硬直性が常に批判の対象ともなってきたのであるが、その「講座」（いわゆる小講座）に関する論議が近年ほとんど聞かれなくなっている。それは一九九〇年代の一〇年間に巧妙に仕組まれた大学院重点化（部局化）政策の過程において、いわゆる研究大学における小講座が「大講座」に再編されてしまい、伝統的な意味での講座制は解体されたからであるが、あれほどまでに強固であった講座制が、いとも簡単に解体された背景に何があったのか。ここに現在進められている国立大学改革の正体を読み解くカギがあると思われるが、本論では筆者自身が関係した小講座の創設と解体の事例を通して、そのことの一端に触れてみたい。講座の改廃については、将来名古屋大学の公式的文書として記録されるはずであるので、本論はあくまでも個人的体験に基づく私記に近いものであることを予め断っておきたい。

1　「講座外講座」からの出発

筆者が昭和六一年(一九八六)四月、比較教育学担当の助教授として名古屋大学教育学部に赴任した時の所属講座は、「講座外講座」という部外者には意味の分からない奇妙な講座名であった。それは「講座外」という形容詞が示すとおり、正規の講座ではないが将来の概算要求(正式には「歳出概算要求」)に備えて学内措置として設置されている「講座」であった。このような講座外講座が学部(教育学科)内に設けられたのは、『名古屋大学五十年史・部局史』によれば昭和四五年(一九七〇)四月二二日付けであり、「技術教育学」と「比較教育学」の二領域がそれに該当するものとされていた。いわゆる「講座・学科目に関する省令」に基づく正規の八講座(教育原論、教育史、教育方法、教育課程、教育社会学、教育行政、社会教育、教育経営学)に加えて、講座外二講座を含む一〇領域体制が当時の名古屋大学教育学部(教育学科)の教育・研究体制であったのである[1]。

このような講座外講座という方式は、教育研究領域を多様化すると同時に、次の講座増設(概算要求)に備えるという意味でユニークであり、筆者の前任校(九州大学、広島大学)にはみられない名古屋大学教育学部独特のものであった。当時の大学設置基準には、講座制を規定した第七条の次に「講座外授業」(第八条)の条項があり、「講座制を設ける大学において、講座外の授業を設けるときは、なるべく専任の助教授若しくは講師がこれを担当するものとし、……」と規定されていた。おそらくこの条項を活用して「講座外講座」を設けたものと推定される。ただし、専任の助教授もしくは講師が担当することになっている以上、そのための定員が必要となる。名古屋大学教育学部の場合、定員(枠)は附属学校中高等学校長ポスト(教授二ポスト)からの借用という形を取っていたようである。実際に赴任して驚いたのは、講座外講座にも正規の講座と同等の待遇(主として研究費配分：ただし「非実験講座」扱い)が保障されていた。

筆者が赴任した昭和六一年度には、技術教育学講座はすでに省令化され教授一、助教授一の陣容となっていた。しかし技術教育学講座が正規の講座として省令化される道程が必ずしも容易なことではなかったことは、上記『五十年史』の次のような記述からも明らかである。

昭和五五（一九八〇）年四月に技術教育学講座（定員は教授一、助教授一）が増設され、教育学科は省令上九講座となった。……（中略）もっとも今回は講座増といっても定員抑制政策が厳しく、定員は講師一、助手一の振り替えで純増ではなかった。技術教育講座が省令化された後の教育学科の講座外講座は比較教育学のみとなったが、その後昭和六二年から教育心理学科に講座外講座として幼児心理学講座が設置された[2]。

以上のような次第で、筆者の担当することになった比較教育学領域は、講座外講座として概算要求の順番を待つ状態が七年間も続いていたのである。言うまでもなく概算要求は、教授会の審議事項の中でも最重要事項の一つであるので、学部全体の合意が必要であった。上述したように技術教育学はすでに省令講座になっていたので、次の講座増設の概算要求は比較教育学か幼児心理学のどちらかであった。講座外講座の設置順からすれば比較教育学が有力候補であったはずである。新任の筆者は教授会の概算要求事項決定の審議を慎重に見守る数年が過ぎた。

2　「夢」としての講座創設

ごく最近まで名古屋大学教育学部（教育学科）では、新任助教授が赴任すると大学院生自治会から招待講演を依頼されるのが常であった。筆者の場合、「比較教育学への道」と題して一時間くらいの講演を行なったと記憶しているが、講演の締めくくりとして比較教育学を正規の省令講座にする「夢」を控えめに語った。

「控えめに」というのは、いわゆる小講座の創設に自らがかかわることに、若干後ろめたい感情が交錯していたからである。というのは一九六八〜六九年の大学紛争期、九州大学教育学部・比較教育文化研究施設の助手を務めていた筆者は、当然のことながら紛争の渦中にあった。助手は身分的には大学教官であったが、年齢的には大学院生に近く、また実際の役割においても大学院生と教授会構成員（専任講師以上）との間に位置して、両者の調整弁的な役割を果たしていた。当時、院生協議会はじめ各種団体の攻撃目標は、いわゆる「教授会自治」と「講座制」に的が絞られていたのであるが、助手会は教授会構成員でないという一種の気安さもあり、現行（当時）の教授会自治および講座制に対しては概ね批判的な立場で行動したように思う。

ところが一方において、講座制に対してはある種の羨望のようなものがなかったといえば嘘になる。M.ウェーバーが教授職を得ることの「僥倖《ぎょうこう》」について論じているように、講座制が不条理なシステムであることを承知しながらも、大学教授職を志す者にとって、講座を担当することは夢である。寺崎昌男氏の講座制に関する精緻な研究にみられるように[3]、日本の近代大学における最も有利な研究・教育上の条件が講座制には保障されていたのであるから、講座への憧れは当然のことであった。

結局のところ、六〇年代後半の日本における大学紛争は、「教授会自治」と「講座制」の矛盾点を告発する契機をつくりはしたが、それを解体に追い込むにはいたらなかった。別の見方をすれば、教授会自治や講座制のシステムとしての強固さを改めて見せつけられたとも言える。いわゆる石油ショック（一九七四年）を機に紛争が終息に向かったことを好いことに、政府も大学も紛争で問いかけられた肝心な点にはメスを入れることなくやり過ごした。

筆者自身はといえば、前述の研究施設（一講座相当の施設であったが、省令講座ではなかった）の助手を振り出しに大学教授職へのスタートを切ったのであるが、その後留学や行政職（文部事務官）への転出をはさんで、再び就いたポストは新設間もない研究センター（広島大学・大学教育研究センター）の教授職（専任講師・助教授）であったので、助手になってから二〇年間（一九六六－一九八五）は講座制の外側にいたことになる。

二〇年間も講座制の外にいたのであるから、講座制へのアンビバレントな感情は払拭されてもよさそうなものであるが、筆者にはそれを払拭できない理由があった。それは学部・大学院時代に「比較教育学」に出会い、卒業論文、修士論文の両方において比較教育学理論を扱ったことも手伝って、比較教育学の研究と教育への思いは二〇年経っても捨てることができないでいたのである。このような筆者にとって、名古屋大学教育学部の比較教育学のポストを与えられたことは、年来の夢の実現を叶えてくれるものであった。それだけに「講座外講座」を省令講座にすることは、自らに与えられた使命と密かに考えていた。

3　概算要求のチャンス到来

名古屋大学に赴任以来今日にいたる一七年間に、筆者は二つのセンター（留学生センター、高等教育研究センター）の創設に直接かかわり概算要求を経験してきたが、いずれの場合も「巡り合わせ」に恵まれて実現できたと思っている。前者の場合は政府の「留学生一〇万人計画」、後者の場合は大学設置基準の大綱化に伴う大学教育改革の大きな流れが幸いした。このような幸運な「巡り合わせ」でもない限り、四半世紀以上にわたって続いている公務員の定員削減政策のもとで新規概算要求を実現することは、ほぼ不可能に近い。教育学部における講座増設の歴史をみても、このところの増設は「精神欠陥学及び心理検査法」（一九六八年）、「技術教育学」（一九八〇年）にとどまっており、十数年に一度あるかないかの難事に違いなかった。ところが意外なところに「神風」が吹いていることに気がつくのにそれほど時間はかからなかった。

第二次ベビーブームの波が一八歳人口となって大学の門を直撃しつつあったのである。その兆候が本格化したのは筆者が名大教育学部に赴任した昭和六一年（一九八六）であり、その年の一八歳人口は前年の約三〇万人増の一八五万人に達したのであった。ピークとなる六年後（平成四年：一九九二年）には二〇五万人に達するはずであった。このような一八歳人口の急増に対して文部省は「期間を限った定員増」（いわゆる「臨時定員増」：四四、〇〇〇人）で急場をしのごうとしたのである。この臨時定員増の大半は、第一次ベビーブームが大学を直撃した昭和四〇年代（一九六五）初頭と同様に私立大学が引き受けることとなった。折から政府の財政再建計画が実施に移されていた最中であったため、国立大学に対する定員増の総枠は明示されなかったのであるが[4]、当然のことながら国立大学も応分の負担を引き受けざるを得なかった。

実際、名大教育学部の場合も筆者が赴任した翌年の昭和六二年（一九八七）には一学年の定員がそれまでの六〇名から七〇名に臨時増され、それに伴って教授定員一名が増員されたのである。しかし学生の臨時増はピークの一九九二年以後は順次元に戻し、教授定員も返還することが暗黙の前提になっていたため、一〇名の臨時定員増が講座の増設に結びつくことはなかったのである[5]。ところが大学当局、特に工学部等の理系学部ではいずれ返さなければならない臨時定員増相当分を改めて「一般増募」要求として概算要求し、それを「原資」に一気に講座創設を図るという手品のような計画が進んでいた。しかしそれは実質的には臨時増の「恒常化」に他ならなかった。そうした他大学および他学部の情報とタクティックスに早い時期から接していた筆者は、教育学部でも機会をみつけては同様の戦略で講座増設を図る必要性を説いた。この機を逃せば教育学部のような小さな所帯で講座増設を図る見通しはほとんどなかったからである。それだけにこの「神風」を生かし、一刻も早く比較教育学講座増設の概算要求に結びつける必要を痛感していた。しかしながら概算要求が実質的に動き出したのは平成二年（一九九〇）になってからであった。なぜならその前年まで学部としての概算要求の最重点事項は「発達臨床学専攻」（大学院教育学研究科の独立専攻）の新設であったからである。幸い平成二年に発達臨床学専攻の概算要求は認められ正式に発足したため、次の重点事項として比較教育学講座増設の順番がようやく回ってきたのである。幸い上記のような臨時増の恒常化戦略は学部執行部（学部長・評議員）および教授会の合意を得るところとなり、同年五月一六日の教授会において平成三年（一九九一）度歳出概算要求事項に、講座学科目の増設（博士課程講座の増設：比較国際教育学）と入学定員の改訂（一般増募一〇名）の決定がなされたのである。実質的な概算要求の作業はこの日を以って始められることになった。

実はこのような方式による新講座増設は他の研究科ではすでに着々と進んでおり、平成二年度には、文学部にアジア文化交流史講座、経済学部に経済政策講座、理学部に地球惑星進化学講座の増設が認められていた。この点、教育学部はかなり遅れをとっていたのであり、その意味では名古屋大学最後の小講座増設要求がスタートしたのである。

4　比較国際教育学講座創設への道のり

(1)　講座名称問題

概算要求作業は、まず「事項内訳」とその簡単な「要求事由」の作成から始まる。初年度は「頭出し」と称するもので、まずは全学的に教育学部の重点概算要求事項であるという認知を取りつけなければならない。事実、初年度（平成三年度概算要求）は前年に設置が決まった発達臨床学専攻の整備が概算要求の第一順位であったために、第二順位として事項表に明記される、まさに頭出しの年度であった。したがって比較教育学講座増設の実質的な概算要求は平成四年度から始まることになった。

まずは入学定員（一般増募）改訂の概算要求が認められることが先決であり、それに伴って講座増設を要求することになる。したがって講座増設の実質的な概算要求は平成五年度概算要求からとなるが、入学定員改訂の概算要求時から、講座増設の全体像を提示しておかなければならない。そこで筆者が平成四年度概算要求事項表に書き込んだ講座名称は「比較国際教育学」、要求人員は教授一、助教授一、助手一、計三名、特別要求額(設備費)五、六一六千円という小講座としては型どおりのものであった。事項表の要求事由は数行で書かなければならない制約があるのであるが、筆者は年来考えてきていた比較教育学の教育と研究の要点を、次のように簡潔に表現した。

日本および世界の教育をグローバルな観点から理論的・実証的に比較研究し、「国際人」の育成を目指すと同時に、教育学研究の「国際化」にも寄与すべく、比較国際教育学講座の増設を要求する。

ここで学部の執行部からいくつかの疑問点が出された。まず指摘されたのは講座名称についてであった。なぜ二〇年間講座外講座として実績を積んできた「比較教育学」ではなく「比較国際教育学」なのか。また「国際比較教育学」なら一般にわかりやすいが「比較国際教育学」というのは意味不明である……等々。こうした疑問がでることは十分予想されたことなので、回答の用意はできていた。筆者自身、長年こだわってきた「比較教育学」という名称で概算要求したいのは山々であったが、あえて一見落ち着きの悪い「比較国際教育学」にした理由は次の点にあった。

①　まず近年における概算要求の戦術として、新しい教育・研究領域の開拓という観点が必要であること。それには既設の講座名称では具合が悪い(例えば文学部に平成二年に認められた「アジア文化交流史講座」は伝統的な講座名称にはない斬新さがあった)。名古屋大学教育学部で講座外講座として二〇数年間使われてきた比較教育学という名称の省令講座は、その時点ではすでに九州大学、京都大学、東京大学に設置されていた。また類似の講座名称として比較教育制度学(広島大学)、比較・国際教育学(筑波大学：いわゆる省令による小講座ではない)があった。これら

と同じ名称で文部省折衝するには相当に汗をかかなければならない。折りしも九〇年代初頭の「国際化」ブームの中での概算要求であったので、「国際」という文言を盛り込んだ講座名称にしたい。

②　問題は執行部から指摘のあった「国際比較教育学」ではなく、なぜ「比較国際教育学」なのかという点であった。これについてはすでに国際的には比較教育学（comparative education）より比較国際教育学（comparative and international education）の方が一般的になっており、特に欧米の学会名称や大学における開設授業科目はほとんど後者になっている。つまり比較教育学の発展形態として「国際教育」が付加され「比較国際教育学」が使われるようになっているので、日本の現状は国際的には遅れているという理由を用意したのである。それに関連し、国際的に使われている名称を直訳すれば、筑波大学のケースにみられるように「比較・国際教育学」という名称も考えられるが、講座名称に中黒（「・」）を入れるのは好ましくない。名称というのは、繰り返し使っているうちに自ずから馴染んでくるというのが筆者の考え方であった。

こうした説明に対し、学部内から特段の異議はなく、後の文部省折衝においても上記の理由はそれなりに理解を得て、数年後日本ではじめての「比較国際教育学講座」が誕生することになったのである。

(2)　増設事由書の作成

概算要求における次の作業は、講座増設の事由を研究と教育の両面から、やや詳しく説明する文書を作成することであった。これについても名古屋大学に赴任以来考えてきたことを素直に表現すればよいと考えていたので、時間はかからなかった。少々長くなるが、筆者が書いた最初の草稿を以下に記しておく。

①　本講座増設の第一の理由は、「国際化」時代に対応した教育学研究を作り出すことにある。これまでの教育学研究は、ややもすれば国内（日本）の教育を研究対象にするか、外国の教育研究の成果を吸収することに主眼が置

かれてきた。しかし今日求められているのは、日本と世界の教育を国際的文脈の中でグローバリズムの観点から理論的・実証的に研究することである。こうした観点からの研究成果は、教育学研究の立場からだけでなく、学校教育現場（教師）からも強く要請されている。

② 第二の理由は、教育学教育の観点からの必要性である。日本の教育界（学校）は、臨教審・中教審答申にみられる通り、「国際化」（世界に通用する人間の育成）が急務となっているが、それを実現するためには、教育現場の教師自身の国際化が先決である。本学部の大学院博士課程（教育学研究科）は、これまで教師教育に携わる人材（大学教員）養成面で成果をあげてきているが、「比較国際教育学講座」を新設することにより、その機能をさらに強化することが期待できる。なお、諸外国においては、比較国際教育学は、「教育基礎学」（educational foundation）を構成する最重要分野と位置づけられている。

③ 学部段階の教育においても、「比較国際教育学」の重要性と必要性は年々高まっている。教師を目指す者はもとより、官庁・一般企業などに就職する者にとっても、「国際理解」や「異文化との共存のあり方」を、教育の面から研究するこの分野の知識は、きわめて重要なものとなっている。ここ数年、卒業論文のテーマに、留学生、在日外国人、帰国子女、国際学校、外国人教員、外国語教育、日本語教育、難民の教育等を取り上げる学生が増えているのは、そのことを裏付けるものであるし、実際これらの分野に進出する学生も増えている。こうした学生および社会の要求（需要）に応えることが、講座要求第三の理由である。

④ このような重要性にもかかわらず、これまで日本の大学（教育学部・学科）において「比較国際教育学」講座は設置されていない。わずかに二、三の大学において「比較教育学」講座が設置されているが、欧米（アメリカ、カナダ）、ヨーロッパ（イギリス、北欧）、オーストラリア・ニュージーランド等の諸外国（地域）では、一九七〇年代に、学会名称および講座・学科目名称とも、旧来の比較教育学から「比較国際教育学」（comparative and international education）

に変更しており、後者の方が国際的に通用度が高い。この面でも日本の現状は、大幅に立ち遅れている。

⑤　日本の教育を国際的文脈において吟味し、世界が求める日本の教育成果を正しく国際社会に伝達する上で、比較国際教育学が果たす役割は決して小さくないと確信する。平成二年度に文部省内に設置された「国際教育室」の設置理念も、共通の認識に立つものと考える。

(3)　入学定員改訂事由

上述したように、今回の講座増設は、事実上入学定員の一般増（一〇名）に対応するものであっただけに、入学定員増に見合った社会的需要、すなわちマーケットがどの程度卒業生を必要としているかがポイントとなるはずであった。そのための説明資料を準備しなければならない。これがある意味で最も難しい作業であった。もちろん一九九〇年を前後する一八歳人口急増期は、折からのバブル経済期に重なっていただけに、就職戦線は好調であり就職活動解禁前に事実上の内定を数社から得ている学生が少なくない状況であった。したがって社会的需要の総量に心配はなかった。問題は比較国際教育学講座増設との関連において、定員増の合理的説明をいかにつけるかであった。そこで昭和五五年（一九八〇）―平成二年（一九九〇）までの一〇年間の卒業生の就業動向を調べると同時に、中部（東海）圏の国際化と国際的人材の必要性を各種の企業統計を取り寄せて連日作業することになった。その結果、次のような定員改定事由の総論部分を作成し本部事務局に提出した。

①　日本社会の「国際化（グローバル化）」は、「モノ」や「カネ」の面だけでなく、「ヒト」の面、すなわち日本人の「国際化」が前提とならなければならない。そのためには、自民族中心的な価値観ではなく、他民族・異文化に理解をもつグローバル・マインド（地球市民的センス）をもった日本人の育成が課題となっている。

②　産業社会も、このところ急速な「国際化」、「情報化」に対応できる国際性豊かな人材を求めている。当学部の

卒業生の就職先である中部・東海圏（特に愛知県）の主要企業約三四〇社のうち、約九〇社は海外に五〇〇余の事務所を開設するにいたっている。こうした企業の海外勤務者はもとより、国内の人事管理・研修部門においても、異文化理解、国際教育の知識をもった人材の必要性は年毎に高まっている。

③　教育界、特に国および地方（県・市）行政レベルにおいても、近年における外国人の増加、特に留学生・就学生、外国人労働者（その子女）、難民等の急増により、さらには帰国日本人子女、帰国中国残留孤児への教育及び行政面での取組みにおいて、「内なる国際化」が大きな課題となっている。この面でも、国際理解、言語教育、異文化摩擦などに基礎的・専門的知識をもった人材が必要となってきている。

④　ところがこれまでの伝統的な教育学の教育・研究体制の中には、こうした時代の要請に応える領域が組み込まれていない。もちろん本学部では、既存の体制下で比較教育、国際教育、情報教育等、様々な試みを行なってきおり一定の成果をあげてきているが、社会的要請（教育界、企業、官公庁等）や学生の強い要望に応えていくには、新しい教育学研究・教育の領域（「比較国際教育学」）を制度化（講座化）することが緊急の課題となっている。

このような入学定員改定事由に対して、本部事務局から地域（中部圏）からの必要性を強調するような事由書の作成要求がきた。一般的に概算要求において、大学本部（経理部）や本省から質問があるときは脈がある証拠なので、筆者は会計掛長と綿密な打ち合わせの上、早速作業に取りかかり一週間くらいかけて、かなりの量になる追加説明資料（図表・統計資料を含む）を作成した。長くなるので引用は割愛するが、①中部（東海）圏の国際化と国際的人材の必要性、②自治体（県・市）および民間の「国際化」対応、③中部（東海）地方における教育の「国際化」の必要性と対応、の三部構成で追加説明資料を作成した。こうした一連の作業を通じて痛感したことは、当時の社会・経済情勢が追い風になったことである。人手不足による外国人労働者の増加、企業の海外進出、各種国際機関で働く日本人の不足等、日本社会の「国際化」の必要性が学部入学定員の改訂、ひいては新講座の創設に有利に働いたと言える。かくして平成四年度概算要求において、ついに学生定員一〇名増（一般増）が認められたのである。これは講座増設の基礎工事の完了を意味するものであった。

(4) 小講座（比較国際教育学）の完成

そこで平成五年度概算要求からは博士課程講座（比較国際教育学）の定員要求（教授一、助教授一、助手一）にしぼった作業がなされることになった。講座増設は通常年次進行でなされるので、まずは教授定員一が認められることが先決であった。上述したように、学生定員増要求の段階から講座増設要求はセットで各種文書を作成してきていたので、この時点で特段の準備をする必要はなかった。ところが本部事務局からは時折、質問の矢が飛んでくる。それは本部の予算担当官が本省折衝（説明）の際に投げかけられた質問である場合が多かった。したがって期限を切って回答を要求されることが多かった。

平成五年度概算要求に際して最初に飛んできた質問は、学部としての講座増設準備状況と他学部（研究科）の教育・研究との関連に関するものであった。前者については、昭和四六年（一九七二）から学部内措置（講座内講座）として比較教育学領域を設け、約二〇年のこの分野の実績を有していたので説明に事欠くことはなかった。また講座増設に備えて、筆者は赴任直後から主要大学における比較教育学の教育に関する全国調査を実施する等、この分野に関する全国的な状況の把握も出来ていたので、回答はすぐに作成が可能であった[6]。ところが後者は思いもよらない質問であった。学部自治の原則からいっても、講座増設要求にあたり他学部（研究科）との関連についての質問がくるとは予想もしていなかったからである。ところがこの質問に対しても、絶好の学内状況が存在していることに気づくのにそれほど時間はかからなかった。実は、平成三年度に大学院・国際開発研究科が新設されたのであるが、この研究科は文系六部局（法学・経済・文学・教育・教養・言語文化）の協力により実現されたものであった。各部局は定員振替要員を出しただけでなく、協力講座という形で新研究科の教育・研究の一端を担うことになっていた。ところが教育学部は他の部局に比べて国際開発研究に関連する分野をそれほど多くもってはいなかった。そこで比較国際教育学講座が増設されるならば、協力の可能性が大きくなることを力説する補充説明書を作成することになった。もともとこの新研究科は名古屋大学に文系研究所を作る計画が発展的に解消して創設されたものであるが、筆者はその初期の段階から創設準備委員会に加わり、研究所実現のための国際会議等の開催[7]にもかかわってきていたので、新研究科への協力を大義名分に掲げることとした。最初の質問はこのような形でクリアすることができたのであるが、もう一つ越えなければならないハードルがあった。

それは新設の比較国際教育学講座を「実験講座」として設置するための戦略を構築することであった。講座には「実験」と「非実験」の区別があり、さらに言えば実験講座には「文系実験」と「理系実験」の別があった。これらの間には予算(いわゆる積算校費)額において数倍の格差が設けられていた。したがって非実験講座の実験化は、毎年行なわれる大学院博士課程を置く国立大学教育学部長会議(八大学)の主要テーマの一つであった。昭和六二年(一九八七)時点で、これら八大学の実験講座・非実験講座の比率はほぼ一対三であった。名古屋大学教育学部の場合、既設一四講座のうち非実験講座は教育学系の三講座(教育原論、教育史、教育内容)であった。他大学の場合も教育哲学、教育史、教育内容(カリキュラム)関係講座が非実験扱いとされていた。ただし、もともと実験、非実験の明確な定義があるわけではなく、したがって概算要求時点でこれらの別を明記する欄があるわけでもない。ところがひとたび非実験講座とされると、それを実験講座に転換するのは容易なことではない。したがって新設のときに実験講座扱いにすることが決定的に重要であった。明確な規定がない以上、行政の匙加減で決まるとも言える。そこで筆者は本部事務局および文部省の担当官に対し、ことあるごとに「比較国際教育学講座は実験講座で」の要求を繰り返した。既設の比較教育学講座(九州大学、東京大学、京都大学)が一九七八年に実験化されていたことも交渉を進めるうえで好都合であった。

このような経緯を経て、比較国際教育学講座増設の平成五年度概算要求は認められることとなり、名古屋大学教育学部としては昭和五五年（一九八〇）の技術教育学講座増設以来一三年ぶりに講座増設となったのである。結局、比較国際教育学講座は実験講座として認められ、初年度分として教授一名の純増が実現したのである。続く平成六年度には助教授一が認められ講座完成の悲願達成まであと一息のところまでたどり着いた。「あと一息」とは小講座の完成には、助手一の定員化を勝ち取る必要があったからである。

ところが定員増（一般増）による講座増設の初期においては助手定員まで認められるのが通例であったが、当時（平成六〜七年）公務員の定員削減方針は一層厳しくなり、助手定員なしの講座増設のケースもみられるようになっていた。しかし近年における学部・研究科および各種研究センターの新設・再編過程において助手定員を振替要員（例えば教育学部の場合、国際開発研究科や高等教育研究センターの創設に際して）として供出せざるを得ないケースが続き、教育学部の助手定員は著しく減少していた。それだけに助手一の純増を諦めることはできなかった。当時、学部の雰囲気としては講座増設（教授・助教授の定員化）をもって一件落着の雰囲気もなくはなかったが、筆者としては平成七年度の概算要求（助手一）は成り行きに任せることはできなかった。かといって特別の手立てがあるわけではなく、正攻法で文部省の担当官に要求を繰り返す以外方法はなかったのも事実である。幸い筆者は当時、日本学術振興会からかなりの規模の国際共同研究予算を認められていたこと、同時に大規模な海外調査を伴う本省からの委託研究を引き受けていたことを理由に、助手なしではこれらの調査研究は不可能であることを担当者に訴え続けた。こうした執拗な要求が功を奏したかどうかは不明であるが、最終的には大蔵省（当時）に提出する概算要求の文部省原案に「助手一」が書き込まれた。その年の大蔵原案にも助手一は盛り込まれ、純増定員三（教授、助教授、助手）の講座増が実現する見通しとなったのである。かくして比較教育学講座は、講座外講座として設置（一九七〇年）されて以来四半世紀を経た平成七年（一九九五）比較国際教育学講座として正規の講座として完成したのである。

5　大学院重点化と小講座の解体・再編

(1)「大学院重点化」と講座再編

年来の念願が実現したことは、学部にとっても筆者にとっても満足すべきことであったが、誕生した瞬間から小講座は解体・再編される運命にあったといっても過言ではなかった。こうした成り行きをある程度予測していた筆者にとって、「夢」の実現を手放しで喜ぶことはできなかった。

筆者は小講座の概算要求(教授ポスト)が認められた平成五年度から、名古屋大学に新設された留学生センター長を併任し、同時並行的に高等教育研究センターの創設準備に関与していたため、全学の改革動向を知り得る立場にあった。そうした中でわかったことは、一九九一年(平成三)に東京大学法学部で始まったいわゆる「大学院重点化」の流れは、最早止めることのできない大きなうねりとなって旧帝大系の大学を襲いつつあるということであった。もともと大学院重点化は、大学院強化策の一つの試みとして、これまでの学部中心の大学運営を大学院を「部局化」することにより、大学院中心の運営に切り替えることを目的としていた。そして重点化した大学院に対しては、従前の経常予算の二〇数パーセントを加算して配分し、大学院の強化を図ることを内容としていた。予算の大部分を政府(文部省)に依存している国立大学(特に旧帝大系の研究大学)は、堰を切ったように「大学院重点化」に向けての競争にしのぎを削るようになった。しかも重要なことは、重点化の概算要求をする大学のほとんどは、少しでも予算を増やす手立てとして、旧来の講座制(小講座)の改編に踏み切ることになったのである。すなわち明治期に制度化されて以後、連綿として続いてきた一講座一教授の原則(小講座)を複数の教授ポストをおく「大講座」に再編することにより、教授の数を増やし予算の増額をはかる戦略にのったのである。すなわち台形型の講座(小講座)から逆ピラミッド型の講座

（大講座）に再編することにより予算は確実に増額され、重点化されない大学との「差別化」はいよいよ明確になってきたのである。

ここで指摘しておかなければならないことは、少なくとも一世紀にわたり講座名が学問分野を表し、人事、予算、学生定員および学生指導（学位授与）の基礎単位となってきた小講座をなぜ解体・再編しなければならないかという議論よりも、予算増額の論議が先行（優先）し、そのことに異議を差し挟むことが許されないような時代の雰囲気に教授団は金縛りにあってしまったということである。財政的な自治権を持たない国立大学は、財政逼迫状況の中で投げ込まれた餌に易々とはまってしまったのである。その証拠に一九九一年に始まった大学院重点化は、曲折はあったものの一〇年を経て例外なくすべての旧帝大系大学とごく一部の大学院研究科が二〇〇〇年時点で「重点化」されたのである。何事も横並びでという国立大学の体質は、小講座解体においても発揮されたのである。

(2)　重点化の方程式

東京大学法学部で始まった「大学院重点化」方式が、文部省の大学院政策の切り札になるにつれ、重点化するための一定の手順が確立されていった。その方程式は以下のようなものであった。

①　小講座の大講座化　↓　②学科の統合・再編（名称変更）↓　③大学院重点化（専攻・大講座の再調整）

このような流れはセットで考えられていたので、それぞれの段階における技術的な論議は可能であったが、大きな流れを変えることはもはや不可能なことであった。というのは大学院重点化は名古屋大学全体の最重点概算要求事項として評議会決定されていたことであるし、しかも教育学部は他部局に比べてそれへの取組みがもっとも遅れをとっていたので急がなければならない事情があった。したがって、学部教授会での議論は、原則論に関する議論に時間を費やす余裕はなく、個別の議論（例えば、学科の名称問題、大講座の領域の組み合わせ問題等）に限定せざるを得なかったのである。このことは、国立大学における学部教授会を単位とする大学の自治体制が「大学院重点化」という魔法の杖によって、いとも簡単に崩れ去ったことを意味していた。講座解体・再編という学問研究の根幹にかかわる改革を前に、教授会は厭戦ムードが漂い、「重点化」を執り行なう儀式のみが粛々と進行していったのである。しかもこうした学科・講座の解体・再編が、大学側と文部省との間の厳しい対立関係から生れたというよりも、ある種の「共犯関係」の中で執り行なわれたという点が、大学院重点化の特色と言えるであろう。

皮肉なことに、筆者は小講座(比較国際教育学)が完成した翌年(平成八年度)から二年任期の評議員に選出されたため、学部長とともに①、②の概算要求(平成九年度概算要求)にかかわらざるを得なくなった。小講座増設の概算要求を書いた張本人が、その解体・再編の概算要求を手がけなければならない矛盾に満ちた巡り合わせとなったのである。しかも評議員としての仕事は、いかに効率的に「重点化」に向けての文書作業を行なうかであり、学科および講座の編制原理そのもののあり方を問い直すことは職責上できない状態に置かれ、またそれが許される時間的余裕もなかった。小講座堅持というようなことは執行部の一員としては禁句ですらあった。「重点化」というゴールは、それが始まった一九九一年から一〇年後の二〇〇〇年に設定されていたからである。

このように路線が定められていた概算要求とはいえ、ひとたび講座解体となると解体・再編後の大講座のあり方(特に教官定員の配分)をめぐって様々な思惑が交錯し、また既得権益をめぐる利害の衝突もあり、学科会・教授会の議論は行きつ戻りつ容易に決着はつかなかった。従来の二学科(教育学科、教育心理学科)・一四講座(小講座)を一学科(人間発達科学科)・五大講座(生涯教育科学、学校教育科学、国際教育文化学、心理行動科学、発達臨床科学)に再編統合することを内容とする平成八年度概算要求は一年見送らざるを得なくなり、一年遅れの平成九年度概算要求として提出されることとなった。筆者は評議員として学部長を補佐し、平成九年度概算要求からその文書作業および本部・本省折衝にかかわった関係上、学部全体の「大学院重点化」へ向けての戦略・戦術について論じることも可能ではあるが、本論はあくまでも一小講座（比較国際教育学）の創設と解体・再編に関する事例に限定し、その問題点を以下に整理しておきたい。

(3) 「最後の小講座」の解体・再編

小講座に対する筆者のアンビバレントな心情については前述した通りである。講座にかかわりたいと思っていながら長い間それが叶わなかっただけに、小講座を創設することへのある種のこだわり（執念）はあったが、講座への執着はそれほど強くなかったと思っている。ほんのわずかの期間ではあったが、創設された小講座のインサイダーとしての居心地のよさがなかったと言えば嘘になるが、外からみればそれこそが「愚者の楽園」にしか写らないことも承知していたつもりである。したがって大学院重点化の流れの中で、組織としての小講座（比較国際教育学）が解体・再編されることにはそれほどの抵抗感はなかったのである。比較教育学という筆者の専門とする領域を大講座の一隅に確保できさえすれば、それはそれでよかったと言える。したがって平成九年度概算要求の成立により、比較国際教育学講座は教育学系三大講座（生涯教育科学、学校教育科学、国際教育文化学）のなかの国際教育文化学講座（人間形成学、教育人類学、教育社会学、比較国際教育学、高等教育学）の一教育研究領域として再編されたことに筆者自身それほどショックはなかった。教育学部最後の小講座は、このような経緯を経て解体・再編されることになったのである。ただし、二学科体制から一学科体制への再編に伴う小講座の大講座化は、小講座解体の第一段階であり、先に「重点化への方程式」で示したように、小講座解体の仕上げは、大学院「部局化」に向けての概算要求の第二段階においてなされることになったのである。

なおそのことに入る前に、こうした二学科体制から一学科体制への再編（小講座解体）にかかわる余話を一件書いておくこととする。それは筆者が長年考えてきた「外国人客員教授」の要求を概算要求に組み込むことに成功したことである。特に筆者が所属することになった国際文化学大講座は、その教育プログラムとして学部学生の海外研修を担当することになっていたこと、またこのところ学部の国際化戦略として意図的に増やしてきた学部間の国際交流協定（ＵＣＬＡ教育大学院、トロント大学ＯＩＳＥ、北京大学・高等教育研究所、華東師範大学、高麗大学師範学部等）を実質化する意味でも、外国人教授を招聘することの必要性を痛感していたので、この機会に外国人客員教授ポストの要求を切望していた。筆者は前述したように、概算要求担当の評議員として文書作業に当たっていた関係上、外国人客員教授（正確には「客員教授Ⅲ種」）一名の要求文書を書き上げ、教授会に提案するタイミングを計っていた。当時の学部構成員は自らの講座の行方に関心が集中していたため、自講座の利害と無関係の概算事項にはそれほど関心がなかったとみえて、さしたる議論もなく「客員教授Ⅲ種：一名」の要求は認められた。また客員教授の研究領域は上述のような要求理由との関係で「グローバル教育論」とすることに対しても異論はなかったと記憶している。ただし、本部および本省との折衝は難航した。この種の客員教授ポスト（「客員教授Ⅲ種」）は、これまで研究所および研究センターにしか認められておらず、万一既存の学部にこの種の客員教授ポストを認めることになると、全国の大学が要求することになり対応できないというのがその理由であった。もう一つの理由として、客員教授ポストは「共同研究」を目的に創られた制度であるので、「教育」を担当する部局（学部・大学院）には付けることができないというものであった。しかし筆者としては、①部局も海外との共同研究を活発化している、②外国人客員教授（Ⅲ種）には研究の延長として授業担当を許容すべきである、③全国に波及することを恐れることはない（必要性と効果が顕著であれば学部・大学院にも拡大すべきである）、④今回の要求に関しては、「学生の海外教育研修プログラム作成のための共同研究」を行なうことに限定するので、他大学に波及する心配はない、等の理由を列挙し、なんとか要求書に書き込むことに成功したのである。特に本省折衝では④を強調しつつ、粘り強く交渉を重ねた。結果的には大方の予想に反してこのポストは認められた。外国人客員教授ポストが制度化され、実際に外国人教授の招聘が始まると、概算要求当時無関心であった同僚からはこのポストは特定講座で使うべきではなく、学部・研究科全体で有効活用すべきであるとする「正論」が出されるまでにこのポストは注目されるようになった。筆者としてはもともとこのポストを特定講座の研究領域とする必要はなく、上記の特定目的を配慮しながら、学部・研究科全体でこのポストを活用すればよいと考えていたので、予算化されて以来、外国人客員教授ポストは学部・研究科全体で有効活用されている。概算要求に際しては大講座の教育研究領域との関連を明記しなければならなかったので第三講座（国際教育文化学）の教育研究関連領域として書き込み、説明理由として上記④を強調したのは、あくまでも概算要求の戦術としてのことであったのである。

さらにもう一つ付け加えるとすれば、すべての大講座を均一に五教育研究領域から構成することにしたことと関連し、第三講座（国際文化学講座）の構成を、従来から存在した小講座（教育原論＝今回の改編により人間形成に名称変更、教育社会学、比較国際教育学）に教育人類学と高等教育学を加えたことを挙げておかなければならない。これら二領域が大講座を構成する教育研究領域に加わったことにより、教育基礎学（Foundation of Education）を標榜する第三講座の教育研究領域は大きく広がり、大学院「部局化」に向けての確実な布石となったのである。

(4)　仕上げとしての大学院「部局化」

そこで最終段階としての大学院「部局化」であるが、部局が官庁の「部」や「局」をあらわすことからも明らかなように、国立大学における部局はまさに管理運営の要であり、これまでは「学部および研究所等」がそれに相当する組織であった。すなわち教授会を構成することが認められている組織、それが部局（学部）でありその下部組織が講座（小講座）であったのである。筆者のようにかなり長い間、学部の周辺に位置する研究センター群（ほとんどの研究センターは教授会をもつ資格を付与されていない、つまり「部局」扱いされていない）で仕事をしてきた者にとって、部局としての「学部」は羨望と嫉妬の対象であったといっても過言ではない。長い国立大学の歴史の中で、学部（教授会）こそが大学運営（大学自治）の中枢を担い続けてきたからである。しかし一方において、学部はその閉鎖性と非効率が批判され、大学改革が叫ばれる度に論難の対象となってきたのも事実である。それにもかかわらず学部という組織に改革のメスを入れることは至難であった。

そこで考え出されたのが学部そのものに直接メスを入れるのではなく、学部が有していた「部局」としての資格を剥奪（骨抜き）してしまう企てであった。すなわちそれが「大学院重点化」であり、これまで自明であった「部局としての学部」を全面否定して、ごく一部の旧帝大系大学院のみを特定してそれに「部局」としての資格を与えるという、手品のような手法がさきにみた「大学院重点化」の中身だったのである。いわゆる小講座が大学院重点化過程においてひとたまりもなく解体されたように、同じ手法で学部も有名無実化されたと言える。その証拠に、部局化された大学院に所属する教授陣は、一夜にしてこれまでの〇〇大学教授から〇〇大学大学院〇〇研究科教授と自らを呼称するようになっていった。やがて大学院部局化こそが大学の威信の象徴であるかのような風潮が広がり、いわゆる大学院重点化による予算の増額を伴わない名称だけの大学院重点化された大学まで現れるにいたり、当局は労せずして「学部」を無血開城させることに成功したのである。その結果、国立大学は大学院を部局とする大学と学部を部局とする大学に二分されることになった。

名古屋大学教育学部の場合も、大学院「部局化」にむけて概算要求を粛々と進めていったと言える。結局、大学院重点化（「部局化」）の最終目標年に当たる平成一二年度（二〇〇〇）概算要求に滑り込むことができ、晴れて教育学部の大学院部局化は平成一二年度からスタートすることになったのである。これにより大学院研究科の名称は教育学研究科から教育発達科学研究科（Graduate School of Education and Human Development）に、研究科を構成する専攻は三専攻（教育学、教育心理学、発達臨床学）から二専攻（教育科学科、心理発達科学科）に再編された。また従来の学部は五学科目（生涯教育科学、学校教育科学、国際教育文化学、心理行動科学、発達臨床科学）編制の教育組織となったのである。

筆者の所属する教育科学専攻についてみると、大学院重点化（「部局化」）に際して、専攻名称は教育学から教育科学へ、講座名称および教育研究領域にも若干の変更が加えられることとなった。それは平成九年度の学部再編（大講座化）に際しては、教育プログラムを優先した大講座名称および教育研究領域を構想せざるを得なかった点を調整し、「研究」中心の講座名称および研究領域に名称変更がなされたのである。大講座名称については次のように変更がなされた。

旧大講座名称（平成九年度）→　新大講座名称（平成一二年度）

旧大講座名称（平成九年度）	新大講座名称（平成一二年度）
生涯教育科学	生涯発達教育学
学校教育科学	学校情報環境学
国際教育文化学	相関教育科学
	高等教育学（協力講座）*
	生涯スポーツ科学（協力講座）**

*高等教育研究センター教官担当
**総合保健体育科学センター教官担当

また、教育学専攻の大講座を構成する研究領域についても、次のような若干の見直しがなされた。（傍線部分名称変更）

旧大講座名称	旧教育研究領域	→	新大講座名称	新研究領域
生涯教育科学	教育社会史		生涯発達教育学	教育史
	教育行政学			教育行政学
	社会教育学			社会・生涯教育学
	技術・職業教育学			技術職業教育学
	生涯教育計画			人材開発科学

学校教育科学
- 教育情報学
- カリキュラム計画
- 教育方法学
- 教育経営学
- 学校環境学

国際教育文化学
- 人間形成学
- 教育人類学
- 教育社会学
- 比較国際教育学
- 高等教育学

学校情報環境学
- 教育情報学
- カリキュラム学
- 教育方法学
- 教育経営学
- 学校環境学

相関教育科学
- 人間形成学
- 教育人類学
- 教育社会学
- 比較教育学
- 教育経済学*

*高等教育学は協力講座となったため、それに代わって新設された。

筆者が担当する比較国際教育学は、名称を元の比較教育学に戻して教育学専攻第三講座（教育相関科学）の一研究領域となった。折角骨折って創った小講座の名称（「比較国際教育学」）を大学院の部局化に際して元の「比較教育学」に戻した経緯は次の通りである。第一に、大学院「部局化」に先立つ平成九年度の学部の再編に際して、第三大講座の名称（「国際教育文化学」）に「国際」という語が入ったため、講座名称と教育研究領域名称との重複を避ける必要があった。また他の研究領域（人間形成学、教育人類学、教育社会学、高等教育学）との整合性を考え、「国際」を削り比較教育学として位置づけることへ学部内合意が成立していたのであるが、上述したように小講座（比較国際教育学）が完成したのが平成七年度であり、創設後二年しか経っていなかったため名称変更は大学院重点化をまって行なうこととなった。第二に、比較国際教育学という名称は講座創設に伴う戦術として採用したものであり、必ずしもそれにこだわる必要はなかったのである。研究インフラの重要な一つである学会の名称（現在は「日本比較教育学会」）について、筆者はかつて研究者層の多様性を確保するため「日本比較国際教育学会」（Japan Comparative and International Education Society）への名称変更を提唱したことがあるが、研究領域（ディシプリン）の名称としては従来の「比較教育学」（Comparative Education）でよいと考えてきた。世界の比較教育学者が三年に一度集う学会名称もWorld Congress of Comparative Education Societies（WCCES）となっている。

以上のような経緯をもって名古屋大学教育学部最後の小講座（比較国際教育学）は解体され、比較教育学は大講座（相関教育科学）内の一研究領域に吸収・再編されたのである。小講座時代の「教授一－助教授一－助手一」という人員構成も解体され、担当教員数は大講座の総教員定員の中で調整されることになった。平成一五年一月現在、比較教育学研究領域の教員は筆者一人である。比較教育学の教育研究体制は、一連の大学院重点化過程において少なくとも一時的には弱体化し、冒頭に記した講座外講座の時代に逆戻りしてしまったのである。もちろん小講座解体に伴う大講座への再編過程において、筆者の関係する大講座には旧来の小講座（人間形成学、教育社会学、比較国際教育学）を母体とする研究領域に加えて、教育人類学、教育経済学、高等教育学（協力講座）等の新しい研究領域を加えることができた。これからの課題は、小講座を解体・再編して作り出した大講座をいかに機能させ、その効果を最大化するかにあると言えよう。

むすび

平成一四年度（二〇〇〇年四月－二〇〇三年三月）をもって、部局化した大学院（教育発達科学研究科）は三年目を迎えたことになる。この間、大学院学生定員は前期（修士）課程を中心に大幅な増員がなされ、教育プログラムにも高度専門職業人養成コース（昼夜間開講）が加わり、大学院の「多様化」を謳った概算要求（大学院重点化）の趣旨は実現しつつあるとみることができる。教育研究組織の面でも、教育学専攻に限っても大講座のもとに一五研究領域が整備され、これに協力講座が加わる多様な体制が実現した。しかしながら大学院重点化のもう一つの目的であったはずの「高度化」の観点からするとどうであろうか。組織が多様化したことに伴う研究科教授会をはじめとする各種会議の増加、教育プログラムの多様化に起因する授業負担の増大、研究費配分構造の激変による外部資金への依存度の高まり、各種の評価に対応する作業量の増大、大学改革（法人化対応）に関する業務の増大等、われわれを取り巻く研究環境は確実に劣化している。国際競争力のある優れた教育研究基盤（ＣＯＥ）の構築を標榜した概算要求の趣旨からは乖離した現状にあると言わなければならない。

本論で扱った小講座の解体・再編の結果として導入された大講座の運営も試行錯誤が続いており、研究の拠点として大講座が機能するにはいたっていない。小講座に数々の問題点があったのは事実であるが、少なくともそれが研究の「核（拠点）」を構成する組織として機能していたことは確かである。それに代わって登場した大講座は、現状では教育（大学院・学部）への対応に追われており、研究組織の「核（拠点）」として機能するまでにはいたっていない。研究の総合性と学際性の実現を謳い文句に小講座を解体したが、それに代わる大講座に総合性と学際性を保証する具体的な人員の配置と予算措置が明示されなかったため、本来の趣旨とは逆に大講座は個別の研究領域に細分化しつつあるとも言える。この他にも、研究大学として最も意を用いなければならない学位（特に博士学位）のあり方は、国際基準から著しく乖離しているにもかかわらず、その改革にはほとんど手がつけられていない状態にある。

もちろん現状は、本来あるべき「大学院重点化」への調整局面であるとも言えるので、悲観的にのみみる必要はないであろう。しかし最初に述べたように、大学院重点化という政策自体が明確な論理的構造をもっていたわけではなく、いわば一種の行政指導に国立大学（特に旧帝大系研究大学）が雪崩を打って追随していったことにみられるように、大学自治の内実が崩壊した中での「改革」であっただけに、調整局面は当分続くとみなければならない。しかも「法人化」という国立大学にとって世紀の大改革のなかで大学院重点化を実質化していかなければならない。小講座に代わる新しい研究基盤の構築は、これからが本格的なスタートであると言えるかもしれない。

〈付言〉冒頭（はじめに）にも記したように、本論は小講座の解体・再編に関する私記に類する論稿である。したがって概算要求書のような内部文書の具体的文章は一切使用していない。筆者が公的にかかわった部分に関する記述も、筆者個人の責任において作成した文書を用いており、学部・大学院研究科の公式見解ではないことを断っておく。

〈注〉

1 名古屋大学史編纂委員会『名古屋大学五十年史：部局史一』一九八九年、二六九頁。
2 同前書、二八九頁。
3 寺﨑昌男「「講座制」の歴史的研究序説―日本の場合(1)」『大学論集』第一集（一九七三）、一―一〇頁、および同論文の続編「講座制」の歴史的研究序説―日本の場合(2)」『大学論集』第二集（一九七四）、七七―八八頁。
4 黒羽亮一『戦後大学教育政策の展開』玉川大学出版部、二〇〇一年、一一七頁。
5 名古屋大学史編纂委員会、前掲書、二八九頁。
6 馬越徹「比較教育学教育の課題と方法―アンケート調査の結果から―」『名古屋大学教育学部紀要―教育学科―』第三四巻（一九八七年度）、二七一―二八六頁。
7 Executive Committee of Forum, *Proceedings of International Forum for Studies on the Pacific Rim Region*, The University of Nagoya Press, 1990, p.348.

【補論】比較高等教育研究基盤の創設経緯

はじめに

名古屋大学・高等教育研究センターが創設されて三年目(二〇〇〇年)になる。個人的には、創設のための概算要求作業と第一期のセンター長時代を含め約三年余、センターに関わったことになる。去る三月センターを離れ肩の荷がおりたせいか、最近ではこの間の出来事を、幾分冷静に考えることができるようになっている。成し得たことは少ないけれども、成し得なかったことを含め、創設の過程で考えてきたことを、まだ記憶が鮮明なうちに書いておくことは、創設に関わった者の責任でもあろうかと考えている。とはいえ本論は、たまたま創設の一時期、関係者の一人であった者の個人的メモであり、センターの「正史」はやがて何年後かに書かれるはずである。思えば国立大学とは窮屈な組織体である。新たな組織を作るとなるとそのことを実感する。特に昨今のように財政逼迫の中で何かを作るとなると、例えは悪いが、蛸が自分の足を食べるようなことをしなければならない。実定員の振り替えである。全学的センターを作るとなるとなおさら難しい。学長が全学の意思を体して決断すればよさそうなものであるが、なかなかそうはいかない。全学とは、全学部(研究科)・研究所等のまさに「全学的意思」であり、どこかの部局が強力に反対すれば、概算要求作業すらできないのである。

さらに難しいのは、設置者(文部省)側の意志である。決定権は制度上、彼等の側にある。国立大学側がどんなに正論を吐いても、彼らが首を立てに振らなければ、絶対に創れない仕組みになっている。決定権が設置者側にある以上、大学は交渉の過程で、文部省側が認めてくれそうなものを概算要求の上位にあげざるを得ない。要するに予算折衝におけるイニシアチブは、完全に文部省側に握られているのである。このことが特に財政難の昨今においては、国立大学の士気(モラール)を著しく低下させていることは否めない。

悪条件が重なる中でセンターの創設にこぎつけることができたのは、いまでは奇跡にちかいことであったと思っている。対文部省交渉は回を重ねるごとに厳しくなり、一再ならず絶望的な気分に陥った。しかしわれわれは諦めるわけにはいかなかった。センターの概算要求は、今年だめなら来年を期すというような悠長なことを言っておれない事情が、大学側にも文部省側にもあったからである。まさに「一年勝負」の短期決戦であった。大学側の事情とは、加藤延夫前総長の任期最終年の前年(一九九六年度)に、待ちに待ったセンターの概算要求にゴーサインが出たからである。一方、文部省側の事情とは、いわゆる九〇年代の教養部改組に伴う一連の大学教育研究センター設置が一段落し、東京大学大学総合教育研究センター(一九九五年)の設置を最後に、この種のセンターは作らないという暗黙の了解が高等教育局(大学課)内にできあがっていたからである。十指に余る省令センターを作ったけれども、必ずしも所期の成果をあげていないという「評価」が文部省側にあったかに聞いている。こうした状況の厳しさを承知していたわれわれは、文部省の担当官が交渉打ち切りを宣言したにもかかわらず、当時の担当副総長を先頭に再三押しかけては再交渉をお願いした。担当官にとってはずいぶん迷惑なことであったと思うが、われわれの側にはこのような状況認識と切羽詰った事情があったのである。

1　遅れた理由

名古屋大学に高等教育研究センターの設置が遅れた理由はいくつかある。筆者自身は、日本最初の高等教育研究施設である広島大学・大学教育研究センター(一九七二年創設)の草創期に当たる一二年間(一九七四〜八六年)勤務し、全学センター（学内共同教育研究施設）としての高等教育研究の必要性と問題点をそれなりに経験していたので、名古屋大学（教育学部）に転任後（一九八六年―）も、数名の先輩同僚とともに折に触れ（例えばＩＤＥ夏季セミナー：東海北陸支部長は名古屋大学総長が務めている）歴代の学長や学部長に、この種のセンター設置を進言してきた。しかし機はなかなか熟さなかった。日本の国立大学の概算要求は、いわゆる「部局（学部・研究所）」優先の慣行があるため、全学の概算要求となるとよほどの緊急性があるか、国策ベース（国立大学に横並びで年次進行で作る方式）のそれでない限り、全学の合意形成はままならない。後者の例として留学生センターの創設（名古屋大学の場合、一九九四年）を挙げることができるが、たまたまその初代センター長を務めることになった筆者は、機会を見つけては執行部（学長、事務局長）に高等教育研究機関設立の必要性を説いてきたつもりである。

ところが一九九〇年代前半の名古屋大学の概算要求は、旧教養部の改廃を柱とする新学部（情報文化学部）の創設と大学院独立研究科（国際開発研究科、人間情報学研究科、多元数理科学研究科等）等、大型の概算要求が目白押しで、高等教育研究施設のような小規模の概算要求には耳を貸してもらえなかった。特に決定的であったのは、旧教養学部解体後の一般教育は、長年にわたる周到な計画のもとに、いわゆる名古屋大学方式とも称される委員会（「全学四年一貫教育委員会」、「四年一貫教育計画委員会」、「共通教育実施運営委員会」）体制で運営されることになっていたことである。他の大学の場合、旧教養部解体後の一般教育の実施運営と教育改革研究を行なう施設として、この種のセンター（もっとも一般的な名称は「大学教育研究センター」）の概算要求を行ない、文部省も認めてきたのである。九〇年代に高等教育を研究する機関が国立大学に一挙に一〇か所近くも創設されたのは、まさにこのような事情によるものであった。言葉は適当でないかもしれないが、現存のセンターの多くは旧教養部の解体・再編の副産物として作られた関係上、規模に比して責任は過重であり、教育改革のための研究組織としては数々の問題点を有していると聞いている。かくして名古屋大学の概算要求は遅れたが、このような過去の柵《しがらみ》から自由であった点は、新しいセンターを作る際、重要な意味をもつことになる。

2　創設への助走

このようにして全国の大学教育研究センターは設置されてきたのであるが、委員会方式で四年一貫教育を実施している名古屋大学の執行部には、近年にいたるまでセンター創設の意志はなかったように思う。しかし冒頭に書いたような文部省サイドの方針を察知していたわれわれは、ことあるごとに、①全国各ブロック(地区)の基幹大学のなかで高等教育研究センターが設置されていないのは名古屋大学だけであり、この機を逃せば永遠に実現しない、②全学共通四年一貫教育を研究面から支える機関が名古屋大学にも必要である、③高等教育研究は、教育学部の学科改組においても大講座を構成する「領域」として認められており、センターができれば支援体制を組める、④今後の大学改革・発展計画を考えるシンクタンク的機関としてセンターが必要である、等の点を執行部に訴えてきた。

こうした声が届いたのか、まったくわれわれの声とは別に事が運ばれたのか定かではないが、平成八年(一九九六年)の秋(一一月)にいたり当時の副総長から、平成一〇年度新規概算要求(附属施設)「名古屋大学二一世紀総合教育研究センター」構想が示され、各学部に意見が求められた。当時、副総長は全学共通教育の責任者であり、大学審議会(文部省)委員も務めておられたので、学内はもとより全国的動向も熟知されていたはずである。センターの構想は、四部門(四年一貫教育研究部門)からなり、教授四、助教授一、客員助教授(二)、助手二、事務官二、計九＋(二)人からなるかなり大規模のものであった(カッコ内は客員分)。ところが、各学部の意見を徴して翌年(一九九七年)二月にできあがった概算要求(試案)「名古屋大学高等教育革新センター」はさらに規模が拡大され、四部門(大学教育研究開発部門、大学院・科学研究開発部門、学生生活・キャリア開発部門、地域社会連携・大学間強力開発部門)に比較高等教育情報資料室が加えられ、要求人員も教授四、客員教授（三）、助教授三、客員助教授（二）、助手一、事務官二、計一〇＋（五）人の規模に膨れ上がっていた。

ここまでは「夢」を描く段階であり、実際の概算要求作業は新年度（平成九年四月）になって本格化した。全学的概算要求とはいえ、具体的な文書作業を行なうとなると「窓口」部局が必要となり、高等教育研究に一定の実績がある教育学部がそれを担当することになった。本補論の冒頭で述べたように、教育学部の学科改組で新設大講座の一領域として、「高等教育」を全国で二番目（一番目は東京大学）に制度化していたことが、それなりの意味をもつことになった。同時に、たまたま当該年の教育学部選出の評議員を勤めていた筆者が、概算要求の実務（文書作業）を担当することになったのである。この時点で、センターの概算要求を担当するチーム（両副総長、事務局長、経理部長、共通教育実施運営委員会委員長、四年一貫教育計画委員会委員長、教育学部長）が誕生する。以後、創設にいたるまで重要案件はすべてこのチームで検討され、筆者も文書作業担当者としてほとんどすべての会合および文部省折衝に同席することになった。このチームは、時に論点の対立もなくはなかったが、すべて前向きの生産的議論がなされたことは幸いであった。そしてチームワークが最後まで乱れることがなかったのは、ひとえに副総長の情熱と行動力にあったと言える。

3　概算要求・夏の陣

周知のように概算要求を実質的に指揮するのは経理部主計課である。文部省交渉のセッティングなどもすべてここが担当する。驚いたことに、新年度早々の平成九年四月一八日に第一回の折衝（説明）をセットしてくれたのである。総長（任期最終年）のやる気を実感したのはまさにこの時であった。その際もっていった第一次案は、先に書いた「夢」を若干修正した三研究領域（大学教育研究開発、大学院教育研究開発、学生生活・キャリア研究開発）、二室（大学・地域交流企画室、比較高等教育情報資料室）からなり、この種の新規概算要求としては「壮大」なるものであった。果たせるかな文部省は、強烈なる三つの質問をぶつけてきた。①既設センターとの関係（既存のセンターとは違った新味があるか：文部省の本音としてはこれ以上作る必要はない）、②なぜ「省令」による設置が必要なのか（学内措置でも可能ではないか）、③規模が大きすぎないか（振り替え定員はあるのか）。自分が逆の立場であれば必ず聞きたくなるような質問であった。いずれも難題ではあったが、このような質問への回答は、私の頭のなかにすでに整理ができていた。直ちにA４版一〇枚の詳細な回答（追加説明資料：五月一三日付）を作り文部省に送付した。

①、②は、言わずもがなの質問であったが、もちろん真面目な回答を用意した。③については、振り替え定員との関係で本音に近い規模を書かざるを得ず、研究領域は二領域（大学教育研究開発、大学院教育研究開発）プラス比較高等教育情報資料室に再編成した。要求人員も二領域に即して、教授二、助教授二、助手一、国内客員（Ⅰ種―一）、外国人客員（Ⅲ種―一）、事務官一、計六＋（二）の規模に縮小したのである。この追加説明資料に基づいて作成された概算要求第二次案（平成九年六月一八日付）の段階で、実現が見込めない事務職員一の要求は取り下げられたので、教授二、助教授二、助手一、プラス上記客員教授（二）を軸に、概算要求・夏の陣の攻防は開始されたと言える。

この時点で、問題は次の二点に集約されていた。第一は設置理由（センターの必要性）であり、第二は振り替え定員の確保問題、であった。前者については、名古屋大学が教養部廃止後、独自の理念（教育目標・科目区分）により委員会方式で取り組んでいるいわゆる「全学共通教育」を定着させるには、これまでの成果を高等教育研究に基づき再点検（評価）し、さらなる改革に向けて、①カリキュラム（教育課程）開発、②教授方法開発、③評価法開発、の立場から全面的にバックアップする強固な改革インフラ（基盤）が必要である。また大学院重点化が全学的に進む中で、「学部教育」を空洞化させないためには、「全学共通教育」といわゆる学部「専門教育」とを有機的に関連づけ「全学四年一貫教育」体制を確立しなければならず、そのためには研究開発面からそれを支える「核（ヘッドクォーター）」が不可欠となる。

さらには進行中の大学院重点化と関連して、国際的スタンダードに見合った大学院教育プログラムを国際比較研究の観点から研究開発する必要性が今後ますます大きくなってくる。これらの目的を実現するには、その拠点となる「センター」の設置が必要であるというのが第一の問題点に対するわれわれの回答であった。これは名古屋大学に固有の問題であると同時に、全国的課題であり、かつまた国際的課題でもあることを力説したのである。

こうした主張は概ね文部省側にも理解されたものと考えられる。その後、センターの事業内容についての大きな手直しはなかった。(なお、先に書いたように、学内向けにはセンター設置の必要理由として、全国の基幹大学のなかでセンターが設置されていないのは名古屋大学だけであると、やや「危機感」を煽るような戦略を取ったが、「遅れた理由」で書いたように、その責任は名古屋大学側にあったので、あまり声を大にしてこの点を文部省に訴えることは憚られた。ただし、折に触れて言及したこの点に、文部省側はそれなりに配慮を示してくれたのではないかと考えている。)

問題は第二の点にあった。振り替え定員の捻出については、副総長が可能性のありそうな全部局を駆け巡り、それこそ全身全霊を傾けて交渉に当たられた。結論的に言えば、学内四部局の協力が得られることになり、助教授二(教育学部、情報文化学部)、助手二(工学研究科、多元数理科学研究科)、計四ポストの振替えが可能になった。当今の新規概算要求では、よほどの国策ベースのものでない限り、新規定員(純増)要求は最初から相手にされなくなっていたので、結局この時点で第二次案の段階では残っていた「比較高等教育情報資料室」構想がカットされ、二研究領域(大学教育研究開発、大学院教育研究開発)からなる第三次案(平成九年八月一四日)に収斂していった。人員要求は、教授一(新規要求)、助教授二(振替え)プラス客員教授(二)であり、教授一については、新規要求が困難な場合を予想して、助教授からの上位振替えを文部省に要求することを含意していたのである。しかしながら文部省側は、最後の最後まで、教授のいない(教授振替え定員を出せない)センター設置はありえないの一点張りで、暗礁に乗り上げてしまった。副総長の、再三の学内各部局との折衝にもかかわらず、教授振替え定員を出せる部局はとうとう見つからなかった。ほとんどの部局が改組を計画しているなか、教授定員の振替えはやはり無理であった。万策尽きたのである。大学としての文部省折衝（副総長、事務局長他担当者数名同席）は、前向きの返事（感触）をもらえないまま第四回目の交渉を終えざるを得なかったのである。もちろんこれで諦めたわけではなかった。個別の「細い糸」は、いろいろな形でつながっていた。暑い夏休み中にも何度か本部事務局を通じて「質問」が来ていた。例えば、交渉時ほとんど問題にならなかった「客員教授（Ⅰ、Ⅲ種）」ポストの具体的役割等についての質問、さらには第二研究領域（大学院教育研究開発）に関する追加説明等が求められていた（ある時など午前二時までにファックスで届けるようにとの要請があり、深夜本部事務局に資料を持参したことも一切ではなかった。）ので、私はまだ「脈あり」と読んでいた。

しかしながら平成一〇年度の政府（大蔵）原案が内示されるまで、少なくとも私などには、確たる情報もないままに時は過ぎていった。年が明け、原案の詳細が大学に伝えられ、センターがそのなかに入っていることを知らされた時には、年甲斐もなく快哉を叫んだものである。結局、助教授定員一を教授に振り替えてくれたのである。かくして教授一、助教授二、助手一、客員教授（三）のセンターがいよいよ立ち上がることになった。その年は、年度内に予算が成立しなかったこともあり、センターの設置が正式に決まったのは、平成一〇年（一九九八）四月九日であった。

4　名称問題

成立したセンターの名称は、交渉の最終段階で差し替えた「高等教育研究センター」であり、第二次案までの高等教育革新センターではなかった。「二一世紀総合教育研究センター」から始まった名称問題には、当時から二つの問題点があった。一つは、既存のセンターの多くが使っている「大学教育」という用語を用いるかどうか、もう一つは研究内容を特定する「〇〇開発センター」とか「〇〇革新センター」の名称を用いるかどうかであった。

第一の点については、大学教育を含みかつ国際的にも通用性の高い「高等教育」で行くことにも誰も異存はなかった。第二の点については、名古屋大学の教育改革、とりわけ四年一貫共通教育の改革に資するような名称を考える必要があり、かつできることなら他大学のセンターが使っていない用語を使いたいということで、とりあえず「革新センター（Center for Innovation）」を考えたのである。概算要求で難しいのは、どこでも使っている平凡な名称をもっていくと、その説明に一汗も二汗もかかなければならないことである。

実は、名称問題に関しては、「概算」のことを抜きに考えるなら、「高等教育研究センター」が最も落ち着きがよいと最初から考えていた。大学教育よりも概念が広く、国際的にもっとも多く使われている名称であり、しかも（この点が肝心なのであるが）日本の既存のセンターではまだどこも使っていなかったからである。にもかかわらず、概算のある段階まで「革新センター」の名称を使ってきたのは、センターを創設することにより名古屋大学の学部教育（全学共通教育）に「革新（新機軸）」をもたらすことができることを学内外にアピールしなければならなかったからである。また先行のセンターでもこの名称は使われていないので文部省サイドからも異論は出まいという読みがあった。事実、学内からも文部省からも、概算の最終段階まで異論は出なかったと記憶している。ところが最終段階の文部省折衝の際、「革新」という用語はOECD（CERI）でも使っている用語なので、もう一工夫できないかという思わぬ発言があり、一瞬「しめた」と感じたのである。たしかにOECDのCERI（Center for Educational Research and Innovation）を、文部省は長年「教育研究革新センター」と訳してきたのである。高等教育という形容詞がつくとはいえ、よく似たセンターができると具合が悪いと担当官は直感したのかもしれない。このような経緯を経て、名称問題は概算要求の最終段階（平成九年八月一四日）で、当初思い描いていた「高等教育研究センター」に一気に決着したのである。

センターの創設が決まったあと、英文名称を検討することになったが、それほど時間はかからなかった。すでに頭の中には、世界で最も多く使われているCenter for the Studies of Higher Education（CSHE）という名称をイメージしていたからである。この英文名称も日本のセンターとしては、はじめて使ったものである。新しいセンターのスタッフが鳩首会議の末、図案化したセンターのロゴは、C（Center）、H（Higher）、E（Education）の三文字（濃紺）と名古屋（Nagoya）の頭文字N（黒）が組み込まれたものになっている。名づけも終わり、センターは実質的なスタートをきることになったのである。

5　センターのミッション

初代センター長として最も意を用いたのは、当然のことながら、センターの研究のあり方である。まさに全学的支援により設立されたセンターであるからには、その期待に応えなければならない。しかも全学で最も小規模のセンターが可能な範囲の研究を考えなければならない。各方面から寄せられる大きな期待はありがたかったが、場当たり的にそれに対応していたのでは、単なる御用聞きになってしまう。小なりといえどもセンターは、「研究」を通じて、当面する大学改革に貢献しなければならない。そのためには、改革の現場（実務）からは適度の距離をおき、常に「内なる他者の目」をもって改革に対応しなければならないと考えていた。結局のところ、センターのミッション（使命）は何か、そのための研究とはいかなるものでなければならないか、を自らに問うことであった。

一般に、高等教育研究には二つのタイプがあるように思われる。第一は研究者の学術的関心に基づく研究（academic driven research）であり、第二は研究者の所属する機関（組織）の設置目的に添った研究（mission driven research）である。前者は、既存のディシプリン（例えば歴史学——科学史・大学史、社会学、法学等）のなかで行なわれてきた高等教育研究に多くみられ、各種学会（その機関誌）で評価されるのもこのタイプの研究がほとんどであった。しかしこれらの研究の多くは、特定の政策立案や改革を目的になされるものではないため、改革の実際に役立つものは必ずしも多くはなかった。そこで近年登場してきたのが、後者のタイプの高等教育研究であり、政策研究(policy study)や改革研究(research for reform and innovation)を内容とするものが多いことを特色としている。名古屋大学のセンターは、言うまでもなく後者のタイプの高等教育研究、すなわちあるミッションを託されて設置された機関である。この点、つまりミッションの性格をはっきりさせておかないと、センター運営に混乱が生まれることは、先行センターの例からも明らかである。

私は少なくとも二つのタイプには、「準拠枠」の違いがあると考えている。第一のタイプの研究は、研究者の純粋な学術的関心から「一般理論(知)」を追求するのに対し、第二のタイプの研究は、あるシステム(大学)が自律的に存続していくのに必要な「反省理論(知)＝reflexion」が組織内に生れ、それを追求することを前提にしているのである。近年の社会システム理論の教えるところによれば、社会システムが分化し、分化したそれぞれのシステムが巨大化するほど「反省知」への要求が強まると言われている。高等教育がマス化し、巨大なシステムになるにつれ(アメリカの高等教育システムがその典型例)、「反省理論」に基づく研究が求められるようになり、第二のタイプの研究が注目されるようになる。つまり両者は拠って立つ「枠組み」が違うのである。

もちろん一人の研究者が二つの「知」を追求することは可能であるし、二つの研究タイプを同時に行なうことも可能である。しかしわれわれのセンターのミッションは少なくとも前者にはないということを、初年度には言い続けてきたつもりである。当面のセンターの研究テーマとして、①大学カリキュラムの開発、②大学教授法の開発、③授業評価法の開発、を掲げたのは、以上のような考え方によるものであった。

6　ティーチング・ティップスの開発

もうひとつ名古屋大学のセンターが意図的に取り組んだのは、研究プロジェクトを含むセンターの活動と高等教育情報を、一人でも多くの名古屋大学構成員に知ってもらうことであった。それは幸いなことにインターネットを駆使することで可能になった。センターが、ホームページの作成に全力を投入したのはそのためである。若い同僚諸君の献身的努力により、短期間でその「原型」が固まった。創設の初年度など、書籍一冊購入するにも、図書館との間に各種「取り決め」を結ぶのにほぼ半年を要したのであるが（これが国立大学の実態である）、世界各国の高等教育研究センターをリンクすることにより、溢れるような情報がパソコンの画面を通して、名古屋大学の誰でもが見ることができるようになったのである。わずか二年あまりの間に、センターのホームページはそのユニークさにおいて、先発のセンターのどこにも負けないものになったと自負している。特に、最近新規に登場したアメリカ高等教育関係機関へのリンク集は、是非とも活用していただきたい苦心の作である。

経済学理論に「後発効果（後発性の利益）」という用語があるようであるが、後発のセンターとしては、一気に先発のセンターに追いつくための知恵をしぼることが必要であった。別段あせる気持ちはなかったのであるが、少人数のセンターで何かを成し遂げるには「核（目玉）」になる目標がなければならなかった。そこで筆者は一計を案じ、センター創設の二年目の早々に、やや独断先行気味ではったが、総長（副総長も出席）が主催する全学共通教育担当者会議での小講演において、名古屋大学版「ティーチング・ティップス」の開発の必要性を（時期は明示しなかったのであるが）力説し、センターも応分の協力をすると宣言したのである。

言うまでもなく、ティーチング・ティップス（Teaching Tips）とは、「授業の秘訣」（意訳すれば「よい教師になるためのマニュアル」）の意味である。欧米の大学では数多くのティップスが開発されており、そのうち数冊は日本でも翻訳紹介されている。ところが、日本ではまだこれに類する本格的なものは開発されていなかった。幸い名古屋大学では四年一貫教育計画委員会（浜田道代委員長）が毎年「共通教育の方針・事例集」を刊行してきた実績があった。実はこれに目をつけ、私は「いける」と直感していたのである。ところがセンターの開発チーム（教授・助教授・専任講師・助手）は、センター長である筆者のアイディアをはるかに超える発想と開発能力を備えていた。数年はかかると予想していたティップスを一年足らずで、しかもオンライン版で完成させたのである。その名も「成長するティップス先生」。全学の先生方の協力によりさらなる「成長」が期待される名古屋大学版「ティップス」ができあがったのである。

ティップスの開発を筆者のセンター長としての任期内（二〇〇〇年三月末）に間に合わせるべく、スタッフ一同かなり無理をしているのを私は内内承知していたが、その開発手法を横から見ながら自分の役割が終わったことをしみじみと実感した。なぜなら、パソコンもろくろく使えない私など、出る幕ではないことがよく分かったからである。これからはユーザーの側に回って、自分の授業改善に努めたいと考えている。

7　高等教育「教育」

以上のような次第であるので、これからのセンターについて語ることは差し控えたい。ただ、概算要求の段階では特に取り上げていなかった（その必要もなかった）事柄について触れておく必要があるように思われる。

それはセンターの教官と授業担当との関係である。センターは、その名のとおり「研究」目的の組織であるが、前記したセンター・ミッションと関連して、センターの教員には、全学の機関であると同時に「授業感覚（ティーチング・マインド）」が必要であるとの観点から、センター創設委員会（冒頭に期した概算要求チームがそのまま移行した）は、教授・

助教授（専任講師を含む）の全員が、全学共通科目（「基礎セミナー」および「総合科目」等）を担当することを、センター発足以前から確認していたのである。この構想は、これまでのところ順調に機能しているのではないかと思う。

もう一つの問題は、センターが創設された後におこった大学院担当問題である。それは、教育学部の「大学院部局化」に伴い改組された教育発達科学研究科に、センターが協力講座（高等教育学）として参加することになった点である。特に重要な意味をもつのは、平成一二年度からスタートした高度専門職業人育成コースの「生涯学習研究コース」（高等教育マネジメント分野）を、教育発達科学研究科（教育科学専攻）の教員とともに担当することになった点である。つまりセンターは、高等教育の「研究」だけでなく、大学院「教育」も担当することになったのである。近年の大学改革（学事改革、FD活動、評価事業等々）を担うのは、教員とともに事務職員であることは言うまでもない。その事務職員の専門性向上を目的とする大学院教育（当面修士レベル）にセンターが参加することの意味は、単に大学院の授業を担当するにとどまらず、この分野のカリキュラム開発研究にもセンターが参加することを意味するものであり、今後の課題となっている「大学院教育研究開発」（概算要求時の第二領域）への布石にもなると思われる。その意味で、センターの大学院教育（「高等教育マネジメント」分野）への参加は、センターミッションに添うものであり、大学改革研究のウイングを大きく広げる契機になるはずである。将来的にはセンターの協力講座が中心になって「高等教育マネジメント」分野をリードする日がくることを筆者は期待している。

8　世界に開かれたセンターへ

センターが創設された当時の名古屋大学総長（松尾稔）は、大学は「国際公共財」であることをよく口にされていた。まったく同感である。センターもそうした精神で研究に当たっていく必要があることは言うまでもなかろう。センターの創設記念講演会（一九九八年九月一四日）において、高等教育学者として国際的に著名なアルトバック教授（Philip G. Altbach）は、中世大学を起源とする大学の長い歴史は、曲折はあったものの「国際化（internationalization）」の歴史にほかならず、近年では「多国籍化（multinationalization）」現象すら進行中であり、特にＩＴ革命（WWW & Internet）は、大学が生み出す教育財（サービス）の国際的共有を促進していると鋭く指摘したのは記憶に新しい。古い話ではあるが、センターのあり方に関して「of/at 論争」があった。これは日本で最初の高等教育研究組織である広島大学大学教育研究センター（二〇〇一年から高等教育研究開発センターに改称）の創設記念式典（一九七二年）において、カミングス教授（William K. Cummings）が提起した問題とされている。すなわち彼は記念スピーチにおいて、広島大学に創設されたセンターは、「広島大学」のための（of）センターであるよりも、「広島大学」にある（at）世界に開かれたセンターであってほしいと、その創設にエールをおくったのである。ところが広島大学大学教育研究センターは、筆者も一時期そこに籍をおいた者として残念なことではあるが、「広島大学のために役に立っていない」、つまり「of」のセンターになっていないという学内（大学執行部を含む）からの批判に悩まされ続けたのである。謂れない非難の方が多かったように思うが、われわれはこの種の「of/at 論争」に終止符を打つ時期に来ているように思う。

名古屋大学のセンターは、こうした過去の教訓からも学び、先に記したようなミッション、すなわち名古屋大学の教育改革に資する研究ということを明記したのであるが、そのことは名古屋大学のためだけ「役立つ」研究をすることを意味するものでは決してない。この国際化時代に、名古屋大学のための研究成果は、たちどころに日本全国の、さらには世界の大学（大学人）に共有される時代になってきているからである。またそうであってほしいと思う。センターが開発した「ティーチング・ティップス」は、世界の誰でもがアクセスでき、誰でもこれに対し批判したり評価したりできる仕組みに作っている。「of/at 論争」を超えて、センターを国際的に開く努力をしなければならないし、名古屋大学の教職員にもこうしたセンターの姿勢を支援していただきたいと思っている。

むすび

以上、やや早過ぎる感なきにしもあらずのセンター創設のあらましを書き終えるに当たり、あらためて名古屋大学の全構成員に感謝の意を表したいと思う。歴代の総長、副総長、事務局長をはじめとする大学執行部のセンターに対する深い理解はもちろん、本部事務局、教育学部事務局、共通教育室の事務職員諸氏の献身的なサポートなしにセンターを立ち上げることは不可能であったことを痛感している。まさにセンターはゼロからのスタートであったが、それだけに何でも試してみることができる利点もあったように思う。センターの専任スタッフには、このハングリー精神を今後も持ちつづけていただきたいと祈念している。重ねて全学の教職員に感謝申し上げると同時に、センターへの変わらぬご支援をお願いして、雑文を閉じることとしたい。

【付記】

本書の序章でも述べたとおり、学問の制度化にはインフラ（教育研究基盤）整備が欠かせない。インフラのうち最も重要なものは、一つは大学における講座・研究センター（施設）等であり、もう一つは学会である。本論は、前者すなわち大学における比較教育学講座創設のケース・スタディである。この種の研究はその重要性にもかかわらず、ほとんど書かれていない。例えば日本における比較教育学関連講座および研究センターの創設に関する詳細は、ほとんど分かっていない。これらのことが各大学の年史に書かれるときには、創設年月日と設置後の活動が簡潔に記されるのが一般的であり、創設の経緯に関してはほとんど知ることができない。

その理由は簡単である。例えば法人化以前の国立大学の場合であれば、講座創設にはまず学内（および学部内）における概算要求の優先順位をめぐっての熾烈な「戦い」がある。それに決着がつくと、本省（文部省）とのもう一つの「戦い」が待っている。こうした二つの戦いに勝利を収めるには、学術上の論理（必要性）だけでは十分ではない。「学内政治力学」を勝ち抜き、「文部省との駆け引き」を突破しなければならない。さらには時の運（財政状況）を味方につけなければ、いかなる美しい論理も画餅に帰す。

そこで筆者は、比較教育学研究における教育研究インフラの成立過程を明らかにするには、小さなケースではあるが、自身が当事者としてかかわった比較教育学講座と高等教育研究センター（〈補論〉）の創設について書き記す以外に無いと考えた。この種の記録が私記に近いものであることは承知しているが、個別大学史では分からない部分を補完することができると考え、「研究ノート」として書いたつもりである。

第5章　日本比較教育学会の四〇年

はじめに

日本比較教育学会は一九六五年三月に設立されると同時に第一回年次大会を開いているので、二〇〇四年度の大会は、第四〇回記念大会ということになる。「七人の有志の集い」に端を発する本学会は創設以来四〇年の歳月を刻み、世紀を越えて新しい時代に入ったと言える。この間、平塚益徳初代会長をはじめ歴代会長および関係者各位の尽力により、八〇〇名を越える会員数を擁する学会に発展してきた。学会四〇年の公的な記録については、記念事業の一環として刊行した『日本比較教育学会四〇年の歩み』(以下、『四〇年の歩み』と略称)に譲るとして、本論では第四〇回大会の特別シンポジウム(「比較教育学の未来：新しい地平を拓く」)に即して、一人の学会員の立場から、若干の問題提起をすることとしたい。

1　学会のミッション

筆者は常々、一つの学問領域が制度化されるには、大学・研究所等における当該分野(講座・学科・部門等)の設置と学会の成立が必要条件であり、両者は車の両輪だと考えてきた。前者が比較的ハードな組織であるのに対し、後者(学会)は、研究者のボランタリーな意思により成立しているという意味においてよりソフトな組織であり、したがって前者を包括しそれらをネットワークする力を有していると言える。本会の会則(第二条)に、「比較教育学の発展と普及に貢献し、研究遂行上必要な連絡と協力を広く国の内外にわたって促進する」とあるのは、後者(学会)の性格を明確に規定しているものである。本会は四〇年にわたりそのミッション(目的)を多様な形で実践し、比較教育学の発展に貢献してきたと言うことができる。

他方、比較教育学研究のもう一つのインフラとしての大学・研究所等における比較教育学関係組織は近年必ずしも強化されてきたとは言えない。特に一九九〇年代に進められた主要国立大学における大学院重点化過程において、いわゆる小講座は解体再編され、小規模教育研究施設は大学院研究科に吸収再編された。比較教育学関連講座・研究施設の場合も同様の過程をたどり、研究機能面からみる限り弱体化が懸念される[1]。しかしながら近年における学会員の増加、とりわけ学生会員の増加は、大学院で比較教育学を学ぶ学生の増加を意味しており、比較教育学研究の将来にとって大きな希望を与えてくれるものと言わなければならない。

2　学会四〇年の足跡

われわれは『四〇年の歩み』を編むにあたり、編年史の時代区分を、一九八〇年に東京で開催された世界比較教育学会(WCCES)を境に、前半を創設前史と第Ⅰ期(一九六五—一九八〇)、後半を八〇年代の第Ⅱ期、九〇年代の第Ⅲ期により構成した。前半期は、創設前史の時期を含めれば合計一八年間となるが、その間つねに学会をリードしてきたのは平塚益徳であった。一九六五年に学会が創設されるとともに初代学会長となり、一九八〇年に世界比較教育学会・

東京大会（WCCES）を成功に導いたのちに病に倒れ、その翌年現職会長として他界されるまで、平塚は強力なリーダーシップを発揮し学会を指導し、その基礎を築いたと言える。第Ⅰ期を「平塚会長の時代」と呼ぶ所以である。会長他界の後、ご遺族等からの寄付により設立された平塚基金を通じて、途上国研究者の招聘や若手研究者を対象とする「平塚賞」（学会賞）事業が制度化され、平塚会長の学会への熱い思いはアジア各国の研究者や日本比較教育学会の若手研究者に継承されている。

平塚会長時代（学会第Ⅰ期）の特徴として、次の点をあげることができる。

① 初代会長が一五年の長期間にわたり会長職を務めたことにより、学会の基盤を強固にすることができた。その間、平塚は国立教育研究所の所長職にあったため、本部事務局も同研究所に置かれ、安定的な学会運営を行なうことができた[2]。

② 平塚の広範な学術ネットワークは国内・国外に広く及んでいたため、学会は発足当初から海外の比較教育学会および関係者との緊密な関係を構築してきた。本学会が、世界比較教育学会（WCCES）の創設メンバーとなり、その第四回大会（一九八〇、東京）を開催することになったのも、平塚のリーダーシップと使命感によるところが大きい。

③ 学会の研究活動は、年次大会および「学会科研」[3]を中心に展開されると同時に、会員の研究成果は「会報」（第一号～第九号、一九六五～一九七三）および『日本比較教育学会紀要』（一九七五創刊）に掲載する体制が整えられた。

世界比較教育学会（WCCES）東京大会（一九八〇年）を境に、学会四〇年の後半期（第Ⅱ期、第Ⅲ期）に入っていくことになるが、学会運営は大きな転機を迎えることになった。一五年間におよぶ「平塚会長の時代」が終わるや否や、その後学会長は二年任期で交替することが一般的になり、学会事務局も二年ごとに各地（大学・研究所）に移動を余儀なくされることになった。これは長期にわたる平塚会長および国立教育研究所への依存体制を立て直す新たな契機となった。結局のところ、筆者が冒頭に述べた学問を支えるもう一つのインフラが整備されている大学の比較教育学講座および研究所の関連部局が、順次責任を分担する形で、学会長・事務局体制を再構築していった。

その後、歴代会長・事務局および理事各位の協力により、学会は順調な発展を遂げてきたと言える。一九八一年に四〇〇人を突破した会員数は、二〇〇一年に八〇〇人の大台に乗り、二〇年間に二倍増したことになる。その間、学会年次大会および学会紀要のあり方については、様々な改革が継続的になされ今日にいたっている。年次大会については、発表件数の増加に伴い、地域別・課題別部会編成やラウンドテーブルの試みなど、いくつかの新機軸が導入された。とりわけ注目されるのは、自由研究発表の増加であり、ここ数年九〇件以上の発表が行なわれるようになっている。また学会紀要については、第二〇号（一九九四）から研究論文に関しては、完全な自由投稿方式が採用されることになり、レフェリー・ジャーナルとしての体裁を整えることができた。

これら従来からの事業に加えて、八〇年代の第Ⅱ期には、平塚基金による海外からの研究者招聘事業、九〇年代の第Ⅲ期には「平塚賞（学会賞）」が創設され、若手研究者の奨励事業が順調な発展を見せている。また九〇年代において特筆すべきは、学会構成員の研究データベース（RICE：比較・国際教育情報データベース）が構築され、CD－ROMおよび学会ホームページからアクセスできるシステムを開発したことである。これらの活動は、他の関連学会には見られない本学会の特徴として誇ることができるであろう。

他方、第Ⅱ期、第Ⅲ期の問題点として、『四〇年の歩み』の歴代会長座談会でほとんどの会長経験者が述懐しているように、一期二年では中長期の展望をもった学会運営を行なうことは難しいという指摘である。まさに平塚初代会長のモットーであった「アカデミック、ベイシック、ロングターム」のロングターム（長期戦略）に課題を残すことになった学会四〇年の後半期であった。

学会四〇年を研究史の観点から二分すると、学会創設期の六〇年代後半から八〇年代中盤までは「国民国家（nation states）」枠組みが支配的であった時代であり、八〇年代後半から今日までは国民国家の揺らぎに起因する国際化・グローバル化が顕著になった時代であるととらえることができる。

3　「国民国家」枠組みと比較教育学

国民国家枠組みの特徴は、研究の単位（unit）を国民国家レベルで生起する教育に求めたところに認められる。一九五〇年代には、第二次大戦の戦勝国（いわゆる「民主主義国家」）が主たる研究対象とされ、一九六〇年代以後の高度経済成長期になると、いわゆる経済先進国の教育の「先進性」を分析することが主要な課題となった。

ここで簡単に比較教育学研究の理論的系譜を整理すると、先進民主主義国家の教育制度（改革）を記述的に分析していた一九五〇年代は、歴史的・哲学的アプローチが主流であった。学会が創設された一九六〇年代になると、社会経済の変動と教育発展との関係に関心が集中するようになり、実証主義・計量主義に基づく構造・機能主義アプローチが一世を風靡した。第三世界各国の教育開発の理論的根拠となった人的資本論はこの系譜に位置づけられる代表的なものであった。またIEA（国際教育到達度評価学会、一九六〇年創設）による世界的規模での学力の国際比較研究も、いわゆるインプット・アウトプット理論モデルに基づいていたと言える。

ところがこのような政策志向的パラダイムは、一九七〇－八〇年代になると、折からの国際情勢の緊張や石油危機による経済的停滞等の外的条件の変化により、また教育面では学歴主義の弊害や学校システムの機能障害・逆機能（学力格差、学校内暴力、不登校、いじめ等）が顕在化するにつれ、重大な挑戦を受けることになった。社会統合を前提として構築されていた構造・機能主義は葛藤理論の挑戦を受け、また第三世界各国を研究対象としてきた人的資本論は従属理論やネオマルキシズムに取って代わられることとなった。研究対象は、国民国家の「発展の諸相」ではなく「停滞の分析・解釈」へとシフトしたのである。このような流れの中で、エスノメソドロジー的手法や社会史的アプローチが注目され、脚光を浴びるようになってきた。このような研究方法の競合に対し、当時CIESの会長であったエプスタイン（Erwin Epstein）は、「はてしない論争により、この研究分野が崩壊することが無いように、異なるイデオロギーへの寛容と独善的自己主張の抑制」[4]を呼びかけたほどであった。

このような世界的動向のなかで、本学会は年次大会プログラム（自由研究、課題研究、シンポジウム）や紀要論文からみる限り、一九六〇－七〇年代は主要先進国（欧米・ソ連）を単位とする研究が主流であったことが明らかである。この時期、いわゆる「学会科研」と称する研究グループが研究活動をリードし、学会の研究活動を活性化させる上で大きな役割を果たしたが、科研のテーマはそれぞれの時期の国家的政策課題に直結している場合が多く、結果的に欧米先進国の先進事例の研究が主になった感は否めない。一方、開発途上国を対象とする研究もなされてはきたが、「想像の共同体」[5]としての国民国家がもつ影の部分への想像力が十分であったとは言えない。また学会前半期の年次大会では、比較教育学のアイデンティティ確立を求めて研究方法論[6]が度々取り上げられ議論されてきたにもかかわらず、その成果が実際の比較教育学研究に生かされたとは必ずしも言えない。

4　グローバル化時代における比較教育学の可能性

一九八〇年代後半以後になると、福祉国家論の後退（成長神話の終焉）と冷戦体制の崩壊により、国民国家枠組みは大きな試練に直面する。一方においてエスニシティ（民族）の活性化が国民国家分裂を加速させ、他方において国民国家を超える地域統合（ＥＵ）へのベクトルが同時に強化される。このような状況の中で、国民国家の中に封印されてきた様々な教育問題が噴出することになり、比較教育学の研究単位や研究方法も多様化の一途をたどる。

例えばマーク・ブレイとマレイ・トーマスは、国民国家枠組みを越える試みとして多元的な比較研究の単位(unit)を提唱している[7]。また九〇年代に比較教育学方法論に関する言説論争をWCCESを舞台に演じてきたポールストンは、いまや比較教育学に唯一の正統的方法(single orthodox method)は存在しなくなっており、ある場合には相互に競争的であり、別の文脈では相補的でもあり、いわば折衷的(eclectic)状況にあると述べている[8]。

本学会の研究動向も、八〇年代後半以来、国家を越えて生起する教育現象(国際化、多文化・異文化)の解明が注目され、さらには開発、環境、ジェンダー、人権、宗教等の観点から、新しい教育の「問題群」が提起され、学会における研究動向は多様化の色彩を濃くしてきた。特に九〇年代以後、若い世代によるアジア地域研究(特に東南アジア)の急増は、フィールドワークを伴った研究方法とも相俟って、比較教育学研究に新たな可能性を生み出しつつある。しかし一方において、研究単位が細分化されればされるほど、理論化への志向が希薄になり、現実の教育問題解決へのレリバンス(relevance)を欠く危険性も併せもっている。かつて筆者は比較教育学における「地域研究」と「理論化」の往復運動の必要性を指摘したことがあるが[9]、今日においてもその重要性は変わらないと考える。

さらに九〇年代以後顕著になっているグローバル化の波は、比較教育学研究に新たな可能性と同時にある種の脅威をもたらしている。しかしながら、われわれの同僚たち(マーク・ブレイ、マイケル・クロスリー、アンソニー・ウェルチ)が指摘しているように、グローバル化のインパクトは、比較教育学にとって脅威よりも可能性の方が多いと筆者も考える[10]。いまやいかなる問題もグローバル要因(global forces)を考慮しないでは解けなくなっている。その証拠に、ほとんどの教育学研究者(教育学関連学会)が比較・国際的研究に関心を持ち始めている。他国の経験知や国際比較を通して自己ないし自国を相対化しない限り、将来の教育を語れなくなっているからである。最近OECDにより実施されたPISA(The Programme for International Student Assessment)調査の国際的影響はその一例と言えよう。その意味で、外国（地域）研究および国際比較研究を最も蓄積してきた比較教育学はグローバリゼーション時代にこそ、大きな可能性を秘めていると言える。

もちろんグローバリゼーションは比較教育学にとって新たな挑戦でもある。特にインターネットがもたらす情報の広範にして瞬時の共有化は、学会という緩やかでソフトな組織を溶解させてしまう危険性も無いわけではない。研究テーマや研究方法論の共通化現象が進めば、「比較」することそのものを脅かすことになるかもしれない。しかしそれにもましてグローバリゼーションは、比較教育学研究者の集まりであるわれわれの学会を、アカデミック・ネティズン・ネットワークとして活性化するプラス面の方が大きいと考えられる。

むすび――次の一〇年に向けて

われわれはすでに第三八回年次大会（二〇〇二、九州大学）において、学会のあり方に関する課題研究（「日本比較教育学会の自己点検」）を実施した。そこでは次の四点について学会の将来の課題が提起された[11]。

① 学会の組織・運営（事務局、理事会等）の効率化のためには、理事定数および理事任期の見直し、さらには会則の全面改正（会費改定を含む）が必要となる。（馬越徹）

② 年次大会の企画・運営における研究委員会の強化を通じて学会として取り組む研究課題を系統化するとともに、年次大会を情報交流・国際交流・地域交流等、「出会いの場」として積極的に位置づける。（二見真理子）

③ 学会誌（「比較教育学研究」）が若手研究者の論文によって占められている「存在の軽さ」を克服する必要があるが、評価主義の横行により近い将来起こるかもしれない世代間競争やコンクール至上主義（「知」のオリンピック化）に対しては、慎重な対応が望まれる。（近藤孝弘）

④ 学会賞（「平塚賞」）は、若手研究者の研究奨励に大きな役割を果たしてきたが、若手会員による博士学位論文（著

書として刊行）が増えている現状に鑑み、平塚賞（本賞）と平塚賞奨励賞の一本化をはかる時期にきている。（江原武一）

ここで提起された問題点は、その後理事会（常任理事会）で検討され、部分的には改善され、かつ改善への道筋がつけられつつある。学会四〇年を期に、われわれは次の一〇年（五〇周年）に向けて、中期目標（計画）を策定し、スピーディーに学会改革を行なう必要がある。早急に取り組むべき項目を、以下に列挙しておこう。

① WCCES, CESA, CIES, CESE および各国の比較教育学会との連携強化
② 迅速な意思決定ができる運営体制の整備（会則改正）と財政基盤の強化（会費値上げ・寄付受け入れ等）
③ 学会の研究活動を中期的観点から推進できる体制を確立し、その方針を年次大会、紀要編集に連動させていくことの必要性
④ 学会紀要（ジャーナル）の年二回発行の実現と英文紀要刊行にむけての準備
⑤ 学会活動の基盤強化のため、国際教育開発・教育協力分野の大学院・研究機関との連携強化
⑥ 学会データベース（RICE）のさらなる充実
⑦ 学会ウェブサイトの強化・充実（特に学会アーカイブの構築）
⑧ 学会の歴史的文書の管理・保存方法の再検討
⑨ 学会倫理規定の制定

本章の冒頭でも述べたように、学会は大学・研究所等とともに学問を支える車の両輪である。しかもそれはまったく個人の自発的意思に基づいて成立しているネットワーク型のソフトな集団であり、情報化社会といわれる二一世紀にふさわしい組織であると言える。次の一〇年を展望しつつ、日本比較教育学会の新しい道を切り拓いていかなければならない。

〈注〉

1　馬越徹「大学改革と「小講座」に関する一考察」『名古屋大学大学院教育発達科学研究科紀要（教育科学）』二〇〇二年度、第四九号第二号、六七－七九頁。

2　平塚会長時代を通じて事務局長を務めた手塚武彦（故人）の学会運営に尽くされた功績は大なるものがある。今回『四〇年の歩み』を編纂できたのも、手塚による学会関連文書の系統的整理に負うところが多い。

3　一九七〇年から本学会員を中心に科学研究費補助金を申請することが総会で決定され、それぞれの時期の重要課題に関する大型の科研（二～三年計画、二〇～三〇名の会員が参加）が申請されるようになった。現在も、研究委員会を中心にこの方式は続いている。

4　Erwin. H. Epstein, "Currents left and right ideology in comparative education", *Comparative Education Review*, Vol.27 (1983), p.29.

5　ベネディクト・アンダーソンは、「国民とはイメージとして心に描かれた想像の政治共同体である―そしてそれは、本来的に限定され、かつ主権的なもの（最高意思決定主体）として想像される」と述べている（ベネディクト・アンダーソン（白石さや・白石隆訳）『増補・想像の共同体―ナショナリズムの起源と流行』ＮＴＴ出版、一九九七、二七頁）。

6　学会の年次大会（一九六五～一九九〇）の課題研究として、比較教育学方法論が取り上げられた例は以下のとおりである。
・比較教育学の研究方法（一九六八）
・日本の比較教育学の研究方法上の諸問題（一九七四）
・日本の比較教育学における地域研究（一九七四）
・比較教育学研究の方法とその課題（一九八七）
・比較教育学研究の回顧と展望（一九九〇）

7　Bray, Mark & Thomas, R. Murray, 'Levels of Comparison in Educational Studies: Different Insights from Different Literatures and the Value of Multilevel Analyses', *Harvard Educational Review*, Vol.65, No.3, pp.479-490.

8　R.G. Paulston, 'Mapping discourse in comparative education texts', *Compare*, 23 (1993), pp.101-114.

9　馬越徹「「地域研究」と比較教育学」『名古屋大学教育学部紀要（教育学科）』第三九巻、第二号（一九九二）、二一一－二二九頁。

10　近年、グローバリゼーションと比較教育学の関係を論じた著書・論文は数多く出版されているが、筆者が注目している三点を次に挙げておきたい。

・Mark Bray, 'Comparative Education: Traditions, Applications, and the Role of HKU', (20th Anniversary Inaugural Professorial Lecture), 2004.

・Michael Crossley and Keith Watson, *Comparative and International Research in Education*, Routledge Falmer, 2003.

・Ka-ho Mok & Anthony Welch (edited), *Globalization and Educational REstructuring in the Asia Pacific Region*, Palgrave Macmillan, 2003.

11　馬越徹「日本比較教育学会の自己点検」『比較教育学研究』第二九号（二〇〇三年）、二一二－二一三頁。

【付記】

本論は、二〇〇四年六月二六日、名古屋大学を会場に開催された日本比較教育学会第四〇回大会記念特別シンポジウム（「比較教育学の未来―新しい地平を拓く」）における学会長としての基調報告である。この中で今後の課題として提言した学会紀要（ジャーナル）の年二回発行は、現会長（望田研吾）のもとですでに実行に移され、順調に刊行が進められている。次の課題は、英文紀要の刊行であるが、それを実現するには財政基盤の強化が必要となる。そのためには学会員増員中期戦略（一〇〇〇人目標）と特定事業（例えば英文紀要刊行）を立ち上げるための「スタート寄付金」等が考えられる。

なお、日本比較教育学会の歴史は本論冒頭で指摘したように『四〇年の歩み』を参照願いたいが、筆者が執筆した「学会創設前史（一九六二－一九六四）」は、これまであまり知られていなかった経緯を掘り起こしたものであるので、比較教育学会の歴史に関心のある方には是非読んでいただきたいと思っている。

Ⅱ部　比較教育学研究の実践

——アジア・高等教育・エスニシティ——

第6章　アジアの変貌と日本人の国際性

はじめに

かつてアジアは貧しかった。それを「アジア的貧困」という言葉で表現した学者もいる。しかし最近のアジアは「成長のリング（輪）」と呼ばれ、豊かさを生み出す地域へと変貌しつつある。いまやアメリカやヨーロッパ（特にＥＵ）、そしてオセアニア諸国もアジアに熱いまなざしを送り始めている。ＡＰＥＣ（アジア太平洋経済協力会議）やＡＳＥＭ（アジア欧州連合首脳会議）が強力な地域協力ネットワークとして機能し始めているのは、その証拠である。冷戦終結後、世界の各地で地域紛争が激化しているなかで、アジア諸国は、一定の政治的民主化と経済的発展を着実に達成してきたと言える。

教育についても同様であり、識字運動が主要な教育政策課題であった時代は過去のものとなりつつある。アジア各国の初等・中等教育の充実は目を見張るものがあり、国際学力テストにおいても、上位を占める国が続出している。またこの十数年の高等教育人口の爆発的増大は、世界の他の地域に例を見ない現象でもある。

もちろん、広大なアジアのすべてがバラ色の「豊かさ」を享受しているわけではない。一方で「成長のアジア」がある反面、他方で「停滞のアジア」が現存するのも事実である。また一国内に、「豊かな部分」と「貧しい部分」が併存していることも否定することはできない。にもかかわらず、総じて言えることは、近年アジアの多くの国で「社会的中間層」が出現していることであり、このことがアジア変貌の最も大きな部分であるといっても過言ではない。中間層の出現は社会に安定をもたらし、われわれ日本（人）との共通項を作り出しつつあるからでもある。

しかしわれわれは、こうしたアジアの変貌を正確にとらえているだろうか。アジア諸国と日本（人）との関係は、ややもすれば望遠鏡を両サイドから覗きあっているような関係にあるような気がしてならない。アジアから日本を見ると巨大に見え、逆に日本からアジアを見ると極小にしか見えていないのではなかろうか。両者とも虚像を眺め合い、等身大の実像を結んでいないうらみがある。それは一体何に由来するのであろうか。それを探ることが本論のテーマでもある。言葉を換えて言えば、アジアの実像が見えない原因を探ることは、日本人の「国際性」の内実を検証することにつながっていくことになるからである。

1　アジア理解の視点

(1)　植民地遺制

一九九七年の香港返還（中国への「回帰」）は、アジアの地が遠く離れたヨーロッパの植民地であったことをあらためて思い起こさせる契機となった。隣接するマカオ（ポルトガル植民地）も一九九九年には、中国に返還されることになっている。思えば、二〇世紀前半のアジアの多くは欧米列強の植民地であった。日本も後発であったとはいえ、支配する側の国としてアジアの植民地化に関与し、朝鮮、台湾を統治したことは周知の事実である。このことが、日本は地理的にはアジアの一国でありながら、つねに「アジアと日本」という形で問題を問わざるを得ず、またアジア各国から問われなければならない直接的な原因となってきた。

植民地統治の残酷さは、人間ひとりひとりのレベルでの悲惨さや屈辱もさることながら、伝統社会がもっていたシステム(政治・経済・教育等)を根底から破壊してしまったことにある。政治機構の面では、宗主国(本国)よりも強力な警察・司法・行政制度を通じてその権力を社会の末端まで行きわたらせる住民管理システムを作りあげ、経済の面では、商品経済という市場原理をもちこみ、村落共同体がもっていた生産と流通の慣行を麻痺させてしまった。教育の面でも、伝統社会がもっていた人間形成と人材養成システムを「後進的」なものとして退け、それに代わる本国の「近代的」学校体系を強制したのである。その典型を、われわれは英領マラヤ(現マレーシア)に見ることができる。もともとマレー人の地であったマラヤを植民地化したイギリスは、植民地経済を支える労働力として中国人、インド人を大量に導入することにより、その地を人為的に多民族複合社会(plural society)にしてしまった。宗主国イギリスは、マレー人、中国人、インド人を分割統治すると同時に、各民族のエリートだけを大衆(マス)から切り離し、イギリスモデルの「マレー・カレッジ」に入学させて英語の話せる「小さな紳士」として養成し、彼らを通じて母語しか話せない「大衆」を統治するシステムを作り上げたのである。これが有名なマコーレーの「濾過・浸透理論」(filtration theory)に基づく間接統治である。

マレーシアのマハティール前首相が、彼の長い政治生活を通じて、多民族国家であるにもかかわらずブミプトラ(「土着の人」＝マレー人)優先政策を主唱し、マレーシア語の「国語化」政策を取り続けてきたのは、このような植民地遺制を克服しようとしていたからにほかならない。アジアを理解するには、今なおアジア全域に残っている植民地統治が残した負の遺産に目を向ける必要がある。

(2)「国民」の創出

もちろんアジアの国の中には、日本やタイのような植民地を経験していない国もある。これらの国では、自分たちが日本人であり、タイ人であることをいちいち確かめた上で行動する必要はほとんどない。国民であることは所与の条件である。しかし多くのアジアの国の人々にとって、自分たちが○○国人であると意識できるまでには、独立後半世紀を要した。アンダーソン（Benedict Anderson）が「想像の共同体」（imagined communities）[1]と呼んだように、アジアの国家の多くは、人工的な政治空間（共同体）として第二次大戦後に作り出されたものであるからである。そこでは「国民」が作られる前に「国家」という枠組みが作られたのであり、正統性を与えられた「○○国人（国民）」を作り出すには、かなりの「想像力」と時間を必要としたのである。

インドネシアの例は、その実情を物語るに十分である。そこに住む多くの人々にとって、インドネシア国民になるまでには、相当の日月を必要とした。長い間、彼らはインドネシア人である前にジャワ人であり、スンダ人であり、アチエ人であったのである。インドネシア語（Bahasa Indonesia）にしても、「国民」を作り出すための重要な装置として、ある地方語を元に人工的に作り上げられた「国家語」である。このようなインドネシアにとって、「国民」創出のプロセスは、最大の政治課題であった。インドネシア国家の紋章に「多様性のなかの統一」という文字が刻まれているのはそのためであり、「国民」を作り出すことが国家存立の絶対条件であったのである。

このような「国民」の創出にもっとも重要な役割を果たしたのが教育である。植民地宗主国により民族ごとに分断された教育を一つの学校体系に、またエリートと大衆（マス）に分断された教育システムを、初等教育から高等教育にいたる一貫した教育体系に再結合を図り、国民教育制度を創出することが独立国家の第一の課題となったのである。この課題をアジアの多くの国は、成功裡になし遂げてきたと言える。その際、教育改革は政治・経済改革に先行して実施され成果をあげてきた。そのため高学歴者の供給過剰が生じ、そのことが社会に「学歴病」（diploma disease）を蔓延させる原因になっているとロナルド・ドーア（Ronald Dore）は論じている[2]。アジアの人々の教育熱の高さは、世界の他の地域には見られない程の高い識字率・就学率を生みだしており、それがこの地域の高い経済発展を支える人材の形成につながっていることは、多くの識者が認めるところである。

このところ「国家」の壁が低くなり、特にソ連邦および東欧諸国の分裂・崩壊以後、「国民国家」(nation states)の限界性を指摘する言説が盛んであるが、アジアの国民国家はまだ生成途上にあり、崩壊の危機に直面しているわけでは決してない。冒頭でも述べたアジア各国における「中間層」の出現は、国民国家を安定的に発展させる基礎的条件であり、彼らが国民の主役を形成しつつあることはアジアの強みであることを、われわれは理解しておく必要がある。

(3)　文化の多様性

アジアを理解する上でもうひとつ欠かせない視点は、その文化的多様性である。中国やインドのような超巨大国家からシンガポールやブータンのような小規模国家にいたるまで、アジアのほとんどの国は、それぞれの国の中に多数の人種(民族)・宗教・言語をかかえている。したがって過去においては、文化的多様性が分裂・抗争の引き金にもなってきた。英領インドがインドとパキスタンに分離されたのは主として宗教上の理由であったし、シンガポールがマラヤ連邦から分離独立したのは人種上の理由であった。またバングラデシュがパキスタンから分離独立したのも、その主要原因は人種・言語の相違にあった。

人々の生活様式や価値観の総体である文化は、国家を超える広がりをもっているがゆえに「国家」を脅かしかねない脅威になることは否定できない。スリランカの少数派タミール族が長年にわたり多数派のシンハラ族に対峙している背景には、インド大陸のタミール族との連帯感があるからであり、彼らは自らを決して少数派であるとは意識していないのである。世界に目を転じれば、旧ユーゴの内戦等を見るにつけても「文化」が国民国家解体の火付け役になっていることを認めないわけにはいかない。これは青木保の指摘する「文化の否定性」[3]にほかならない。

しかし、だからといってわれわれは反文化相対主義に与することはできない。安易な文化相対主義に弱点があることは確かだとしても、イスラム原理主義に見られるような、文化の相対的自立そのものを否定する立場からは、アジアの文化がもつ豊かさや可能性を見出すことはできないからである。近年、冷戦後の世界秩序を推論する上で注目されている「文明の衝突」論（サミュエル・ハンチントン）は、「文明」（人々に共有されている生活様式や価値意識の総体としての文化のまとまり）間の対立が世界秩序を破壊しかねないとする言説であるが、ここには国民国家に対する抜きがたいペシミズムがある。「国家」と「文化」の衝突を回避するには、文明間の相互学習こそが必要なのであって、文明の衝突が不可避と予測することではない。この点、アジア各国では、文化の多様性を許容する方向性が確かなものになりつつあることを、われわれは正確に認識しておく必要がある。

2　アジアの変貌と日本

(1)　「従属」から「自立」へ向かうアジア

一九九〇年代にはいって、アジアは世界の成長センターとして一躍注目されるようになった。冷戦終結後、世界の各地で「民族紛争」が頻発し、国家崩壊の危機さえもたらしているなかで、アジア各国の経済的成長はひときわ目立っている。こうしたアジアの変貌がいかにしてもたらされ、その過程で日本がどのような役割を果たしたのかを確認しておくことは、これからのアジアと日本の関係を考えていく上で重要である。

アジアの経済は、なにも最近になって急に力をつけてきたのではない。すでに八〇年代からＮＩＥＳ（新興工業経済地域――韓国、台湾、香港、シンガポール）の発展は世界の注目するところであったし、それに連鎖する形でＡＳＥＡＮ

（東南アジア諸国連合――タイ、マレーシア、インドネシア、フィリピン等）が、さらに改革開放を進める中国の高度成長がそれに続くにおよんで、「東アジアの奇跡」[4]がささやかれるようになったのである。このプロセスにおよんで、日本が果たした役割は極めて大きかった。世界銀行やＩＭＦ（国際通貨基金）のエコノミストも、日本の経済発展がＮＩＥＳ、ＡＳＥＡＮへ順次伝播していく様を「フライング・ギース・モデル（雁飛行型発展）」と呼び、アジア経済の牽引車としての日本経済をもてはやしたのである[5]。確かに一九八五年のプラザ合意以後の円高期に、日本の内需拡大政策によりＮＩＥＳやＡＳＥＡＮは日本への輸出を増大させることができ、他方日本企業は生産拠点をアジア諸国にシフトさせることにより、日本経済はアジア全域に広がり、アジア経済に構造的に組み込まれていった。

ただこうして達成されつつあった東アジアの高度成長は、結局のところ日本やアメリカの輸出市場を前提としたものであり、アメリカや日本の成長力が衰えれば、いずれアジア経済の低迷は避けられないとするいわゆる「従属論」が、学会やジャーナリズムでかなりの間、支配的であった時期が続いた。ところが、中国の社会主義市場経済化が本格化し、成長連鎖のフロンティアがベトナムをはじめとする「周辺」へ拡大するにつれ、アジアの経済は「域内循環型」の自立経済になってきたのである。東アジア諸国の対日、対米輸出・輸入依存率は、いずれもこの一〇年間に一〇％台にまで低下し、逆に域内依存度は四〇％近くまで上昇したのである。こうしてアジアの経済は、「従属」を脱し「自立」への道を確かなものにしたのである。このプロセスの中で日本企業は、八〇年代の前半はＮＩＥＳ、後半はＡＳＥＡＮ、そして九〇年代は中国へとネットワークを順次広げていった。しかも従来のような「一方通行」の二国間関係ではなく、東アジア全域内との「双方向交流」関係へと変化していったのである。こうしたアジアの変化は着実なものであり、日本とアジアの関係も一過性のものではない。したがって一九九七年後半に発生した通過危機をもって、アジア経済の成長が失速局面に入ったと断定するのは早計と言わなければならないであろう。

(2) 改革開放政策と高度人材の形成

アジアがこのように変貌を遂げたのはなぜか、そしてその変化がアジアの周辺部にまで連鎖的に広がりつつある秘密はどこにあるのかについて、渡辺利夫は次の三点すなわち、①「教育爆発」とそれに基づく労働力の熟練形成、②層の厚い華人ネットワークの存在、③官僚の優秀性、を挙げている[6]。いずれの要因も人材にかかわるものであり、教育の蓄積に基づいて形成されてきたものである。

例えば、韓国やインドネシアの場合、一部で「開発独裁」と言われながらも、六〇年代以後、数次にわたる政府主導の「開発五か年計画」を積み重ね、つねにそれを「教育計画」に連動させてきた成果が、ここに来て一挙に開花しつつあると言える。そしてそれら計画の策定と実行に携わってきたのは優秀な官僚群(テクノクラート)であった。彼らの多くは欧米先進国(主としてアメリカ)への留学を通じて身につけたノウハウを、遺憾なく発揮して開発計画をリードしたのであった。

近年、ほとんどのアジアの国は改革開放政策をとるようになっており、このことが若者の学習意欲を刺激し、彼らを海外留学に駆り立てている。アメリカは世界の留学生(一三五万人)の三分の一(四五万人)を受け入れている留学生大国であるが、実にその三分の二にあたる約三〇万人はアジア各国からの留学生である。日本も「留学生受け入れ一〇万人計画」のもとに受け入れに力を入れているが、一九九七年現在約五万人の留学生の九〇%は、アジア諸国からの留学生で占められているのである。しかも彼らのほとんどは、かつて問題視された「頭脳流出」(brain drain)となることなく、留学終了後は母国に帰って国家発展の一翼を担っている。最近の韓国や台湾では、かつて流出した頭脳がUターン(brain reverse)する現象も見られるようになっている。

こうしたUターン組の活用をも含めて、特にNIES各国は科学技術の新興に力を入れており、研究インフラの整備にも積極的に取り組んでいる。大学教育の面でも、教育機会の拡大とともに理工系分野への研究投資を年々増やしており、科学技術立国への道を着実に歩み始めている。大学院教育においても、かつてのような外国依存を脱し、韓国や中国の場合、国産学位（博士）を量産する体制にすでに入っている。アジア各国は、高等教育の面でも「従属」から「自立」への道を確かなものにしていると言えるのである。

(3)　交錯する日本イメージ

こうした日本の経済的プレゼンスが強調されるなかで、その背後にある日本人の労働観や社会意識にまで踏み込んで日本を評価するアジアの指導者が現れてきたのも、近年のアジアの変貌を示すものである。マレーシアのマハティール前首相は、その東方政策（ルック・イースト）[7]のなかで、日本や韓国の社会・経済の発展の原動力が、規律・忠誠・勤勉を内容とする労働倫理にあり、しかもこの倫理規範が個人よりも集団や国を重視していることに注目し、それを国造りの指針にしようとしたのである。首相自身、何度も日本に足を運び、企業はもとより日本社会をつぶさに観察し続けている。マレーシア政府留学生を日本に送り込んできたのもルック・イースト政策を具体化するためであった。

こうしたプラスの日本イメージがある一方で、第二次大戦後五〇年たったいまも、アジア各国の公的・公共的空間（学校・マスメディア）で作られる日本イメージは、必ずしも明るいものではない。特に東アジア（中国、韓国）における日本イメージは一向に改善されていない。例えば韓国の場合、日韓条約締結（一九六五年）後三十数年が経過し、これだけ経済的協力関係が密になっているにもかかわらず、その対日感情は一向に改善のきざしが見られない。韓国の歴史教科書（「国史」）で扱われる日韓関係史の大部分は近代史に当てられているが、そこに登場する日本は、韓国（「旧大韓帝国」）を略奪した残忍な侵略者イメージで埋めつくされている。日本統治期間三六年を優に上回る戦後五〇年の日韓関係について、教科書はほとんど語ることを拒否し続けているのである。公共的空間としてのマスメディア（特にジャーナリズム）が伝える韓国人の日本（日本人）イメージは、近年むしろ悪くなっている[8]。

似たような状況は、中国や東南アジアの各国においてもみられる。これらの国の教科書（歴史教科書）が描く日本も、多くの場合、いまなお「戦前」五〇年の日本であり、「戦後」五〇年のそれではない。それには先に述べた「国民」を新たに作り出さなければならなかった新興独立国なりの事情もあったであろう。韓国にしても中国にしても、それぞれの建国の歴史を語り、自国史を構築するには、戦前期の日本を「忘れてならない悪しき他者」と断じる必要性があったかもしれない。しかしそのことと「戦後」五〇年の日本とは、おのずから別のものである。にもかかわらず、今なお「戦前」五〇年にかかわる「歴史認識」問題が、日本とアジア諸国の関係を緊張させ続けているのはなぜなのか。結論を先に言えば、日本自らが「戦後」五〇年を正しく総括し、そのイメージをアジア諸国に発信してこなかったからである。

3　問われる日本人の国際性

(1)　アジアが欠落した「国際化」論議

八〇年代の後半に流行した「国際化」論議も、最近ではようやく下火になり、それに代わって「グローバル化」が合言葉になりつつある。中曽根政権下の臨時教育審議会であれほど喧伝された教育の「国際化」スローガンも、近年、中央教育審議会が出す各種答申では、あまり使われなくなっている。時代状況が変わったといってしまえばその通りであるが、日本（人）が求められている「国際性」なり「国際化状況」への対応の必要性はいささかも変わっていないことを考えれば、いま一度当時の「国際化」論議を吟味しておくことは、意味のないことではない。

いつの場合もそうであるように、日本における大きな変化は「外圧」によって促されることが多い。そしてその外圧は、明治以来おおむね「米欧」からくる場合が多かった。「国際化」論議も例外ではなかった。日本の「ヒト・モノ・カネ」が世界を駆けめぐるになるにつれ、まずはアメリカから強烈な要求が突きつけられた。それは日本の制度・慣行のもつ「特殊性」に対する批判であり、農業分野まで含む日米間の貿易摩擦がそれに拍車をかけ、「構造障害協議」(structural impediments initiatives)と称する両国政府の長い交渉が続けられた。これら一連のプロセスにおいて典型的にみられた「国際化」論議は、「米欧」のモノサシ(ルール)に合わせて日本のそれを修正しなければならないとする一種のイデオロギーであったように思われる。またしても米欧の「普遍」に合わせて、日本の「特殊」を是正するという明治以来のパターンが繰り返されたのである。

しかし八〇年代後半は、すでに冷戦の終結が予兆され、一方において世界の多極化が進行し、他方においてEUやASEANにみられるような地域統合が現実のものとなりつつあった時代である。しかも当時すでに日本とアジア全域との貿易関係(輸出入のフロー)は、その総量において日米間のそれをはるかに凌駕していた。ODA(政府開発援助)を通じての日本とアジア諸国との関係は世界最大規模のものであった。このように、日本とアジアの関係は、軍事面をのぞけば政治・経済・文化いずれの分野においても緊密になっているのが現実の姿である。にもかかわらず、当時もいまも「国際化」論議において、アジアが主要なテーマになることはなかったのである。しかしながら、すでにみたように、アジアはアメリカ以上に多様性に富む地域であり、それぞれの国や地域の文化を理解することは決して易しいことではない。それだけにアジアの欠落した国際化論議は、「国際化」自体をリアリティのないブームに終わらせてしまったように思えてならないのである。

(2)　あいまいな「教育の国際化」政策

教育現場における「国際化」も、一時のブームが過ぎ去ったいま、目に見える具体的な成果が乏しいことに驚くばかりである。臨教審も現在の中教審も、教育の「国際化」を説くなかで、近隣アジア諸国理解の重要性に触れてはいる。しかしそれらはいずれも総論に終始し、具体的な政策提言ではなかった。したがって、アジア理解教育が具体的な形で進展することはなかったのである。

二つだけ例を挙げておこう。ひとつは外国語教育への取り組みである。国際的に広く使用されている英語の教育の重要性を否定する者はいないはずであるが、具体的な改善策が打ち出されたとはとうてい言えない。切り札として導入されたのはＪＥＴプログラム（語学指導を行なう外国青年招致事業）くらいのもので、新教育課程においては外国語学習時間が削減されるチグハグな対応となっている。いまや世界の潮流となりつつある英語の早期教育（小学校段階）においても、結論が出せないままである。韓国では初等教育（三学年から）での英語教育を一九九七年から正式にスタートさせている。

さらに問題なのは、外国語教育の改善を謳いながら、アジア諸国の言語の学習についての配慮がほとんどなされなかった点である。韓国、中国、タイ、オーストラリアをはじめ多くのアジア・太平洋諸国の中等教育段階で、日本語が外国語（第二外国語）として位置づけられている現状を見るにつけても、日本の対応は手遅れであると言わなければならない。大学段階における外国語教育も、おおむね似たような状況にある。いまだに欧米語が外国語教育の主流であり、アジアの言語を十分に学べる大学の数はアメリカの大学よりも少ないのが実情である。

もうひとつの問題は、歴史教育（日本史・世界史）におけるアジアの扱い方である。ここで注意すべきは、「教育の国際化」論議の最重要課題として、日本のアジアに対する歴史認識問題を取り上げてこなかったことである。歴史教科書の検定をめぐって「教科書摩擦」が近隣アジア諸国との間でおこるたびに、政府がとってきた対応は総論的な検定基準の改訂か、「侵略」や「進出」といった字句上の事柄に問題を限定してきたことである。アジア諸国が注視しているのは、字句上の問題もさることながら、戦前期の五〇年を日本がどのように総括するかである。結論的に言うならば、歴史認識問題は政治問題にまで何度も発展したにもかかわらず、歴史教科書も学校現場の歴史教科書も、それほど変わってこなかったと言わなければならない。アジア諸国が問題にしている近現代史の記述、特に二国間関係史の記述に関する限り、量的にも質的にも抜本的な改善がなされたとは言えない。日本の教科書が数十行で済ましている両国関係史を、例えば韓国の場合、数十頁を割いて詳論しているのである。しかもさらに問題なのは、ほとんどのアジア諸国が歴史（「国史」）を必修として課しているのに対し、日本の場合、「日本史」（高等学校）は選択科目扱いにしかなっていない。政府だけでなく研究者レベルにおける二国間・多国間の歴史教科書改善をめぐる「対話」も、ヨーロッパのそれに比べいちじるしく見劣りがする。歴史認識問題を、日本人の国際性を問う重要な問題として正面から扱う姿勢がない限り、問題は繰り返されることになる。

(3)　「共亜」への発想の転換

いまわれわれに求められているのは、大きな発想の転換であろう。よく知られている「脱亜」にしても「興亜」にしても、日本（人）の都合によりアジアから離脱したり、アジアを興したりする言説であった。その意味で、両者の根は同じであったといわねばならない。そこには常に「進んだ日本」と「遅れたアジア」という二分法的な思惟が潜んでいたはずである。そのことが「日本とアジア」という表現に端的に示されているように、両者は交わることのない別々のものとして意識されてきたのである。しかしこのような二項対立的思考が意味をなさなくなってきているのは、アジアにおける政治・経済・社会の現実が示す通りである。

ひところ「入亜」という言葉がはやったが、すでに日本はアジアのなかに組み込まれているのであり、いまさらアジアへの参入を云々すべき時でもない。さらに近年における情報技術の飛躍的発展によってもたらされたグローバル化は、リアルタイムで日本とアジア諸国が結びついていることを実感させるに十分である。コンピューター・ネットワークにより、われわれは瞬時に情報の交換が可能となる一方で、最近の通貨危機に見られるようにリスクも共有せざるを得なくなっている。

その意味で、あえて言うなら、日本はアジアと共に生きていかざるを得ない「共亜」の時代に入ったと言える。事実われわれの身の回りにはアジアのモノがあふれている。食卓にはアジア各国から直送されてくる惣菜が並んでいるし、身に着けているものもアジア・ブランドが珍しくなくなってきている。国境はたしかに低くなったのである。東京と北京、東京とソウルというような地域間関係の方が、そこに住む人々には重要な時代に入っているのである。日本人の国際性を問題にするなら、まさにそうした現実を踏まえ、「国際化」の再定義をしなければならない。「脱亜」や「興亜」という手垢にまみれた言葉を一日も早く死語にして、「共亜」の時代にふさわしい価値観を確立しなければならない。

むすび――内なるアジアとの共生に向けて

その際、もう一つ付け加えておかなければならないのは、日本の中の「アジア」の問題である。それは次のような意味において重要である。日本の外のアジアが、マスメディア等を通じて可視化してきているのに対して、日本の中のアジアは逆に見えにくくなっているからである。日本に在住する外国人（外国籍の人々）約一二〇万人のうち圧倒的多数はアジア人であり、その七割以上を占める韓国・朝鮮人および中国人は、身体的特徴だけからは外国人とは判別しがたい。そして彼らの大多数は、日本で生まれ育った二世、三世が中心の世代となっており、当然のことながら日本語にも何不自由ない人々だからである。いわゆるオールド・カマーの子孫たちの問題である。

彼らの多くは「外国籍」であることを除けば、日本人となんら変わらない日本社会の住人であり、日本人との通婚率も二〇年も前に五〇％をこえている。彼らの子どもたちの七割以上は日本の学校に通っているのである。しかしながら、彼らがひとたび日本社会において自己実現していこうとすると、二重・三重の「壁」が待ち構えている。壁は「法」のレベルと「心」のレベルの双方にあるが[9]、いずれの場合も異文化に対する許容度の低さに原因があると考えられる。ひとつだけ例を挙げると、政府は、彼らの運営する民族学校を正規の学校（学校教育法第一条に規定する学校）として認めないだけでなく、各種学校としてさえ認可しないよう地方自治体を指導している。文部省は、民族学校出身者には大学入学資格がないとして、大学入試センター試験さえ認めないよう国立大学を強力に指導してきたのである。また彼らは大学入学後、教員免許状を取得することはできても、いわゆる「国籍条項」により、彼らの任用（採用）を認めようとしない地方自治体の方が多い。これが日本社会の現実である。

日本（人）がアジアとの共生を本気で考えるなら、見えにくくなっている日本の中のアジアの問題にまず目を見開く必要がある。これができない限り、アジアの人々から共生のパートナーとしては認められないであろう。その意味で内なるアジアへの取り組みは、日本人の「国際性」が本物であるかどうかを占う試金石であると言わなければならない。

〈注〉

1　ベネディクト・アンダーソン（白石隆・白石さや訳）『想像の共同体―ナショナリズムの起源と流行』リブロポート、一九八七年、一六一―一七頁。
2　ロナルド・ドーア（松居弘道訳）『学歴社会　新しい文明病』岩波書店、一九七八年、二一―一九頁。
3　青木保『文化の否定性』中央公論社、一九八八年、三八頁。
4　世界銀行（白鳥正喜監訳）『東アジアの奇跡―経済成長と政府の役割』東洋経済新報社、一九九四年、一―一二八頁。
5　市川周『外される日本―アジア経済の構想』日本放送出版会、一九九六年、二〇―二一頁。
6　渡辺利夫「アジア成長神話は終わっていない」『中央公論』一九九八年一月号、一四七頁。

7　マハティール・ビン・モハマド（高多理吉訳）『マレーシア・ジレンマ』勁草書房、一九八三年、二六七頁。
8　磯崎典世「韓国ジャーナリズムの日本像」山内昌之・古田元夫編『日本イメージの交錯―アジア太平洋のトポス』東京大学出版会、一九九七年、二四頁。
9　田中宏『在日外国人―法の壁、心の溝〔新版〕』岩波新書、一九九五年、iv頁。

【付記】

本論は、本書の第Ⅱ部への序論として配したつもりである。執筆した時期は、中国、インドの台頭がいまほど顕著でなかった一九九〇年代の半ばであるが、ここで述べた問題意識は現在も変わっていない。日本人の「アジア音痴」は、たぶんに教育に原因があると筆者は考えているが、東アジアの地域統合（アジア共同体）の論議が本格化しようとしている現在、「共亜」マインドを育成する教育に本格的に取り組まなければ、日本はアジアの孤児になりかねない。

幸い、近年における日本比較教育学会の若手研究者のアジア教育研究は、質量ともに充実してきている。彼らの研究成果が世界の比較教育学会の第一線で評価されるのも、それほど遠いことではないであろう。

第7章　アジア高等教育の比較考察

1　アジアの高等教育拡大と私立セクター

はじめに

つい一、二年前までアジアは「世界の成長センター」と賞賛され、二一世紀はアジアの時代とまでいわれていた。主として欧米の論者によって喧伝されたこのようなアジア成長神話は、世界銀行をして『東アジアの奇跡』という報告書まで刊行させたほどである。そしてこのようなアジア地域の成長の連鎖は、豊かな「ひとつのアジア」をつくり出しつつあるかのような印象を多くの人に与えつつあった。ところがこのところの通貨危機により夢が砕かれると、やはりアジアはばらばらでEUのような統合理念もなければ成長の基盤さえ未成熟であるとする悲観論が最近では支配的になっている。

しかし考えてみれば、アジアはもともと民族も宗教も、そしてその歴史や社会体制も「多様」であり、ひとまとめにして論じることは不可能に近い。本論のテーマである高等教育についてみても、例えば人口一〇万人に占める高等教育人口が一一九人のカンボジアから四六四二人の韓国まで極端な開きがあり、一律に論じることはできないのである。それにもかかわらず、ここであえてアジアの高等教育をひとまとめにして論じようとするのは、次のようなデータに基づいている。すなわちユネスコ統計（**表7-1**）により過去一五年間（一九八〇／八一―一九九五／九六）の高等教育人口の増加趨勢をみると、アジアは世界の他のいかなる地域より高い成長を記録しており、ついにトロウ・モデルによるユニバーサル・アクセス段階に達した国（韓国五二・〇％―一九九五）が現れ、マス段階からユニバーサル・アクセス段階に移行しつつある国として日本、マス段階のただなかにあるフィリピン、タイ、そしてインドネシア、マレーシアもマス段階に接近してきている。さらには、社会主義市場経済化を強力に推進中の中国、ベトナムの高等教育も急速な拡大を示している。このような高等教育拡大を、アジアの成長の結果とみるか、その原因とみるかは議論の分かれるところであるが、本章の主要な関心はアジアの急激な高等教育拡大を支えている主要な原因がどこにあるかを、ある視点から探ることにある。

(1)　J（日本）モデルの伝播

これまでアジアの高等教育（拡大）をマクロな観点から解明しようとした理論的枠組みとして、次の二つを挙げることができる。ひとつはR．P．ドーア

表7-1　アジア各国の高等教育在学者および就学率

単位：千人（就学率）

国名（該当年齢）	韓国 (18-22)	日本 (18-22)	フィリピン (17-21)	タイ (19-23)	インドネシア (19-23)	マレーシア (19-23)	中国 (17-21)	ベトナム (18-22)
1980	648	2412	1276	1027	543	58	1663	115
	(14.7)	(30.5)	(24.4)	(14.7)	(3.6)	(4.1)	(1.7)	(2.1)
1985	1456	2347	1402	952	980[3)]	93	3515	121
	(34.0)	(27.8)	(24.9)	(19.0)	(－)	(5.9)	(2.9)	(1.9)
1990	1691	2899	1709	1156[2)]	1591	121	3822	129
	(38.6)	(29.1)	(27.4)	(19.4)	(9.2)	(7.2)	(2.9)	(1.9)
1995	2225	3918[1)]	1833[1)]	1220	2230[1)]	191[1)]	5622	297
	(52.0)	(40.3)	(27.4)	(20.1)	(11.2)	(10.6)	(5.3)	(4.1)

注）1）日本、フィリピン、マレーシア（1994）　2）タイ（1989）　3）インドネシア（1984）
出典）UNESCO, Statistical Yearbook（1997）より作成。

の後発国における学歴インフレーション(エスカレーション)による高等教育拡大論である。つまり、第二次大戦後に独立したアジアの発展途上国では、経済的変化(工業化)よりも政治的変化(民主化)が先行したため、政治的(民主化)原理に基づく教育制度がいち早く整備された。そのため先進国では労働市場参入の条件として徐々に認められてきた「学歴」が、後発国では近代部門参入の条件として最初から機能したため、大学学歴を求めての競争は激化し大卒過剰さえ招来した。それでも学歴獲得競争は収まらず、むしろ熾烈化して「学歴病」(diploma disease)を引き起こすという説である[1]。

他のひとつはアルトバックの主張する「支配－従属」モデルである。彼によれば、アジアの大学のルーツ、とくにその学術システムを中心とする大学の基本エトス(基本理念、管理運営組織、教授職人事、研究組織、カリキュラム、教授法、試験制度等)は、植民地経験の有無にかかわらずすべて欧米大学をモデルにつくられてきた。また学術研究のインフラを形成している国際学会、学術雑誌(ジャーナル)、学術刊行物(教科書を含む)の主要なものは、欧米にその「中心(センター)」があるため、国際的な「知」のネットワークにおいて「中心－周辺」「支配－従属」の関係が認められる。特に、第二次世界大戦以後、センター・オブ・ラーニング(center of learning)としてのアメリカの力が強まるにつれ、多くのアジア人はアメリカの大学に留学することになり、帰国留学生の蓄積が「支配－従属」関係をますます強固なものにするという説である[2]。

いずれもそれなりに説得力をもつ理論である。しかし前者について言えば、近年におけるアジアの経済発展は労働市場の拡大を通じて大卒吸収力を年々高めており、高等教育の拡大を学歴インフレというネガティヴな面からのみとらえることはできなくなっている。大卒者が売り手市場となっている国もあるのである。後者についても、先進的なアジアの大学のいくつかは、これまでの一方的な欧米大学への従属関係を脱し、自立への道を歩み始めている。特に、大学の教育機能(teaching)についてみるならば、欧米の大学との間に「支配－従属」関係が機能しているとは言えない。

こうしたアジアの高等教育の現状、とりわけその拡大の実態を解明するには、これらとは異なったアプローチが必要になってくる。カミングスは近著（『東アジア教育の挑戦』）において、東アジア的アプローチ（the Eastern Asian Approach）という新たな分析視角を提出している。ただし彼が分析対象としているのはアジアの人材開発（human resource development）一般に関するものであり、必ずしも高等教育に限定したものではない。しかしそこで提起されている問題は、高等教育拡大を考察するうえでも有効ではないかと考えられる。彼が東アジア的アプローチをＪ（日本）モデルの伝播という観点から展開したのは、一九六〇年代の日本でこのモデルの核心をなす構成要素（the components）のほとんどが確立され、やがてこれらが東アジア各国に群れ（flock）をなして伝播していったためだという。すなわちＪモデルは、まずは七〇年代の後半から八〇年代にかけて台湾、韓国へ、やがてタイ、マレーシア、シンガポール、インドネシアへ伝播していったという。その際、モデルの核となった構成要素は次の四点である。

① 国家（政府）は、その社会に固有の伝統的価値の伝達と外国技術の習得に確固とした信念をもって取り組み、教育と研究を統合的に構築した。

② 国家（政府）が最も重点を置いたのは初等教育の全面的普及であり、中等・高等教育分野については、工学・理学等の重点領域に限定されていた。

③ 個々の学生、父兄（家庭）および私立セクターは、国家（政府）の行なう教育事業の重要な補完機能を果たすことが期待された。

④ 国家（政府）は、人材の開発だけでなくその活用に意を用い、マンパワー計画と職業配置、さらには科学と工学の調整にまで深くコミットした[3]。

一見するところカミングスの議論は、「東アジアの奇跡」の原因を「強い政府の役割」に求めた世界銀行の分析枠組みや、ＩＭＦのエコノミストが日本の経済発展モデルがＮＩＥＳ、ＡＳＥＡＮ諸国に順次伝播していくさまを「フライング・ギース・モデル（雁飛行型発展）」と呼んだ所論と変わらない。しかしここで注目すべきは、彼のあげた四つの構成要素のうち、②の後半部分と③の論点である。すなわち、アジアの国家は、政府主導の強力な施策を推し進める一方において、GNPに占める国家予算が欧米のそれに比べて著しく貧弱である現実をふまえ、公的目的に抵触しない限り私的（民間）部門のイニシアチブに対して許容的な政策を取ってきたという点である。その結果、多くのアジア諸国は就学前教育や高等教育に関しては、そのかなりの財源を家庭（私教育費）および私学セクターに依存してきたという見解である。彼はまた研究開発（R&D）経費の四分の三以上を民間部門に依存しているのも、欧米諸国にはみられないアジア的特色であるとする。

確かに日本、韓国、台湾、フィリピンの高等教育人口の四分の三以上は私立セクターに収容されているのであり、他の地域にはみられない特色となっている。

(2)　私立セクターの構造・機能モデル

そこで本論では、高等教育拡大における私立セクターの役割に焦点をあて、比較の観点から考察を試みたい。私立高等教育システムの国際比較分析を行なったガイガーは、公立（国公立）セクターとの関係を念頭に次の三類型に分けている。第一は巨大私立型（mass private sector）、第二は公私並立型（parallel private sector）、第三は私立周辺型（peripheral private sector）である。彼によれば第一の「巨大私立型」は、もともと限られた数の高学術水準の公立セクターが高等教育システムの中核を形成しており、私立セクターはそれを補完する役割として位置づけられていたにすぎなかった。ところが中等教育の急激な普遍化に伴い、高等教育進学機会の受け皿として私立セクターが拡大の主役となったケースであり、その元祖（the classic case）は日本であるという。第二の「公私並立型」はベルギー、オランダなどにみられるケースであるが、この場合公認された複数の民族・文化集団の存在が前提になっている。国家は、複数の集団に対し高度な単一的学術水準を要求するが、私立セクターを選択した集団に対しては大幅な公的財政支援を約束する形態である。第三の「私立周辺型」の原型（a prototypical example）は、ナポレオン体制のフランスに端を発する。すなわち高等教育は国家独占が原則であったが、カトリック教会の大学設置認可獲得（一八七五年）によりそれが崩れ、周辺的な私立セクターが許容されるようになってからこの形態が生まれた。多くの社会主義国家の高等教育もこの類型に分類されるとされている。

以上がガイガーによる私立セクターの三類型であるが、今日世界最大規模を誇るアメリカの私立セクターは、これら三類型のどれにも当てはまらないとして、彼は項を別（第四類型「アメリカ型私学」）にして論じている。すなわち一九世紀中葉までのアメリカでは私立機関が圧倒的であり、その歴史的遺産として現在でも三〇〇〇余の高等教育機関のうち一八〇〇校が私立で占められている。ところが一九七〇年代中盤以来、公立セクターの拡大によりこれら私立高等教育機関に在学している学生数は、高等教育就学人口の四分の一に満たないまでに減少した。つまりアメリカの高等教育拡大の主役は、よく知られているように公立セクターによって担われてきたのである。参考までに、ガイガーによる私立セクターの構造機能類型を**表7-2**に掲げておく（Geiger 1987）[4]。

そこで本論に戻り、高等教育拡大という観点から私立セクターが果たしてきた役割についてみると、最も大きいのは言うまでもなく第一類型（「巨大私立型」）である。しかしアジア諸国では第二、三の私立類型も、高等教育拡大に一定の寄与をしてきている。マーチン・トロウの有名な高等教育システムの段階移行論において、すなわちエリートからマス、そしてマ

表7-2　私立高等教育の構造機能モデル

		巨大私立型 (massive private)	公私並立型 (parallel private)	私立周辺型 (peripheral private)	アメリカ型私立 (U. S. private)
国家権限		最低基準	高基準	少ない	少ない（間接）
財　　政		授業料依存	公的支援	私的財源	多様な財源
方向性	（学術水準）	低い	高い	低い	最高（研究大学）
	（市場性向）	強い	弱い	強い／弱い	最高（都市型サービス大）
	（私的支援）	弱い	弱い	弱い／強い	最高（リベラル・アーツ）

出典）Geiger (1987, p.15).

スからユニバーサル化への移行を促進するアクターとしての私立セクターの役割が論じられていないのは、彼がアジアの高等教育に通じていなかったことが原因しているかもしれない。アジアの高等教育拡大は、近年におけるアジアの社会主義国（中国、ベトナム等）における拡大をも含めて、私立セクターの役割を抜きには考えられない。

その点、アジアの教育に精通しているカミングスは、教育拡大一般に果たす私立セクターの役割に注目し、アジア各国は「私立教育帝国」(private educational empires) を形成しているという見解を述べている[5]。たとえば日本の場合、「霞が関に君臨するペンタゴンを思わせる六角形の建物（文部省）にはあらゆる権限が集中しているように見えるが、実はこの集権的システムの中に巨大な私立セクターを抱えている」と喝破している。そしてアジア各国における私立セクター促進要因を、**表7-3**にまとめている。

これを要約すると次のようになる。日本、韓国、中国のような儒教的伝統を有する国家では、公職を引退した知識人が小規模の個人立学校（プライベート・アカデミー）をつくる伝統があった。また近代学校ができる以前からイスラムの導士(ulama)や仏僧はそれぞれの宗派学校で教えてきた。近代において宗教が国家から分離され近代学校は公立セクター主導となる（とくにヨーロッパ大陸部）が、アジア各国では公立セクターへの対抗勢力としての私立学校が土着の企業家・団体によって設立されてきた。日本の早稲田・慶應もそうであるし、植民

表7-3　私立セクター促進要因

	土着教育機関の伝統	土着企業家	ミッション・スクール	植民地政策	外国の影響
日　本	＋	＋	＋		＋
韓　国	＋	＋	＋	−	
フィリピン			＋	＋	
タ　イ			＋		
インドネシア	＋	＋	＋		
マレーシア			＋	＋	
中　国	＋		＋	＋	−
ベトナム					−

注）＋肯定的影響力　　－否定的影響力　　空白部分は中立的
出典）Cummings & Altbach (1997, p.144) の表から作成。

地統治下の朝鮮での対日の拠点として設立された民族私学（民立大学設立運動まであった）、オランダ統治下のインドネシアで土着民族団体により設立されたタマン・シスワ（Taman Siswa）学校やイスラム団体（Muhammadiyah）によるイスラム学校等にその例をみることができる。また欧米の宣教団が布教の一環としてミッション・スクール（私立学校）の設立に力を入れたことはよく知られている。植民地教育政策との関連でみると、日本（朝鮮総督府）の場合は同化政策を基本としたため、朝鮮人による私学の設立を極力規制した（しかしそのために朝鮮では私学が民族の「正統的」な学校となった側面がある）。一方、ヨーロッパ大陸国家では一般的に公立セクター重視であったため、植民地でもその政策を踏襲したが、英国およびオランダは分離政策（エリート教育は公立、大衆教育は私立）をとったため、土着の私立セクター（大衆教育）には寛容であった。したがって独立後のインドネシアには、私立セクター拡大の素地があったのである。一方、英国の植民地であったマレーシアでは、民族的・政治的理由で私立セクターは閉鎖された。とくに華人系の学校は正規の学校としては認められなかった。しかしひとたび政府の規制が緩和されると、華人系の学校設立エネルギーは活性化する可能性を常にもっていた。アメリカはフィリピン統治にあたり、初等教育は公立セクター主導の政策をとったが、法律に基づく私立学校の設立認可には寛容であった。特に中等・高等教育については、もともとカトリック教会がフィリピンでは強い基盤をもっていたこともあり、プロテスタント教会の学校設立に対しても同様の政策をとった。最後の要因、すなわち外国の影響に関しカミングスは、連合国占領下の日本を例に、私立学校の設置認可や私立学校卒業生の就職制限緩和等に果たした占領政策をプラスに評価している。一方、中国やベトナム等の社会主義国家は、旧ソ連をモデルにすべての教育機関を国有化したため、もともとあった私立セクターの活力はすべて否定の対象となったのである。

(3) 高等教育拡大と私立セクター類型

以上みてきた私立セクターの役割を念頭に、アジア各国における私学セクターの類型別移行モデルを提案してみたい。アジアの経験に即して言えば、先にみたガイガー・モデルには若干の修正が必要である（とくに「公私並立型」）。そこで本論では、アジアの私立セクターのあり方を中心に高等教育システムを、「私立周辺型」、「私立補完型」、「私立優位型」に三分類し、高等教育拡大と各類型間の関係を移行モデルとして考察してみたい（**図7-1**参照）。

第一類型は「私立周辺型」であり、国および地方公共団体（公立セクター）がほとんどの高等教育機関の設置者であり中核部分を占めている。トロウ・モデルに従えば、高等教育の基本的性質はエリート的である。私立高等教育機関（私立セクター）は最近になってやっと認可され、公立セクターの周辺部分を形成しているにすぎない。中国、ベトナム、マレーシアがこれに属す。

中国の場合、公立セクターは、中央省庁（教育部および他の部・委員会）が所管しているものと地方政府（各省・市）が所管しているものがある。高等教育拡大は現在のところ公立セクターが担っており、「共建・調整・協力・合併」の原則により大改革が進行中である。「共建」とは中央省庁と地方政府が連携（共管）して大学を管理するというものである。「調整」とはこれまで各中央省庁が別個に所管していた大学を整理統合し、か

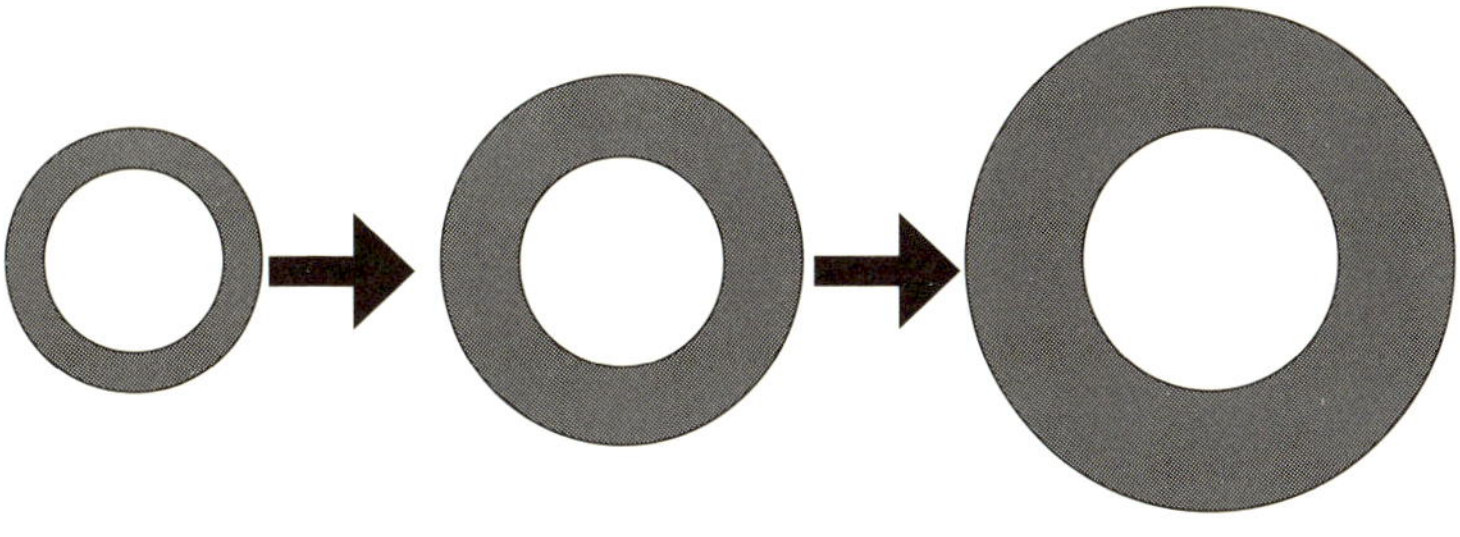

図7-1　私立セクター類型の移行モデル

注）私立セクターはアミの部分。

なりの機関を教育部直轄大学とし、規模の拡大を図る政策である。また「協力」とは大学間の単位相互認定、「合併」とはまさに大学の統合による総合化と規模拡大である。一九九八年浙江省の基幹大学である浙江大学が、杭州大学、浙江農業大学、浙江医科大学の三大学を合併し、新しい浙江大学となり教育部と浙江省の「共管(共建)」に移行したのは記憶に新しい。こうした公立セクターの改革と平行して、社会主義市場経済の本格化に伴う九〇年代には、「民弁高等学校設置暫行規定」(一九九三年)が制定され、私立大学の設立が正式に認可されるようになった。その後の私立大学の拡大ぶりは目を見張るものがある。一九九七年現在、政府により正式の卒業証書の授与が規定されている私立大学は二二校(学生数一万四〇〇〇人)にすぎないが、私立大学の看板を掲げる大小さまざまな学校は一〇〇〇校を超えるまでに急増したといわれている[6]。中国の高等教育は、遠くない将来「公弁(国公立)」と「民弁(私立)」が共存する「私立補完型」への移行が予想される。

中国同様、ドイモイ政策により経済の市場化が進められてるベトナムでも、一九九四年に私立大学が正式に認可されるようになって以来、ハノイ、ホーチミン等の都市部を中心に私立大学は急速にその数を増している。一校あたりの規模は比較的小さいが、一九九七—九八年現在一五校に達している。現在のところ、高等教育拡大の主役は中央省庁(教育訓練省および他省庁)所管の国立大学と、公開大学二校(ハノイ、ホーチミンに各一校)および短期大学(五四校)であるが、ベトナムも近い将来「私立周辺型」を脱する可能性がある。

またマレーシアは建国以来、公立セクター中心の高等教育システムを構築し、その規模拡大には慎重であった。八〇年代初頭まで、大学は国立五校のみであった。ブミプトラ(マレー人)優遇政策の影響もあり、これらの国立大学に入れなかった中国系(華人)は海外の大学に留学する者が多かった。ところが一九八三年に国際イスラーム大学が会社法により設立されて以来、高等教育拡大路線がとられるようになり、国立大学の新設ラッシュ(マレーシア北部大学、サラワク大学、サバ大学、教師大学)が起き、一九九六年には私立高等教育法が制定され、テレコム大学(一九九七年)、ナナガ・ナショナル大学（一九九七年）、ペトロナス大学（一九九七年）、科学技術大学（一九九七年）等の私立大学が一挙に設立されたのである。さらには公立セクターの中核であるマラヤ大学のコーポラティゼーション（公私融合化）が進められている。このようにマレーシアにおいても、私立セクターは公私セクターの周辺に急ピッチで拡大しつつあるのである。

第二類型は「私立補完型」であり、タイとインドネシアにその例をみることができる。この類型は、歴史的には公立セクターが大学の中核を形成していたが、その周辺部に位置していた私立セクターが高等教育拡大のアクターとして急速に拡大し、公立セクターを補完し量的にはそれに匹敵ないし凌駕するまでに成長してきた例である。高等教育の基本的性質は、トロウ・モデルの「マス」型に近くなる。

タイの場合、大学は「伝統型」（conventional type）と「開放型」（open type）に分かれているが、これまで拡大の主役を演じてきたのは後者、すなわちオープン・タイプの国立大学（オープン・アドミッション方式のラムカムヘン大学と遠隔教育方式のスコタイ・タマチラート公開大学）であった。この二大学で公立セクターの学生の約七五％を受け入れている。ところが、一九六九年に私立カレッジ法が施行されて以来、私立カレッジはバンコク首都圏だけでなく地方都市にまで広がりをみせ、一九九五年時点で大学数では公立セクター二二校に対し、私立セクター二九校と後者の方が多くなっている。もちろん高等教育人口全体に占める私立セクターの比率は約一八％であるが、先にみたオープン・タイプの二大学の学生数を除けば、公・私両セクターの学生数はほぼ同数になっている。このようにタイの私立セクターは、拡大のアクターとしての役割をますます強めている。ちなみにタイの大学院学生に占める私立セクターの割合も八％台になっているのである。

インドネシアの場合、第二次開発五カ年計画がはじまる一九七四–七五年時点で、すでに高等教育人口の四八・五％は私立セクター（アカデミー、カレッジ）で占められ、学校数では公立セクター四一校に対し、私立セクターのそれは三一〇校を数えていた。約二〇年を経た第五次開発五カ年計画の最終年（一九九三―九四）には、私立セクターは学校数の六五・六％を占め、学校数は一一二二校まで急成長してきている。一方、公立セクターについてみると、この二〇年間に大学は一〇校増設され五五校になり学生数は約六倍になっているが、この拡大は一大学あたりの規模の拡大と公開大学を含む若干の新設大学によって達成されたにすぎない。一方私立セクターは、この二〇年間に学生数は約一二倍になり、一校あたりの学生数も当初の三六〇人程度から今日では一万二〇〇〇人程度の規模にまで成長してきている。インドネシアの私立セクターは第二類型から、次にみる第三類型に移行中であると言える。

第三類型は「私立優位型」である。この類型に属する国でも、歴史的には国立大学が高等教育システムの中核を形成してきたが、拡大をリードしてきたのは常に私学セクターであった国である。日本、韓国、フィリピンがこの類型に属する。いずれの国も、高等教育人口の七割以上が私学セクターに在籍し、量的にみるかぎり私立支配型の高等教育システムを形成している。この類型は、高等教育の基本的性質においてトロウ・モデルの「ユニバーサル・アクセス」型に限りなく接近する。

日本の場合、新制大学が発足した直後の一九五〇年の時点で、すでに四年制大学在学者の六一％、短期大学在学者の八七％が私立セクターに在籍していたことは注目に値する。その後約半世紀が経過した一九九六年まで（四六年間）に、四年制大学人口は一一・六倍、短期大学のそれは三一・四倍に拡大したが、私学セクター在籍者の占める比率も、四年制大学七三％、短期大学九二％に増加した。とくに高度経済成長期と戦後の第一次ベビーブーム世代の大学進学期が重なった六〇年代半ばから七〇年代の半ばまでの一〇年間（一九六五―七五）に、私立大学生は二倍増となり、公立（国・公立）セクターの学生の一・五倍増をはるかに上回ったのである。このように日本の私立セクターは、公立セクター以上に国民の高等教育機会需要に積極的に反応してきたと言える。ただし大学院生総数に占める私立セクターの割合は、過去四〇年間三〇％程度で変化はみられない。これまで日本の高等教育の中核を形成してきた国立大学は、大学院に重点を置きながら「私立優位型」の高等教育システムのなかでその位置（ニッチ）を確保してきたと言える。

韓国の場合は、冒頭でも述べたように高等教育の就学率が六〇%を超え、すでにユニバーサル・アクセス段階に入っているが、高等教育人口に占める私立セクターの比率は、一九九八年現在七一・六%（四年制大学六一・五%、二〜三年制大学九六・三%）である。かつては八割を超えていた私学人口が若干減少しているのは、放送通信大学（国立）の拡大（一校だけで三二万四〇〇〇人を擁し、四年制大学人口総数の約一六%を占める）によるところが多い。歴史的にみると、解放後の韓国高等教育は国立ソウル大学と各道に設置された地方国立大学を中心に形成されてきたが、それと同等以上の力をもつ私立大学が首都ソウルにはかなりの数存在する。それらは日本の統治下において大学への昇格を拒否された旧私立専門学校が母体となって設立された大学であり、社会的威信もきわめて高く国立大学とともに韓国高等教育の中核部分を形成している。こうした中核部分を補完する私立大学が八〇年代以後の高等教育拡大期に多数設立された。これら私立大学の多くが、韓国の高度経済成長をリードした財閥・大企業により設立されたことは注目に値する。また八〇年代以後急成長を遂げた短期高等教育機関（専門大学）も、何らかの形で中小企業主がその設置に関与しているのも韓国的特色であると言える。

私立セクターが高等教育拡大をリードしてきたもうひとつの国として、フィリピンを挙げなければならない。一九九八年現在、全高等教育機関（一二八五校）の八〇%にあたる一〇三〇校は私立セクターであり、総学生数の七五・二%は私学に在籍している[7]。私立セクターのなかには、独立前のアメリカ植民地時代に大学のステイタスを与えられたものも少なくない。カトリックに次いでプロテスタント宣教団による大学の設立が認可され、やがて私人（家族）による大学設置も認められた。現状における私学セクター（機関）の内訳は、宗教系二七%・非宗教系七三%となっているが、後者にフィリピン的特色がみられる。すなわち私立高等教育機関のなかには、営利目的の株式会社（stock corporation）方式のものから非営利法人（nonstock=nonprofit foundation）方式のものまで、多様な設置形態が容認されていることである。このように比較的容易に大学を設置できる伝統はアメリカ植民地時代に形成されたものと言われているが、アクレディーション（適格認定）制度も同時に導入されていることに注目しておく必要があろう。

(4)　ユニバーサル化と私立セクター

以上にみられるように、ひとくちにアジアの私立セクターといっても実に多様である。設立主体は宗派系、非宗派系（営利、非営利）さらには私人にいたるまで様々であるし、大学の規模にしても、数百名の小規模大学から数万名のマンモス大学にいたるまで多様である。また設置目的も、職業資格の取得を目的とする短期高等教育機関から大学院まで完備した学術的研究大学にいたるまでの幅がある。学術水準も低辺校からトップに位置する大学まで多様をきわめている。しかし実はこの多様性にこそ、さまざまな社会的需要に柔軟に対応できた秘密があるのではなかろうか。そこで本章の主題である高等教育のユニバーサル化という観点から、アジアの私立セクターのもつ可能性と問題点を指摘しておきたい。

まず第一に、現状では「私立周辺型」の段階にある中国、マレーシアにしても、私立セクター拡大の可能性はきわめて高い。このところの高度経済成長は多様な人材を多量に求めているが、公立セクターだけではその需要に応えることができない。そこで政府は高等教育の国家独占に終止符を打ち私立大学を正式に認可する政策に転じた。七〇年代のタイがそうであったように、私立大学は短期間に急増し、首都圏だけでなく地方都市にまで拡大しつつある。こうした私立大学はガイガーのいう「市場性向」が強く、教育内容も職業教育的指向性が強い。もちろん公立セクターよりも授業料は割高であるが、それを負担できる階層が生まれつつあるということである。もうひとつの特徴として、これらの私立大学のほとんどが非宗派であるという点が重要である。非宗派のそれは、フィリピンの非宗派私立セクターがそうであるように、拡大性向が宗派立のそれより強い。したがってこの趨勢が続けば、「私立周辺型」の私立セクターは、近い将来、第二類型(「私立補完型」)への移行が予想される。

第二に、「私立補完型」の私立セクターは、中等教育普及の結果として増大する大学志願者を吸収する装置として、主要都市部に小規模なカレッジ(単科大学)として設立されたケースをその原型とする。やがて経済規模の拡大や社会的要求の多様化に応じて、カレッジは様々な専門領域をもつ総合大学に改編され、公立セクターに属する大学よりも大規模な私立大学になるケースが現れる。かつての日本や韓国の大学拡張期にみられたように、人文・社会系私立大学に理工系学部が、また理工系私立大学に人文・社会系学部が増設される形で、規模拡大が図られていく。また公立セクターを補完する様々な私立短期高等教育機関が設立されているのもこの類型の特色である。日本の短期大学(一九九八年現在、学校数の八四%が私立で、在学生の九一%が女子)は女子の大学教育(四年制)を補完するユニークな機能を果たしてきたし、韓国の専門大学(一九七九年に専門学校が昇格した二〜三年制の高等教育機関)は、各地方の地場産業に直結した専門職業教育機関として四年制の理工系大学を補完してきた。特に専門大学は韓国高等教育人口の二九%を占めるまでに成長し、高等教育システムのマス化を確実なものとすると同時に、ユニバーサル化への切り札になろうとしている。その専門大学の九一%は私立なのである。

私立補完型の私立セクターがマス化高等教育システムの主役になりつつあるとき、公立セクターも手をこまねいていたわけではない。しかし公立セクターの選択した道は、財政的制約もあり、遠隔教育方法を活用した公開大学や放送通信大学の設立であった。タイの公開大学の場合、先にみた二大学で公立セクターの七割、韓国の放送通信大学の場合一校のみで公立セクターの学生の四一%を占めているのである。つまりアジアの公立セクターはマス化に対応した大学の新設を十分にできなかったことになる。それに対して私立セクターは、小規模ながらもともと学校数が多かったことも手伝って、徐々に規模を拡大して高等教育機会の拡大要求に応えてきた。その典型をインドネシアおよび韓国・日本にみることができる。高等教育のマス化が進展するにつれ、アジアの私学セクターは「補完型」から「支配型」

に移行していく可能性をもっていたといえるのである。

第三に、「私立優位型」の典型を、高等教育就学率が六割を超えユニバーサル化のただなかにある韓国にみることができる。公立セクターがその規模拡大に伸び悩むなか、大規模化した私立大学はさらなる高等教育需要を吸収すべく、メインキャンパスと同様の規模と機能をもつブランチ・キャンパスを全国各地に展開し、さらなる規模拡大を図ってきた。そしてカミングスがＪモデルの特色の一つとして指摘した「国家戦略としての理工系は公立（国立）セクターで」という概念をくつがえし、韓国教育部の一九九八年統計によれば、理工系の七三％、医・薬系の七六％を私学セクターが占め、人文系（六五％）、社会系（七一％）の比率を上回るようになってきているのである。しかも浦項工科大学のようにすべての大学評価項目でトップを独占するような理工系のエリート私学が地方都市に誕生し、もともと高い社会的威信をもつ首都（ソウル）の伝統私学に肩を並べるようになってきているのである[8]。つまり韓国の私学セクターは、公立セクターとの競争のみならず私学セクター間との競争を通じて、たんに量の面だけでなく質的側面においても高等教育システムを支配する構造をもち始めていると言えるのである。まさに韓国の私立セクターは、高等教育のユニバーサル化への切り札とさえなりつつあると言える。折しも一九九七年末に制定された新「高等教育法」においては、教科科目の履修を企業体に委託して行なう「産業大学」というカテゴリーを創出し、生涯学習時代の継続高等教育機関としての位置づけを明確にした。これらの新しい大学が私立セクターに含まれることはいうまでもない。アジア各国における高等教育のユニバーサル化は、韓国の例にみられるように私立セクターの活力によるところが大きいと言えるかもしれない[9]。

むすび

もちろんこうした「私立優位型」の高等教育構造に問題がないわけではない。それはこれまで肯定的に述べてきた私立セクターのもうひとつの側面、すなわち私立セクターがもつあまりの多様性が「大学」を核とする高等教育そのものを変質させ、場合によってはそれを壊しかねない「否定性」を内包している点である。端的に言ってそれは、教育と研究にとって危機をもたらしかねない。高等教育システムが「私立優位型」になればなるほど、学生の学力水準はバラツキ、一定水準を維持することは難しくなる。教師の意識も多様化し、モラールの低下も深刻な問題となる。これまで社会的需要に敏感に応えることを通じて成長を遂げてきた私立セクターではあるが、真の意味で現代社会が求めているものに応えてきたとは必ずしも言えないのである。いま、そのレリバンスが改めて問い直されているとも言える。しかしこれらのことは、私立セクターに対して投げかけられた問いというより、高等教育のユニバーサル化そのものに対する問いとして受けとめなければならないのかもしれない。

2　グローバル化時代におけるアジアの高等教育改革

はじめに

一九八〇年代後半から顕著になったグローバル化の波は、ベルリンの壁崩壊やソ連邦の解体によって決定的なものとなった。いわゆる冷戦の終結は、政治体制の民主化と経済のグローバル化を同時に加速させたのである。高等教育の分野においても、それ以前は、「科学に国境はない」と言われながら、実際には学問研究そのものが政治的二極体制のなかに閉じ込められ、それぞれの体制内において「中心－周辺」ないし「支配－従属」の関係を強いられてきた。ところが政治・経済体制の変動は、人材養成や知識創造を担う大学・高等教育のあり方に対しても大きな変化を求めることになった。

このような世界的潮流はアジア地域にも大きな影響を与えることになった。一九九〇年代には軍出身の政治家による長期政権（フィリピン、韓国、インドネシア等）が次々に打倒され、政治の民主化は文民政権の誕生という形で進行した。経済の面では六〇―七〇年代における日本の成長がNIESおよびASEANに伝播し、九〇年代のアジアは「世界の成長センター」になりつつあると賞賛された[10]。また中国およびベトナムのような社会主義体制を維持している国においても、経済の市場化が国策として推進されたため、アジアの経済は活況を呈したのである。

高等教育の分野においても、アジア地域は世界の他の地域に例をみない大きな発展がみられた。政治体制の民主化は、国民の高等教育機会の拡大要求を刺激し、高等教育人口は拡大の一途をたどった。一方、成長を続ける経済は、多様で高度な人材の供給を高等教育に求めるようになった。このような政治・経済におけるプラスの循環が九〇年代のアジア・太平洋地域の高等教育改革を牽引したと言える。特に注目されたのは中国とオーストラリアの動向であった。中国の場合、いわゆるソ連モデルの高等教育構造に大胆にメスを入れ、既設大学の大胆な統合・再編と民弁大学（私立大学セクター）の認可等を通じて、二一世紀に向けた高等教育戦略を開始した。

一方、日本の高等教育を取巻く環境は明るいものではなかった。バブル経済崩壊後の九〇年代は「失われた一〇年」と言われるほど、日本社会全体が活力を失った時期であった。したがって高等教育改革も、一八歳人口の急減と財政削減という厳しい状況の中で、行財政改革の一環として進められることになった。一九九一年の大学設置基準の改定（大綱化）に始まる一連の改革は、①大学教育の質保証（量から質へ）、②公的セクター（国公立）の法人化による競争力強化、③世界水準の研究拠点（COE）形成等、アジア・太平洋諸国の改革動向と軌を一にしていたが、一連の改革の具体的諸相はややもすれば「内向き」のそれであった。他方、オーストラリアや中国は、WTOによる高等教育サービス貿易の考え方に機敏に対応し、自国の高等教育改革の一環として「海外展開」を組み込むことに積極的であった。留学生交流一つとっても、「一〇万人」の受け入れ達成という内向きの数値目標に重点をおいてきた日本に比べ、アジア諸国はオフショア・プログラム、トゥイニング・プログラム、学位の相互認定等、バラエティーに富むプログラムを提供してきた。

このようにアジア地域の国々で九〇年代以後に展開された高等教育改革は、国際的にみても注目に値するものであるが、日本の大学関係者は必ずしもこのような動きに関心を示してきたとは言えない。

(1) アジア地域の高等教育の見方

①「支配―従属」関係

アジア地域の高等教育のルーツは一様ではない。しかしこの地域の多くの国が欧米列強の植民地であったことや、植民地の経験をもたない日本やタイの場合も近代的高等教育制度の創出に際してはその範を欧米の大学に求めたため、アジア・太平洋地域の高等教育のルーツは総じて欧米大学にあると考えられてきた。特に、第二次大戦後に独立し高等教育機関（大学）を設立した多くのアジア諸国は、宗主国にそのモデルを求めた場合が多かった。その後の政治状況の変化によりモデルの転換が図られたケースがみられたが、その際の支配的モデルとなったのはアメリカとソ連のそれであった。前者はその経済力と学術研究の優位性を生かし、全世界の大学に絶大な影響力を発揮した。後者は、東欧や中国、ベトナムなどの社会主義諸国に限定されていたが、計画経済を実現する手段としての大学モデルを提供したと言える。

米ソ両大国は、アジア各国の大学づくりに人材（専門家・調査団等）を派遣する一方、大量の留学生を受け入れた。帰国後彼らは各国の大学のエリート集団（教授団）として大学作りの中心になるが、研究面では米ソ両国の学術システム（学会、専門ジャーナル、財源援助団体等）のなかで活動を展開した。教育面でも英語やロシア語で書かれた教科書が使われたため、カリキュラムの土着化はスムーズに進まなかった。特にアメリカは二〇世紀における学問の中心（center of learning）の地位を不動のものとしたため、英語の支配力はますます強まり、学問の世界における「中心－周辺」関係は強固なものとなっていった。換言すれば「支配－従属」関係がアジアの高等教育を特色づけるとの見方が広く受け入れられてきたのである[11]。

② 大学進学競争と「学歴病」

アジアの高等教育をマクロな観点から解明しようとしたもう一つの理論枠組みとして、R．P．ドーアによる学歴インフレーションによる高等教育拡大論、ひいてはそれが「学歴病（diploma disease）」につながるとする説がある[12]。これは第二次大戦後に独立したアジアの多くの国に見られる現象であり、これらの国では国づくりの過程で経済的変化（工業化）より政治的変化（民主化）が先行したため、民主化原理に基づく教育制度が初等教育から高等教育までいち早く整備された。また各国とも「国民」創出の装置として初等・中等教育を重視すると同時に、国家建設のエリート養成機関として最高学府（大学）の設立に取り組んだ。その結果、先進国では労働市場参入の条件として徐々に認められてきた「大卒学歴」が、後発のアジア諸国では近代公共部門参入の条件として早い時期から機能したため、初等・中等教育の就学率は上昇し、大学進学競争も激化することになった。

一九七〇年代までのアジア諸国の大学入学定員はかなり限定されたものであったため、狭い門戸に学生は殺到した。ところが七〇年代前半頃までのアジア各国では、大卒者を受け入れる十分な労働市場が形成されていなかったため、入学定員を抑制していたにもかかわらず大卒過剰現象さえ見られたのである。それにもかかわらず大学進学熱はおさまらず、初等・中等教育は本来の国民基礎教育を十分に果たすよりも、大学準備競争の場と化していった。こうした現象をドーアはアジア特有の「学歴病」と呼んだのである

③ 従属から自立へ

ところがベトナム戦争の終結（一九七五年）を境に、アジアは豊かさを求めた競争（経済再建）の時代へとシフトした。第二次大戦後いちはやく経済成長を達成した日本に続き、七〇年代後半には韓国、台湾、シンガポールが、やがてタイ、マレーシア、インドネシアが経済成長を国家戦略の中心に据えた。八〇年代後半になると中国やベトナムのような社会主義国家も「市場経済」による改革開放政策を唱えることとなり、アジアはまさに世界の成長センターとして注目されるようになったのである。

このような経済成長のもとで労働市場は拡大し、大卒人材の吸収力をますます高めて行き、大卒者が売り手市場になる国も現われるようになった。いずれの国も大学入学定員の抑制政策から拡大路線に転換すると同時に、高等教育構造の改革にも着手した。多くの国で、短期高等教育機関の活性化や放送通信大学の創設を通じて、高等教育の拡大がはかられた。また私立高等教育の認可も高等教育拡大を加速させる契機をつくりだしたと言える。このような近年におけるアジアの高等教育の変貌は、ドーアの「学歴病」仮説やアルトバックの「支配－従属」理論に修正を迫ることになった。

(2) グローバル化と高等教育改革戦略

一九八〇年代以後、順調に発展してきたアジアの高等教育を震撼させたのは、一九九七年末のアジア通貨危機（貨幣価値の下落）であった。グローバル化の波は金融危機という形で東南アジア経済を直撃し、ＯＥＣＤへの加盟を果たし経済先進国になったはずの韓国にまで波及し、ＩＭＦ（国際通貨基金）の支援を余儀なくされる事態になったのは記憶に新しい。マレーシアの場合、対ドル固定相場を維持して難局を凌いだことにみられるように、グローバル化の恐ろしさを各国とも経験したのである。高等教育界にあっても、海外からの短期借款で最新機器を購入していた大学は、返済に窮し公的支援を政府に要請する大学も少なくなかった。そこで近年におけるアジア地域の高等教育改革は、いずれの国もグローバル化への戦略を中心に構想されていると言える。その特色をまとめると、次の四点に集約できるであろう。

第一は人材観の転換である。それまでのように国内の労働市場を念頭においた大卒労働力の供給にとどまらず、危機に対しても機敏に対応できる国際競争力のある高度な人材の養成を、国家も大学も考え始めたと言える。第二は、国民（市民）の多様化したニーズに対応しつつ国際的に通用する高等教育システムの構築であり、それを実現する方法として既存の国公立大学の構造改革（法人化、自治化）を通じて競争力の強化を図ると同時に、様々なタイプの私立高等教育機関の育成とその質保証に積極的に取り組んでいる。第三は、これまでの教育機能（teaching）中心の大学から、研究機能（research）も重視した大学への脱皮を模索中であり、各国政府は世界水準の研究拠点（center of excellence, COE）の形成に巨額の財源を投入している。そして第四に、アジア地域の大学はかつてのような欧米大学への従属から脱し、自立への道に大きく前進し始めている。欧米大学との「タテ」の関係から、アジア・太平洋域内大学との「ヨコ」の関係を重視した活動が目立っている。特にオーストラリアの高等教育機関は、アジア諸国からの留学生受け入れ事業やオーストラリアの大学の海外展開（オフショア・プログラム）は、域内交流を加速させつつある。またＷＴＯ（世界貿易機構）の高等教育サービス貿易交渉にいち早く反応し、国内法の整備に着手した中国の動きは注目されるところである[13]。

①　運営の効率化

経済のグローバル化に伴って顕著になっているのは、言うまでもなく市場原理である。この考え方は、新自由主義的経済運営からでてきたものとされているが、国の規制を緩和し選択の幅を拡大することを通じて、競争を加速させる手法を特色としている。したがって高等教育の場合、既存システムの構造改革に繋がる場合が多い。大学運営（ガバナンス）においても、歳入構造の多元化（民間資金の導入）と企業的経営による対費用効果が最優先される。

アジア諸国の場合は、国費に依存してきた国立大学がその非効率性を指摘され、批判にさらされるようになった。東南アジアの場合、まずマレーシアにおいて法人化（corporatisation）が一九九八年のマラヤ大学を皮切りに、マレーシア理科大学、マレーシア国民大学、マレーシアプトラ大学、マレーシア工科大学の順に実施に移され、企業的大学経営方式が採用された。収益事業への参入、寄付金の募集、会社設立、資金運用の自由化等が認められる代わりに、政府予算は削減されることになった。タイやインドネシアの場合は、国立大学に対する自治権の付与、すなわち「自治化（autonomous university）」による構造改革が進められることとなった。タイにおける自治大学化の動きは一九九〇年のスラナリー工科大学にはじまり、現在ではこの他に国立大学五校（ワイラック大学、キングモンクット工科大学トンブリ校、メーファールアング大学、マハマクート仏教大学、マハチュラロンコン仏教大学）が自治大学に移行している。自治大学になれば、大学運営の自治権（人事、予算配分、資金調達、教学計画等）を獲得する一方、政府予算は一定水準の教育水準を確保するための予算のみにとどめられる。残りの経費は大学が自己調達することになっている。ただタイの場合、チュラロンコン大学やタマサート大学をはじめとする歴史のある国立大学二〇校がまだ「自治化」に踏み切れないでいる。

東アジアの場合、日本は周知のように二〇〇四年度を期して国立大学は一斉に国立大学法人に移行し、公立大学も順次それに従うことが予定されている。これまでの教授会－評議会によるボトムアップ型の大学運営は、学長と役員会の執行部によるトップダウン型のガバナンス形態に様変わりした。また財源面でも中期目標・中期計画に基づく運営費交付金の配分にみられるように、競争的配分原理に転換が図られつつある。しかし学外者も加わった経営協議会や教育研究評議会の関係等、まだ手探り状態にある部分も残されている。一方、韓国の場合も政府は二〇〇〇年に国立大学発展法案を提出し、国立大学を総長と政府（教育人的資源部）との契約に基づく「責任運営機関」（autonomous institution）とし、トップダウン型の意思決定ができるような提案をした。またこの改革案には、国立大学を全国七圏域（ブロック）に分け、ブロック内の大学・学部・学科の統廃合案や教育・研究における評価システムの導入等、競争原理を内容とする改革が盛り込まれていた。ところが国立大学のみならず私立大学教授団の反対も多く、法案を具体化するにはいたらなかった。ところが新政権となった二〇〇四年夏に発表された「大学構造改革法案」では、国公私立すべてを対象とした構造改革案が示され、入学定員の削減をはじめ、大学・学部・学科の統廃合の類型を具体的に示すなど、構造改革の体制は徐々に整いつつあると言える[14]。

②　教育の質保証

アジア地域の高等教育改革のもう一つの特徴として、その質保証（quality assurance）への取り組みがある。これは一九八〇年代にはじまった世界的動向と軌を一にしているのであるが、アジアの場合その高等教育拡大にその原因を求めなければならない。高等教育機会の拡大が私立大学セクターによって担われたことは先に述べたとおりであるが、そのことは学生数の増大に見合った公的資金が投入されなかったことを意味する。結果的に教員一人あたりの学生数は増加し、学生一人ありの教育費も低下を余儀なくされたのである。こうした危機感とともに、高等教育の市場化も教育の質保証に拍車をかけてきた。質の高い教育を提供することは国家戦略として必要なばかりでなく、個々の大学が大学間競争を勝ち抜くためにも避けて通れない課題となったのである。

こうした高等教育の質保証に最も早く取り組んだアジアの国として韓国がある。韓国では一九八二年以来、国公私立大学すべてを含む連合体（四年制大学を対象とする韓国大学教育協議会と短期高等教育機関を対象とする韓国専門大学教育協議会）により大学評価の試行を続け、評価体制の構築に取り組んできた。韓国大学教育協議会は一九九四年に韓国版アクレディテーション・システムとも言える七年周期の大学評価認定制度をスタートさせ、現在は第二期目の評価に入っている。二〇〇四年現在、韓国の高等教育就学率は八一・三％を記録しユニバーサル・アクセス状態にはいっているが、これを支えているのはこの評価体制を通じての質保障であると言える。

東南アジア諸国の場合は、一九九〇年代になって教育の質保証への取り組みが活発になった。タイの場合は一九九九年に制定された国家教育法において、すべての教育段階の質保証をすることが義務づけられ、二〇〇〇年に設立された教育水準・質保証評価事務局（ONESQA）がその任にあたっている。大学の場合、各機関は内部評価を行なうと同時に、五年周期の外部評価を受けその結果は政府に報告され、公開されることになっている。ONESQAは、各機関が教育水準の維持、卒業生の質管理、管理運営体制の効率化等を適切に行なっているかを常に監督し、水準に達していない場合は期間を定めて改善勧告を行なうことをその任務としている。一方、近年私立大学の認可に踏み切ったマレーシアでは、私立大学およびカレッジの教育プログラムの質保証を行なうための機関として、文部省管轄下の法人として国家アクレディテーション委員会（LAN）を一九九七年に設立した。LANの主要な任務は、私立高等教育機関が提供するコースと授与する学位・資格証明書の水準を決定し、そのモニターおよび審査を行なうことである。他方、法人化しつつある国立大学に対しては、二〇〇一年に文部省内に大学質保証局（Quality Assurance Division, QAD）を設置し、第三者評価による質保証に乗り出している。

こうしたアジア・太平洋地域における教育の質保証の動きに比べ、日本のそれは必ずしも十分であったとは言えない。一九九一年の大学設置基準の大綱化を契機とする大学評価制度の導入は、自己点検評価作業の普及をもたらしはしたが、本格的な教育の質保証として機能してきたとは言えない。結局のところ二〇〇四年度を期して、第三者による認証評価制度が本格的にスタートすることになったが、多元的評価の名のもとに複数の評価機関がそれぞれの評価基準により各大学を評価することになっており、大学教育の質保証装置として十全に機能するかどうかまだ未知数である。

③　研究の高度化

教育の質保証とならんでアジアの大学が力を入れているのが研究面での高度化であり、それに密接に関連する研究評価システムの開発である。特に一九九〇年代の後半からアジアの各国では二一世紀を志向した「世界水準」の大学作りをスローガンに掲げる国が多くなっており、卓越した研究拠点(Center of Excellence, COE)を選定し、研究評価に基づいて多額の資金を投入するようになってきている。

中国の場合、二一世紀初頭までの第九次五ヵ年計画期間(一九九六—二〇〇〇)中に、約一〇〇校(六〇〇重点学科)の重点大学を指定する「二一一工程」が打ち出され、総計一〇六億元(約一六〇〇億円)という巨費が投入された。一九九八年までに一〇〇校の選定作業は終了したが、選定は研究評価に基づいて実施されたため、大学間の競争は激化した。それに拍車をかけるかのように、一〇〇校のなかから特に優秀な大学一〇数校を選定し「長江特別招聘教授」予算[15]が配分されたため、「二一一工程」に選ばれた一〇〇校内の大学間格差も顕在化することになった。さらに一九九八年五月、北京大学創立一〇〇周年を記念して江沢民主席が公表した「九八五計画：一九九九—二〇〇一」によれば、これまでの「二一一工程」予算に加えて、北京大学と清華大学には国家(教育部)が直接支援(両大学に各一八億元=約二七〇億円)、他の七大学(中国科学技術大学、南京大学、復旦大学、上海交通大学、西安交通大学、ハルピン工業大学、浙江大学)には国家と地方政府が共同で各大学に一〇億元(約一五〇億円)を支援し、世界一流大学作りを加速させる計画を発表した。このような一連の優秀大学選定のため、研究評価が実施されると同時に、分野を特定した評価も活発に行なわれている。一九九五年の大学院教育に関する評価では、一〇大学が優秀校として選定され、そのランキングまで公表されている(①清華大学、②北京大学、③南京大学、④復旦大学、⑤西安交通大学、⑥浙江大学、⑦ハルピン工業大学、⑧上海交通大学、⑨華中理工大学、⑩中国科学技術大学)。

韓国でも一九九〇年代後半、政府（金大中政権）は「世界水準」の大学作りをスローガンに掲げ、韓国学術史上例を見ない資金投入計画を発表した。「頭脳韓国二一世紀事業（通称BK21）」がそれである。当初の計画では五年間（一九九九－二〇〇三）に一兆四〇〇〇億ウォン（約一四〇〇億円）をソウル大学に集中投入して、同校を一挙に世界水準の大学に押し上げようとする計画であった。ところがこの案には、財源難に苦しむ全国の大学から猛反発が起り、最終的には全国の大学を対象とする七カ年計画（一九九九－二〇〇五）に修正され、四分野（①科学技術、②人文社会科学、③地方大学育成、④特定分野育成）を対象に、公募方式によりプロジェクト拠点（韓国では「事業団」）をつくる計画に改められた。結局選ばれた六九プロジェクトは、もともと競争力のある有力大学（約二〇校）に独占され、予算の約四五％はソウル大学に配分されることになった。ＢＫ21の特色は、ベンチマーキング方式により、競争力のある研究分野の育成に重点がおかれた。当初ベンチマークされた九八大学のうち九二大学はアメリカの大学に集中していた。もう一つの特色は、研究面で競争力のある大学を「大学院中心大学」に移行させ、若手研究者の育成に重点的に資金配分した点である。また、この事業は一年ごとに政府（教育人的資源部）により評価が行なわれ、その実績に応じて次年度以後の予算査定を行なう成果主義に基づいて運営されている。

このような東アジアにおける研究の高度化戦略は、東南アジア諸国においても近年活発に展開されるようになっている。特にシンガポールの場合、産学官の連携により研究の高度化に取り組む戦略をとっている。シンガポール大学（ＮＵＳ）は学内にＮＵＳエンタープライズという新組織を立ち上げ、①海外分校（アメリカ、中国）、②創業センター、③産業・テクノロジー支援室、等の事業を現地企業との協同プロジェクト方式により展開している。また一九九七年にはゴー・チョクトン首相（現上級相）の「東洋のボストン構想」が提唱され、一〇年以内に一〇校以上の「ワールドクラス大学」との提携（キャンパス誘致ないしプログラムの共同運営）および大規模な留学生誘致政策を発表し、すでに八大学（ＭＩＴ、ジョンズ・ホプキンス大学、ジョージア工科大学、ペンシルバニア大学ウォートン校、欧州経営大学院、シカゴ大学ビジネス大学院、アインフォーフェン技術大学、ミュンヘン工科大学）との提携およびキャンパス誘致に成功している[16]。

日本の場合も近年、大学院制度の拡充整備と研究費の配分方式の見直しなどを通して、研究の高度化に重点をおいた高等教育政策が展開されてきている。特に二〇〇二年から始まった「二一世紀ＣＯＥプログラム」は世界水準の研究教育拠点を作る試みとして注目されているが、ＣＯＥ形成への着手はアジア・太平洋地域の国々に遅れをとったと言わなければならない。現在九三大学（二七三件）がこのプログラムに採択されているが、配分された予算額は物価水準等を考慮すると、中国や韓国のそれに比べ見劣りがする。

④　国際化・多国籍化

アジア地域の高等教育のもう一つの挑戦は、大学の国際化・多国籍化への取り組みに見ることができる。特にオーストラリアの対アジア留学生政策には目を見張るものがある。現在、オーストラリア国内に留学生約一三万人、海外分校に在籍する留学生を含めると二六万人の留学生を受け入れている。一九八〇年代後半から始まった海外分校プログラム（Off-Shore Program）は、二〇〇四年現在一〇〇八に達しているが、これらの大半はアジア地域に集中している（シンガポール二八五、マレーシア一九一、香港一六〇、中国八八、タイ三六、ベトナム二九となっている）。オーストラリアの三九大学のうち三七大学が何らかの海外分校プログラムを運営している。このような留学生受入れ事業からの収入は、サービス産業のうちでも観光、交通に次ぐ第三位の地位を占めていると言われている。つまりオーストラリアの留学生政策は一種のビジネスモデルとして展開されており、各大学にとって留学生は重要な「収入源」となっているのである。その一方でオーストラリア政府およびオーストラリア国際教育機構（AEI）は、欧米各国との競争を意識して、オーストラリア留学の魅力として、①質保証された教育と最高の教育研究環境の提供、②豊かな自然と国内の安定、③物価は低く高い生活水準、④多文化主義に基づく社会、等をあげピーアールに余念がない。一九九七年には「留学生のための教育サービス法」を制定させている。以上にみられるようにオーストラリアと中国を含む東南アジア諸国の大学との教育ネットワークは、過去二〇年間に飛躍的に増大したと言える[17]。

一方、東南アジア諸国の方も、マレーシア、シンガポールにみられるように大学の国際化・多国籍化に積極的に取り組んできている。マレーシアの場合、一九八〇年代前半までは世界屈指の留学生送り出し国であったが、八〇年代後半から留学経費削減のために導入したトゥイニング・プログラム(Twining Program)は、マレーシアの「発明」として有名になっている。それは大学の基礎課程をマレーシアで履修し、後半の専門課程を欧米の大学で履修することにより二つの大学の学位を取得できる部分留学制度[18]であり、提携先はオーストラリア、イギリス、アメリカ、カナダ、ニュージーランド等の英語圏の大学がほとんどである。また先にみたように、マレーシアはオーストラリアやイギリスの大学の海外分校(オフショア・プログラム)を数多く受け入れていることでも知られている。さらに最近では、アセアン諸国(ブルネイ、インドネシア)や中国からの留学生受け入れや外国人教員の雇用に力を入れ始めている。

また中国は一九八〇年代の改革開放政策に基づき、大量の留学生を欧米および日本に送り出してきたが、最近ではオーストラリアやマレーシア、シンガポールなどのアセアン各国にも留学生を派遣するなど、アジア・太平洋地域全体を視野に入れた留学生派遣政策を展開し始めている。それと同時に二〇〇二年時点ですでに約九万人の留学生を海外から受け入れており、将来的には留学生受け入れ大国になることが予想される。それに呼応するかのように二〇〇五年には、国家的文化戦略として中国語学校(「孔子学院」)を世界に一〇〇校設立する計画を発表している。この計画を推進するのは中国および受入国の大学であり、共同運営(受入側が土地・建物を提供し、中国側が教師・教材を派遣)方式をとっている。さらに中国はWTO加盟を契機にいち早く「中外合作弁学条例」(二〇〇三年)を制定し、外国大学との高等教育プログラムの共同運営、学位の相互認定(ジョイント・デグリー)を積極的に展開し始めている。韓国も二〇〇四年に留学生受け入れ五万人計画を発表し、これまでの送り出し一辺倒であった留学政策の転換をはかろうとしている。

こうした各国の動きと同時に注目すべきは、アジア・太平洋地域の留学生交流促進を目的に一九九一年に設立されたUMAP（University Mobility in Asia and the Pacific）の事業である。この機構はＥＵのエラスムス計画のアジア版とも言われ、現在アジア・太平洋地域の二九カ国・地域が加盟している。二〇〇〇年からは、その単位互換スキーム（UCTS＝UMAP Credit Transfer Scheme）が実施に移されている。国際事務局は東京に置かれている。

以上みてきたように、アジア地域の大学の国際化・多国籍化は年々加速していると言える。一方日本の場合、一九八〇年代に掲げた「留学生一〇万人」受け入れ計画は、約二〇年を経て当初の数値目標は達成したが、いわゆる漢字圏の東アジア（中国、韓国、台湾等）に偏した受け入れになっており、東南アジアの留学生を惹きつけるだけの戦略を持ち得なかった。また海外からの大学誘致も一九九〇年代初頭に、与党政治家や地方自治体が中心になってアメリカ大学の日本校受け入れが進められたが、政府（文部省）が積極的でなかったため、ほとんどが失敗に終わった。したがって日本の大学関係者は、アジア・太平洋地域全域に広がっているオーストラリアのオフショアプログラムにもほとんど関心を示してこなかった。またＷＴＯ対応の「高等教育サービス貿易」に対する対応も、他のアジア・太平洋諸国に比べ、具体的な展開はみられない。それに関連して文部科学省・調査研究協力者会議により検討された審議のまとめ（「国境を越えた教育を提供する大学の質保証について」）[19]も、相変わらず「守りの姿勢」が先に立っている。これまで高等教育の国際化については政府の各種答申（臨時教育審議会、大学審議会、中央教育審議会）でたびたび取り上げられてきたが、それらが戦略的政策となることは少なかった。したがって各大学が独自に進めてきた大学間の教育学術協定数も九〇〇〇件を越えるまでに増加しているにもかかわらず、日本の大学独自のユニークな交流成果をあげるにはいたっていないのが現状であると言わなければならない。

(3) 躍進するアジアの大学

このようなアジアの大学改革は、世界各国からも注目されるようになってきている。その例として、大学ランキングを取り上げてみよう。タイムズ紙のそれは毎年ノーベル賞発表の前後に発刊されるので、注目度は抜群に高い[20]。二〇〇六年度のそれは、前年までの総合ランキングとは異なり、ノーベル賞と類似した各分野別(理学、工学、医学・生理学、社会科学、人文学)に、トップ一〇〇大学の順位(分野別総合得点：引用頻度数付)が発表された。評価方法はこれまで通りピアレビュー方式であり、世界の各分野の碩学三、七〇三人による評価に基づいている。これまでの総合ランキングでは、世界最高レベルのトップ一〇大学は、年度により順位の異動は多少あったが、米英の大学が独占してきた。なかでもアメリカ東部のハーバード、MIT、プリンストン、西部のスタンフォード、UCバークレイ、Cal. Tec、イギリスのオックスフォード、ケンブリッジはその常連であった。ところが二〇〇六年度版では、各分野のトップ一〇にアジアの大学が名を連ねてきたのである。理学分野に東京大学(一〇位)、工学分野ではインド工科大学(三位)、東京大学(七位)、シンガポール大学(八位)の三校、医学・生理学分野でも北京大学(八位)、シンガポール大学(九位)、社会科学分野ではわずかに及ばずシンガポール大学が一一位であったが、人文学では北京大学が一〇位に名を連ね、アジアの大学の躍進ぶりがひときわ目を引いたのである。同紙に解説記事を執筆したマーチン・インス記者は、「理学の分野でアジアの大学が二一校もトップ一〇〇に名を連ね、これにオーストラリア、イスラエルの大学を加えれば、英米の優位を当然のように考えることはもはやできない」、「工学分野でのインド工科大学に見られるように、英米以外の地域の大学は手ごわい競争者となりつつある」と書き、アジアの大学の躍進を欧米大学に対する「脅威」として警鐘を鳴らしたのである。

アジアの大学の躍進は、すでにトップ一〇〇入りを果たしてきた日本、韓国、中国(香港)、シンガポールの大学以外の東南アジア各国（マレーシア、インドネシア、タイ）の大学がランキングに名を連ねたことに象徴される。先のマーチン記者は、「医学・生理学分野に途上国のガジャマダ大学七三位（インドネシア）をはじめ、マラヤ大学、マレーシア理工大学およびインド工科大学、ジャワハラル・ネルー大学が新規に登場してきたことは、研究に多額の資金を投入する英米モデルが必ずしも大学の競争力を決定づける唯一のものでない」ことを示しているとコメントしている。また、人文学分野においても「言語の壁」を乗り越えてアジアの一四大学がトップ一〇〇入りしたことに関連し、「今後アジアの大学は研究成果を英語で刊行することが多くなることが予想されるので、相当数の大学がトップ一〇〇に名を連ねることになるだろう。ヨーロッパ大陸部の大学はこのような傾向をすなおに受入れがたい気持があるようだ」と、ヨーロッパの大学の焦りにも似た感情に言及している。

ランキングの解説記事にアジアの大学が取り上げられるのはこれまでになかったことであるが、分野別・地域別大学数をみれば、アジアの大学の躍進は一目瞭然である。理学や医学・生理学などの基礎科学の分野でも二五％前後をアジアの大学が占めており、応用科学分野の工学（二五％）はもちろん、社会科学（二二％）や人文学（一四％）の分野でも、アジアの大学の躍進ぶりは目覚しい。これに太平洋諸国（オーストラリア、ニュージーランド）を加えれば、「アジア・太平洋地域」はヨーロッパ、北米とならぶ巨大な学術圏（Center of Learning）の一つをすでに形成しているとみることができる。

表7-4　トップ100大学の分野別・地域別分布（2006年）（数字は大学数＝比率）

地域＼分野	理　学	工　学	医学・生理学	社会科学	人文学
ヨーロッパ	38	30	38	37	43
北米（アメリカ・カナダ）	31	34	28	28	26
アジア*（　）内は日本	24 (6)	25 (6)	23 (5)	22 (4)	14 (3)
オーストラリア**	8	11	11	13	17
合　計	101（100位が2校）	100	100	100	100

The Times Higher Education（Oct.13, 20, 27, 2006）より筆者が作成
*イスラエル含む　**ニュージーランド含む

これまでの高等教育研究の通説によれば、途上国の大学はそのインフラ整備状況や学術誌（アカデミック・ジャーナル）で使用される言語（主として英語）等の問題により、先進国の大学との格差はますます開くと予想されていた。ところが今回タイムズ紙のランキングでみるかぎり、これまでの「常識」は覆されたと言わなければならない。その背景に何があるのであろうか。

一言で言うならば、冷戦終結後のグローバル化が、学問分野においても特定地域間の従属関係を曖昧化し、時空間を越えた「競争」を激化させたためであると考えられる。一九九〇年代後半のアジア通貨危機は、アジア各国にグローバルな競争への対応を迫ったと言えるが、それ以前から東南アジアの大学は、「企業化（シンガポール）」、「民営化（マレーシア）」、「自治大学化（タイ、インドネシア）」等、様々なスローガンを掲げて大学の構造改革（ガバナンス改革）に取り組んできた。また中国の大学が、建国後最大規模の大学の統廃合・再編を試みていることは周知の事実であり、韓国も競争力強化に向けた大胆な大学の統廃合を含む構造改革を進めている最中である。こうした改革が、資金の集中と研究者の世界的流動を加速させていることは紛れもない事実であり、そのことがランキングの上昇につながっていることは疑う余地がない。

東南アジア諸国の大学のトップ一〇〇入りについては上述したとおりであるが、東アジアについてみると中国の大学の躍進ぶりが際立っている。ほとんどの学問分野で日本の大学数に肩をならべており、早晩抜き去る勢いを感じさせる。またランキング面でも上位校への進出が続いている。これに特別行政区・香港の大学（香港大、中文大、香港理工大等）を加えれば、その影響力は益々強化されることが予想される。このほかにも韓国（ソウル大、韓国科学技術大）、台湾（台湾大）の諸大学もトップ一〇〇入りを果たし、健闘している。

それでは今回のランキングを通して、日本の大学が世界およびアジアにおいてどのような位置を占めていると言えるのであろうか。世界レベルでみても東大および京大はすべての学問分野でトップ一〇〇大学に入っており、二〇位以上の高い位置を確保している。それ以外の大学についてみると、理学、工学、医学・生理学の三分野に大阪大と東北大が名を連ねており、理学、工学の二分野に東工大と名古屋大がランキングされている。これらの大学のほとんどは旧制大学を前身にもつ伝統校である。今回、社会科学の分野で慶応大(七五位)と神戸大(八八位)、人文学で早稲田大(五八位)がトップ一〇〇に名を連ねたことが、目新しいと言えば言える程度である。

一方、アジア地域における日本の大学の位置についてみると、トップ一〇〇にランキングされるアジアの大学が激増している中、日本の大学数はここ数年あまり変化がみられない。つまるところアジアにおいて、日本の大学の存在感は相対的に低下していると言わなければならない。グローバルなレベルで展開されている大学間競争を勝ち抜くには、一九九〇年代以後に進められてきた大学改革事業のあり方を抜本的に見直さねばならないのではなかろうか。

むすび――日本の高等教育改革への示唆

以上みてきたようなアジア地域の高等教育改革の動向に、これまで日本の大学関係者は必ずしも十分な注意を払ってこなかった。アジアの時代というスローガンは溢れているものの、日本の大学はアジア地域の若者(留学生)や研究者を惹きつけるだけの魅力(attractiveness)と高度な品質(excellence)を必ずしも備えるにいたっていないのである。この一〇年間に展開されてきた高等教育政策をとっても、アジア地域の大学にモデルを提供するようなものは無かったと言わなければならない。むしろアジア地域の大学の戦略構想とそれを実施に移してきた実行力から学ぶところの方が多いと考えられる。

① 大学設置基準の大綱化(一九九一年)にはじまる一五年間の大学改革は、あまりにピースミールでグランドデザインに欠けていた。突如として提案され実施に移された国立大学の法人化はその典型であり、そこには私学を含む日本の高等教育システム全体に対する改革デザインは示されていない。この点、法人化の制度設計を提示し、

それに賛同する大学から順次法人化していく手法をとっているアジア各国の戦略の方が理にかなっているのではないだろうか。

② トップ三〇大学構想にはじまり、曲折を経て実施に移された「二一世紀COEプログラム」にしても場当たり的政策であり、必ずしも中・長期の戦略的政策展開とは言えない。事業規模（予算）・事業内容・評価のあり方等、どれをとってもアジア諸国のCOE（中国の「二一一工程」や韓国の「BK21」）にみられるような、徹底した戦略性がみられない。

③ このところ進んでいると言われているカリキュラム改革を通じての教育の質保証をとっても、いまだに学士課程教育の決定版を見出すにはいたっていない。また教養教育や外国語教育の面でも、アジア地域の視点が欠落している。

④ これまでの学生交流事業は「一〇万人計画」にみられるように政府主導の受け入れ一辺倒のものであり、日本人学生の送り出し、特にアジア・太平洋地域への送り出しを含む双方向のものではなかった。UMAPの国際事務局は日本にあるが、その単位互換スキーム（UCTS）に日本の大学は、必ずしも積極的でない。さらに近年、アジア・太平洋地域の大学との教育学術交流協定は量的に増加の一途をたどっているが、交流の実態が伴っていないケースが数多く見受けられる。

今後、日本の大学がアジア地域の若者（留学生）や研究者から、真に魅力的で高品質の教育を提供していると意識されるようになるには、政府および大学は次のような観点を考慮に入れた大学改革戦略を実施に移す必要があるであろう。

・留学生交流の質的充実（多様な奨学金スキームの構築、博士学位の授与増大、国際交流専門人材の養成）
・研究交流の拡大（共同研究、研究資金の国際公募、国際学術誌の共同刊行）

・大学間の相互連携の促進（連携プログラムの実施、「分校」開設と展開）
・国際言語（英語）による教育プログラムの企画・展開
・アジア地域の言語・文化を考慮に入れたカリキュラムの開発
・日本人大学教員のアジア・太平洋地域の大学教育・研究への協力
・アジア地域の大学教員による日本の大学教育・研究への協力

〈注〉

1　R.P.ドーア（松居弘道訳）『学歴社会―新しい文明病―』（岩波現代選書）岩波書店、一九七八年。
2　P.G.アルトバック（馬越徹・大塚豊監訳）『アジアの大学―従属から自立へ―』玉川大学出版部、一九九三年、一一―三九頁。
3　Cummings, W.K. & Altbach, P.G. 1997, *The Challenge of Eastern Asian Education*, State University of New York Press, 1997, pp.275-291.
4　Geiger, Roger L., "Patterns of Public–Private Differentiation in Higher Education—An International Comparison—", *Public and Private Sectors in Asian Higher Education Systems*, RIHE Hiroshima University, 1987, pp.7-20.
5　Cummings, W.K. & Altbach, P.G., op. cit. pp.135-152.
6　胡建華「中国における私立高等教育機関の復興」『中国研究月報』Vol.51. No.7、中国研究所、一九九七年、二八―三七頁。
7　Gonzalez, Andrew, F.S.C 1988, "The Evolution of Private Higher Education in the Philippines: A Model for ASEAN Countries?", pp.22-23.（セミナー・ワーキングペーパー）
8　馬越徹「韓国の大学評価」『大学評価に関する総合的比較研究』（代表・桑原敏明：科学研究費研究成果報告書）、一九九七年、六三―七二頁。
9　馬越徹「韓国高等教育におけるユニバーサル化のインパクト」『高等教育研究紀要』高等教育研究所、一九九九年、五五―六七頁。
10　世界銀行（白鳥正喜監訳）『東アジアの奇跡―経済成長と政府の役割』東洋経済新報社、一九九四年。

11 P. G. アルトバック（馬越徹監訳）『比較高等教育論―「知」の世界システムと大学』玉川大学出版部、一〇六―一三五頁。
12 R. P. ドーア（松居弘道訳）『学歴社会―新しい文明病』岩波書店、一九七八年。
13 馬越徹編『アジア・オセアニアの高等教育』玉川大学出版部、二〇〇四年、七―一一頁。
14 馬越徹「いよいよ本番を迎えた大学構造改革」（『カレッジマネジメント』130号（二〇〇五・三～四）、一〇―一六頁。
15 任期五年の特別教授ポストで、特別手当として年間一〇万元（約一五〇万円）が与えられる。この特別ポストが約一〇〇〇ポスト用意され、国内外から公募された。大塚豊「中国―大衆化の現実と知の拠点形成」（馬越徹編）『アジア・オセアニアの高等教育』玉川大学出版部、二〇〇四年、二八―二九頁。
16 池田充裕「シンガポール―グローバリゼーションに挑む高等教育改革」馬越徹編『アジア・オセアニアの高等教育』玉川大学出版部、二〇〇四年、一六〇―一六一頁。
17 （財）政策科学研究所「高等教育サービスの国際化に関する調査研究（報告書）」、二〇〇三年、一六頁。
18 杉本均「マレーシア―高等教育政策の歴史的展開」馬越編『アジア・オセアニアの高等教育』七八頁。
19 文部科学省・国際的な大学の質保証に関する調査研究協力者会議「国境を越えて教育を提供する大学の質保証について」〈審議のまとめ〉、二〇〇四年三月二九日。
20 馬越徹「アジアの大学が躍進―タイムズ紙ランキングより―」『教育学術新聞』（二〇〇七年一月二四日付）。

【付記】

近年アジアの高等教育は世界から注目されている。それは高等教育拡大の規模とスピード、それを支える私学高等教育の役割に対する関心からである。本論は、その問題を正面から論じた論文である。〈補論〉では、アジアの高等教育が量的拡大ばかりではなく、近年の改革ではガバナンス、教育の質保証、研究の高度化、国際化・多国籍化の面でも競争力をつけてきている現状をレポートした。

筆者はこれまで米国の高等教育研究者（フィリップ・アルトバック）のアジア高等教育に関する研究成果の一部を翻訳紹介してきた。（例えば、馬越徹・大塚豊監訳『アジアの大学』玉川大学出版部、一九九三年、馬越徹監訳『比較高等教育論』玉川大学出版部、一九九四年）また最近では、フィリップ・アルトバック氏との共同研究の成果を英文で刊行（Philip G. Altbach & Toru Umakoshi, *Asian Universities: Historical Perspectives and Contemporary Challenges*, Johns Hopkins University Press, 2004, 邦訳は北村友人監訳『アジアの高等教育改革』玉川大学出版部、二〇〇六年）、筆者自身の編著『アジア・オセアニアの高等教育』玉川大学出版部、二〇〇四年、および監修『アジア・太平洋高等教育の将来像』東信堂、二〇〇五年、などを刊行している。あわせて参照いただければ、本章の理解はさらに深まるであろう。

第8章　大学改革の日韓比較

はじめに

三〇年以上も日本の大学に籍をおく筆者は、紛れもなく日本の大学のインサイダーである。一時期、文部行政の場や海外の大学に身をおいたこともあるが、前半の約一五年は大学の研究センターで研究に従事し、後半の約一五年は日本の学部・大学院（研究科）で教育・研究に携わってきた。さらに学生時代を含めれば、四〇年以上も日本の大学のインサイダーとして過ごしてきたことになる。本来なら「内から見た」日本の大学改革を論じるべきだと思っている。しかしあえて本論において、日韓比較の観点から日本の大学改革について書こうとする理由は次の点にある。

一般に比較の観点から日本の大学改革を論じる際、常にその準拠枠となってきたのは欧米（特にアメリカ）の高等教育システムであり理論であった。それはそれで一定の有効性をもってきたが、戦後日本の大学改革や現在進行中の改革を検証するには、もう一つの「外からの目」が必要だと筆者は考える。その一例として、隣国韓国で進められてきた一連の大学改革を挙げることができる。韓国の大学改革は、日本の大学改革を相対化する上でかなりの有効性をもつと考えられるからである。

言うまでもなく解放（一九四五年）後における韓国の大学改革は、日本統治下で形成された植民地遺制としての高等教育システムをアメリカモデルに転換していく過程であった。日本も占領下においてアメリカモデルが移植されることになるので、外的条件は韓国の場合と共通していたと言ってよい。ところが新しいモデルの受容・定着過程、言葉を換えて言えば旧制度を改革していく手法は日韓の間でかなりの違いがあった。当然のことながら、日本の改革は過去の遺産（旧制度）に縛られ新しいモデルとの葛藤を余儀なくされた。一方、韓国の改革は過去（植民地統治期の日本モデル）を明確に否定することから、新しいモデルの受容をスタートすることができた。さらには新しいアメリカモデルを「自国化」していく過程、すなわち大学改革への取組み（特に一九七〇年代）の違いが、戦後半世紀を経た一九九〇年代の改革にまで色濃く反映していると言える。例えば、新制大学の中核的理念であるとされる、①一般教育、②課程制大学院、③適格認定制（アクレディテーション）、これら三点の日韓両国におけるその受容過程および改革状況にはかなりの相違がみられるのである。本論では、韓国の改革を合わせ鏡に、これらの三つの改革課題を中心に戦後日本の大学改革について考察することとしたい[1]。

1　ピースミールな改革の限界

本論に入る前に、現在進行中の「大学の構造改革の方針」を取り上げ、日本の大学改革の特徴を探ってみよう。これは二〇〇一年六月国立大学長会議の席上、文部科学省から配られた紙一枚の改革方針（通称「**遠山プラン**」）とされているが、そこに盛られた改革項目の重大さとともに、あまりに唐突な発表方式に驚かされたものである。政府の経済財政諮問会議の要請を受けて、急遽取り纏めたものとは言え、これだけの改革方針を基礎資料（具体的改革手順）なしに提示した文部科学省の手法は大胆不敵としか言いようがない。これに先立ち鳴り物入りで答申された大学審議会答申（「二一世紀の大学像と今後の改革方策について」平成一〇年、および「グローバル化時代に求められる高等教育のあり方について」

平成一二年)との整合性は考慮された跡がみられない。これではグランドデザインがないと言われても仕方があるまい。さらに驚くべきことに、これにさしたる異論もさし挟まず、この方針を既成事実として「改革競争」に狂奔している国立大学側の姿は、大学が自治的組織である前に行政的組織になってしまっている体質を露呈していると言わざるを得ない。

本来、改革方針(原理)はそれを実現するための具体的内容と手続きが示されてはじめて意味をもつものであるが、大学の構造改革方針に盛られた三原則、すなわち、①国立大学の再編・統合、②民間的経営手法の導入(「国立大学法人」への早期移行)、③第三者評価による競争原理の導入(国公私「トップ三〇」を世界最高水準に育成)には、個々の具体的内容・手続きが示されていないだけでなく、相互の関連性への言及もない。したがって政策展開も現場(大学側)の対応も状況に流され、ピースミール(細切れでばらばら)と成らざるを得ない。

例えば唐突に表明された「トップ三〇」構想についてみると、大学の構造改革というにしてはその内容があまりに貧弱である。トップ三〇という定義そのものが曖昧であっただけでなく、トップ三〇を選定する具体的手順が明示されていなかったため、構想は迷走を重ね、結局「世界的教育研究拠点の形成のための重点的支援(二一世紀COEプログラム)」と体裁を整え、二〇〇二年七月現在初年度計画の申請作業が進行中である。しかも予算化されれば二〇〇三年三月までに予算執行しなければならないというまさにドタバタ劇である。さらに言えば、「世界的教育研究拠点(COE)」を形成すると言うにしては、その年間予算額(第一期:五分野・約一〇〇件、約二一一億円)はあまりに小額であり、近隣アジア諸国(韓国、中国)のCOE予算と比較しても見劣りがする。審査方法も、従来の科学研究費の審査に若干の競争的観点(専攻毎の評価項目)が加えられているとは言え、文部科学省の評価の視点(簡略なガイドライン)を見る限り、これまでの実績評価が主体であり、将来に向けての改革事項が評価対象として組み込まれているとは言えない。また文部科学省の担当者によれば「経費の使途は基本的に大学の計画にお任せし、できるだけ使途を限定しない」[2]と物分りのよさをみせているが、これで果たして政策的にＣＯＥを形成することができるのか、甚だ心もとない。予算配分後の事後評価には一切触れていないのも気になるところである。

他方、すでに四年も前にＣＯＥ事業をスタートさせている韓国のケースは、日本のそれとはきわだった対照をみせている。ＩＭＦ金融危機に端を発する「頭脳韓国二一世紀計画（Brain Korea：通称ＢＫ21）」は、世界水準の大学院育成という明確な目標のもとに、各分野ごとに世界のベンチマーキング大学（最優良大学）を選定して協力関係を結び、教育・研究交流（共同研究、人材交流、特に若手研究者：ポスドク・大学院生を含む）に予算の七割を投入している。また申請は学科・研究科単位の公募形式をとっており、日本のように大学執行部が調整して大学別に申請する方式ではない。何よりも注目されるのは、大学院中心の重点研究大学育成が目的であるので、申請の段階で、①学部学生定員の削減、②大学院の門戸開放（他大学出身者を五〇％以上受け入れる）、③教授の研究業績評価と昇進・昇給をリンク、④入試制度の改善方策、等の大学改革プログラムが組み込まれていなければならない。年度末にこれらの改革状況は毎年評価され、次年度の予算査定に反映される仕組みをとっている。これらＢＫ事業の全体像は、教育部（二〇〇一年度からは教育人的資源部）発行の一〇〇頁を越すハンドブックに詳細に規定されており、申請から評価にいたる一連のプロセスが事前に明示されている。予算規模は、一九九九年から向う七年間（一九九九－二〇〇五）に一兆四千億ウォン（日本円で約一四〇〇億円）が投入されることとなっており、韓国学術史上最大規模の事業である。物価水準等を考慮すれば、年間予算規模そのものが日本のＣＯＥ計画よりもかなり大きい[3]。

韓国のＣＯＥ事業（ＢＫ21）で注目されるのは、日本の「大学の構造改革」のように先行する改革方針（大学審議会答申）と無関係に突如として打ち出されたものではなく、周到な準備作業のもとに制度設計がなされてきたことである。ＢＫ21事業は一九九七年末のＩＭＦ金融危機を直接的契機として翌年成立した金大中政権において公表されたものであるが、構想自体は金泳三文民政権の教育改革委員会答申（「世界化・情報化時代に対応する新教育体制樹立のための教育改革法案」、一九九五年）のなかに明示されていた。ＯＥＣＤ加盟（一九九六年）とともに実施された教育政策審査においても、来るべき知識基盤社会におけるエクセレンス重視の高等教育改革方針は支持されていた[4]。翌一九九七年末には、建国後一貫して維持してきた「教育法」（一九四九年）を半世紀ぶりに教育基本法、初・中等教育法、高等教育法の三法に分割した。新に高等教育法を成立させることにより、これまで教育法の枠内で進めてきた高等教育改革に独自性と柔軟性を付与したと言える。ＢＫ21事業は、こうした二つの政権にわたる一連の高等教育改革のグランドデザインに基づいて打ち出されたＣＯＥプログラムなのである。

2　制度上の不整合を克服できなかった一般教育

戦後五〇年以上を経過したにもかかわらず、いまだに克服できていない課題の一つに一般教育（general education）問題がある。そもそも一般教育は、一九五〇年に改訂された大学基準により「科目区分」の一つとして義務化されて以来、その後四〇年にわたり学士課程改革の中心課題となってきた。ところが一九九一年の大学設置基準の改定による科目区分の撤廃により、一般教育は大学教育課程からあっけなく姿を消した。法的規定がなくなるや否や一般教育という用語自体が今では死語となりつつある。ではなぜこの木に竹を接いだような制度的構造が新制大学の骨格として導入されたのか。また教師（一般教育担当教師のみならず専門教育担当教師も含む）にも学生にも不評であった一般教育が何故に四〇年にもわたって続いてきたのか。さらにはこの壮大なる時間の浪費に、なぜもっと早い時期に終止符を打つことができなかったのか[5]。

そもそも一般教育は専門教育重視の旧高等教育制度に対する批判として、占領軍（アメリカ）の強いイニシアチブによって導入されてきたのは周知のとおりである。大﨑の研究によれば、米国教育使節団報告に端を発する一般教育重視は、もともとは「大学」を対象にしたものではなく「大学進学準備校である高等学校（旧制）と専門学校（旧制）」を対象としたものであった。ところが戦後教育改革を主導したＣＩＥ（総司令部民間情報教育局）は、一般教育を新制大学に一律に強制したため、無用の混乱を招くことになった。すなわち新制大学への一般教育の導入の背後で、アメリカ側に改革方針をめぐる不整合が存在したことになる。大﨑はＣＩＥの独善と断定している[6]。一方、一般教育を強制された日本側（新制大学）は、その再編・統合過程で同じ組織の中に組み込まれることになった旧制高等学校と旧制専門学校の教員を一般教育担当教員としたため、新制大学の中に二種類の教員集団（専門教育担当教員と一般教育担当教員）が対峙する状況を作り出した。つまり日本側も、本来四年間の学士課程教育の全体像のなかに位置づける必要のあった一般教育を、教員を二分することによって、学士課程そのものを二分させるという不整合を作り出してしまったのである。この日米双方によって作り出された不整合が、その後の一般教育改革を既存制度の枠内でのピースミールな改革に終始させただけでなく、学士課程教育そのものを分裂させる状態を作り出したと言える。

しかしこの四〇年という時間の浪費を食い止めるチャンスがなかったわけではない。一九七〇年前後の大学紛争期に出された中央教育審議会答申には、抜本的な一般教育改革が提言されていた。なかでも四六答申として名高い一九七一年（昭和四六）に出された中教審答申には、国・公立大学の法人化提案とともに教育課程における科目区分の撤廃が明確に打ち出されていたのである[7]。一九六七年に諮問され四年の歳月をかけて答申された四六答申は、新学制発足後二〇年を経た時点で制度の総点検を行ない、今後における教育システムのグランドデザインを描くことが目的であった。答申は初等・中等教育を含む包括的なものであったが、高等教育改革に関する部分が分量的に圧倒的に多く、内容的にも精緻なものであった。ところがこの答申は、一部の項目（例えば「高等教育の充実整備に関する計画的な調整」）が部分的に政策化されたのみで、答申の核心部分は葬り去られたのである[8]。同時期に公表されたＯＥＣＤによる日本の教育審査報告書においても、中教審答申の一般教育と専門教育の区分廃止提案は、高く評価されていたのである[9]。この絶好の機会を逃したため、先述した一九九一年の大学設置基準の改定までさらに二〇年の歳月を要したのである。この膨大な時間の浪費を経て、今「新しい教養教育のあり方」が問い直されているのも偶然ではない。一般教育という呪縛から解き放たれて、やっと学士課程教育のあり方、とりわけそのなかにおける教養教育のあり方が本格的に問われ始めたと言える。大学審議会も一九九一年の設置基準改定の契機を作った審議会答申（「大学教育の改善について」、一九九一年）以来、一九九七年の「高等教育の一層の改善について」、さらには一九九八年の「二一世紀の大学像と今後の改革方策について」、二〇〇〇年の「グローバル時代に求められる高等教育のあり方について」と立て続けに答申を出してきた。しかし残念ながら、いずれもピースミールでどの答申が決定版なのか分かりにくい。

では韓国の場合、一般教育問題はどのように推移してきたのであろうか。韓国も米軍政下（一九四五―四八）において高等教育システムの骨格が定められ、かつ朝鮮戦争（一九五〇―五三）後のアメリカの教育援助を通じてアメリカ高等教育の直接的影響を受けた。ところが日本の状況と違っていたのは、日本から解放された時点で大学として認可されていたのは京城帝国大学のみであり、その他の高等教育機関はすべて専門学校であった。したがって韓国の新大学はほとんどが専門学校の昇格を通じて設立されることとなった。それゆえに韓国でも general & liberal education は大学教育課程の重要な構成要素として導入されたが、それを担当する教員集団は、一時期までの国立ソウル大学を除き、日本のように一般教育と専門教育に分断されることはなかった。なお韓国では、一九六〇年代までは「一般教養科目」、七〇年代以後は「教養科目」という用語は使われてきているが、日本のように多義的な「一般教育」に相当する用語（訳語）はこれまで使われていない。

韓国で一般教養科目が制度化されたのは一九五五年の大学設置基準令の制定以後であるが、当時の大学教育課程構成は、必須科目と選択科目に区分され、必須科目は一般教養科目と専攻科目に区分される構成をとっていた。換言すれば韓国の大学教育課程は、①一般教養科目、②専攻科目、③選択科目の三部構成となっていたのであるが、一般教養科目は教育課程全体の三〇％以上と定められたのである（当時は卒業単位が一六〇単位であったので、一般教養科目は四八単位以上）。一般教養科目としては、国民倫理、韓国史、教練、体育等の必修科目のほかに、人文・社会・自然の三領域から均等履修することが義務づけられたのである[10]。

この一九五五年体制下における韓国の大学教育課程は、日本のそれに類似していた。ところが一九七三年を期して大学教育課程の一大変革に取り組むことになった。先にみたように日本は四六答申（一九七一年）を先送りしたのであるが、韓国は大学設置基準令の施行（一九五五年）から約二〇年が経過したのを期に、七〇年代の初頭から「実験大学」方式による抜本的な大学教育改革に着手したのである。実験大学とは、教育課程改革に意欲をもつ大学を政府が指定し、優先的に財源の配分を行なう方式であった。それまで韓国の行政当局は大学教育の質的管理（quality control）を入学定員政策と大学入試政策を通じて行なってきたのであるが、実験大学を通じて大学の「聖域」（教育課程・教育方法・教育評価）にメスを入れることになった。具体的な改革課題として、①卒業単位の削減（一六〇→一四〇）による教育内容の精選と方法の刷新、②入学者の募集方式を「学科別」から「学問系列別」に変更し、学生の専攻決定以前に一年間の適性探索期間を設定、③副専攻（minor）を制度化し社会的要請に対応するカリキュラムの構築、等が挙げられた。翌年には、④複数専攻制（double major）の制度化、⑤季節学期制（夏・冬等）の実施、等が改革項目に加えられた[11]。

この改革により、これまで学科を基準に編成されてきた韓国の学士課程カリキュラムは、抜本的な改革を余儀なくされることになった。改革の結果明らかになったことは、各大学とも専攻科目の履修比率が減少し、選択科目及び一般教養科目（専攻基礎および系列基礎を含む）が増加したことである。また改革を主導する人材の訓練プログラム（faculty & staff development program）や新任教員研修プログラムが活発に行なわれるようになった。一般教養科目問題は、こうした全面的な学士教育課程改革のなかで柔軟に解決が図られていった。人文・社会・自然の三領域均等履修方式から主題別授業科目編成に変化していったことは言うまでもない。韓国の高等教育がマス段階に入ったのを契機に断行された大学教育課程改革は、その実験的な手法とその内容の双方において画期的であったと評価できる[12]。

一方、七〇年代に改革の期を失した日本は、結局のところ新制大学発足時に強制された「一般教育」という枠組みに縛られたまま、行政側も大学側もそれに抜本的なメスを入れることなく四〇年を遣り過ごしてきたのである。韓国に遅れること二〇年にして、科目区分の撤廃（一九九一年）という法改正を行ないはしたが、いまだに一般教育の呪縛から解かれてはいない。

3　ダブルスタンダードにより機能不全に陥った課程制大学院

戦後大学改革のもう一つの大きなテーマとして大学院改革がある。いわゆる課程制大学院の制度化である。もともと占領軍は「課程制」（コースワーク）重視の大学院を、一般教育の導入とワンセットで考えていた。すなわち学士課程においては教養教育（liberal education）を中心とする一般教育を行ない、本格的な専門教育は課程制大学院で行なうというものであった。しかもCIE関係者の構想には、コースワークの修了（単位の集積）のみで学位（修士および博士）を認める動きすらあったようである[13]。このような考え方に対し、論文執筆を重視する旧制度に慣れ親しんできた大学人から猛烈な反発が起き、コースワークと論文執筆の両者からなる課程制大学院制度が出来上がったのは周知のとおりである。ところがこの新しい大学院制度の発足にあたって、学位規則（一九五三年）により論文の提出・審査のみで博士学位を授与することのできる「論文博士」制度が残されたのである。すなわち課程博士と論文博士というダブルスタンダードが新制度発足時から並存することになった。このことにより、形式的に課程制大学院は成立したものの、コースワーク重視の大学院制度が日本の大学に定着しない大きな原因を作ってしまった。

このダブルスタンダードがもたらした不の遺産は、いまもなお人文・社会科学系教授陣に色濃く残存しており、日本の大学院の国際競争力を著しく阻害している。まず第一に、論文博士制度があるために、博士課程（コースワーク）を修了した学生に対して積極的に学位論文を書かせる指導をしない傾向がある（こうした教授陣の意識構造を外国人留学生は理解することが困難であり、彼らは日本の大学院の閉鎖性と批判する）[14]、第二に、博士号をもたない教授が博士課程を担当し、博士学位の審査（主査を含む）に加わるという世界に例を見ない実態が続いており、これを大学自身が改革できないでいる、第三に（実はこのことがもっとも重要なポイントであるが）課程制大学院であるにもかかわらず教授陣にコースワークそのものを重視する意識が希薄であるために、大学院研究科（各専攻）のカリキュラムは単位数の数合せはできていても構造化されていない。第四に、現行の大学院設置基準（一九七四年に省令化）によれば、博士課程（五年一貫制）の修了に必要な単位数は一九七四年以前の五〇単位から三〇単位に削減されたため、修士学位（博士課程前期二年で三〇単位以上を取得し論文審査に合格した者に授与される）取得後のコースワーク（単位取得）は事実上不要となり、博士課程後期は伝統的な個別論文指導に復してしまった。このことが課程制大学院を形骸化させる大きな要因となっている。

論文博士制度がもたらした博士学位のダブルスタンダード問題は、その後九〇年代に実施に移された一連の大学院改革においても手をつけられることなく放置されたままである。もちろん政府は大学院改革に手を拱いていたわけではなく、一九八九年の大学院設置基準の改訂以後、大学院改革は「多様化」と「高度化」の二大政策を柱に展開してきた。大学院の多様化政策としては、学部（学科）に基礎を置かない大学院独自の独立専攻および独立研究科（独立大学院）の設置が推進された。また博士課程後期（三年）のみを設置する連合大学院、さらには大学院研究科のみを設置する大学院大学の設置（例：政策研究大学院大学、総合研究大学院大学、北陸先端科学技術大学院大学、奈良先端科学技術大学院大学等）等、大学院の設置形態は多様化の一途をたどっている。さらに夜間制大学院（一九九三年）、通信制大学院（一九九八年）、専門大学院（プロフェッショナル・スクール、一九九九年）等、社会人教育および高度専門職業人養成に重点を置いた大学院の多様化が進展中である。次に大学院の高度化政策として注目されるのは、高度な学術研究拠点としての重点的大学院整備（大学院重点化）であり、一九九一－二〇〇〇年までの一〇年間に主要国立大学七校（北海道、東北、東京、名古屋、京都、大阪、九州）を中心に大学院重点化が図られ、従来の「学部」に基礎を置く大学院ではなく、大学院研究科を独立部局として教育・研究、人事、予算等に関し自立的な権限をもつ組織とする改革を行なった。

これらの改革により大学院は確かに多様化し、規模拡大とともに予算面でもかなりの改善がなされてきた。しかしながら大学院教育の根幹をなす学位（なかんずく博士学位）におけるダブルスタンダード問題を放置してきたため、結果として課程制大学院を実質化できないままとなっていると言わなければならない。一般教育改革の失敗と同様に、大学院改革においてもその足かせになってきたのは旧大学のエトスであるが、それが国際基準（グローバル・スタンダード）から乖離していることはいまや誰の目にも明らかである。

ここで韓国の大学院改革に目を転じると、日本のそれとはきわめて対照的である。筆者が韓国（ソウル大学）に留学中の一九七〇年の大学院生数は六、六四〇人（博士課程学生はわずか五一八人）、全高等教育人口の三・七％に過ぎなかった。当時政府の審議会報告書は、大学院の状況を「理念不在、研究不在、教育不在、学生不在」と酷評し、改革の必要性を訴えていた[15]。この時点までの韓国の大学院は、博士課程修了者又は大学院委員会においてこれと同等以上の学力があると認定された者に対して、博士請求論文の審査と口頭試問および二種類の外国語試験の合格を経て、博士号を授与していた。この時点では日本と同様、課程博士と論文博士を並存させていたのである。当時韓国では、博士学位を取得したい者のほとんどはアメリカの大学に留学し、人文・社会学系のごくわずかの研究者（教授）が国内で論文博士を取得していたのであり、課程制大学院は機能していなかったのである。

しかし一九七五年を期して韓国は旧規定を撤廃し、博士学位は大学院の博士課程履修者のみに授与される「課程博士」制度に切り替えた。博士学位を取得できるのは「大学院に三年以上修学し六〇単位以上取得した者で、二種類の外国語試験と博士学位総合試験に合格した者」(一九七五年時点の教育法施行規則第一二一条－①)に限定したのである。この措置によりコースワークを重視し、これに総合試験と論文の成績を総合して評価する課程博士制度を確立したのである。韓国は旧制度から決別することによって、課程制大学院の充実強化を図ることになり、学位の量産体制を整えたのである[16]。

日本は当時、大学院設置基準を省令化(一九七四年)し大学院の制度的基盤を強化したにもかかわらず、論文博士の制度を残したまま、博士課程の修了用件である履修単位数を削減したため、課程制大学院を事実上形骸化させていた。その時期に、韓国は日本とは正反対の大学院政策をとったのである。課程博士と論文博士を並存させるダブル・スタンダードを解消した韓国の大学院は、その後急激な量的拡大を遂げ二〇〇〇年時点の大学院生数は約二二・九万人を数え、一九七〇年当時の三四倍増に膨れ上がったのである。二〇〇〇年の日本の大学院生数は二〇・五万人であり、絶対数においても韓国のほうが日本を上回った。なお、韓国の大学院の教育課程運営が完全にアメリカ方式となっているのは、大学院担当教授の圧倒的多数がアメリカの大学で博士学位を取得しており、彼らが大学院運営の中核を形成しているからである。韓国の大学教授の最終学歴(博士学位)は日本の教授陣とは大きく異なっており、そのことが課程制大学院を成功に導いた大きな要因と言えるであろう[17]。ちなみに韓国の大学院は、学術研究を目的とする「一般大学院」と高度職業人養成を目的とする「特殊大学院」の二元体制をとっているが、後者のほとんどは現職社会人を対象とした修士課程(韓国では碩士課程)であり、開講形態も昼間、夜間、昼夜間と多様である。近年、医学や法学分野での専門大学院(プロフェッショナル・スクール)構想が実現に向けて動きつつある。いずれにしても七〇年代の初頭までは閑古鳥が鳴いていると言われていた韓国の大学院をこのような発展に導いた鍵は、上述した一九七五年における論文博士撤廃にあったと考えられる。

4　スタート時の混乱を収拾できなかった適格認定制

戦後の大学改革のなかで最も分かりづらく誤解に満ちているのが適格認定制（accreditation system）である。大学の適格認定を行なうために一九四七年に設立された大学基準協会はいまも存在するが、いまだにこの協会は大学人の間で正確に認知されているとは言えない。そもそもこの適格認定制はアメリカの大学に特有な歴史的事情のもとで形成された制度である。すなわち各州がまちまちな基準で認可した大学の水準（質）を平準化すると同時にその質的向上を図るための共通の基準（入学基準、教育課程の基準、学位の基準等）を大学関係者（民間専門職団体）が作り出し、その団体（協会）を通じて各大学の適格認定を行なうというシステムであった。

こうしたアメリカの特殊事情のもとで形成されたアクレディテーション・システムを、国の認可権限（チャータ－リング：chartering）が伝統的に強い日本の土壌に持ち込んだことにそもそも無理があったと思われるが、ＣＩＥは新制大学を発展させる切り札としてこの制度を構想し、大学基準協会（一九四七年）の創設を強行した。これにより、これに先立ち法制化されていた学校教育法（一九四七年）によって設置認可された新制大学を、加盟大学の連合体である大学基準協会が適格認定を行ない水準の向上を図るという制度的装置が形式的にはできあがった。ところが大学基準協会の創設過程で、もともと大学の設置認可のために作られたはずの「大学設置基準（案）」が協会の「大学基準」として採択されるという混乱が起こった。混乱はそれに止まらず、大学基準協会の「大学基準」をその後文部省が大学の設置認可基準として使うことになったため、アクレディテーションとチャーターリングの混同が起こった。このような大学基準協会の設立過程をみると、まさに「擬似アクレディテーション導入」[18]であったわけであるが、このことにより新制大学は発足時から大学設立の基本要件（基準）が何であるかをめぐって混乱が生じてしまったのである。

このように初期段階において、アクレディテーションとチャータリングという本来異なる機能を行政側も大学側も論理的に整理しないまま事態のみが推移していったため、大学基準協会の役割はきわめて曖昧なものになってしまった。爾来、日本の大学は外部から本格的な評価を受ける経験を欠いてきたのである。そのことが日本の大学の自己改革能力を著しく阻害してきたことは否めない事実であった。そこで文部省は、一九九一年に改正した大学設置基準第二条（自己評価等）において、「教育研究活動等の状況について自ら点検及び評価を行ない、その結果を公表すること」を各大学に義務づけたのである。当初この条項がどの程度の効力をもつかは不明であったが、各大学は一斉に自己点検・評価報告書を公表するところとなり、さながら評価合戦の様相さえ呈してきた。文部省資料によれば、一九九七年までに国立大学では一〇〇％、国・公・私立大学全体の八八％が自己点検・評価を行なっている。このような大学人の意識が急激に変わった背景には、公的機関における情報公開を促進する法律の制定、一八歳人口の急減による大学経営の危機感等、様々な要因が考えられる。また内外のマスメディアによる大学評価（ランキング）や諸外国における大学教育の品質保証（quality assurance & quality assessment）運動に刺激されたことや、限られた公的財源を求めての大学間競争を強く意識し始めたからだと言われている。

ところが自己点検・評価には限界があることが明らかになるにつれ、外部の専門家・有識者を招いての評価活動（いわゆる「外部評価」）が一般的になった。しかしそうした外部評価も客観性に欠けるという批判が絶えず、学外の第三者による評価システムの導入を提言した大学審議会答申（一九九八年）に基づき、多元的評価の一翼をになう機関として二〇〇〇年四月に行政主導で既存の学位授与機構を改組し「大学評価・学位授与機構」（国立大学共同利用機関）が創設された。しかしながらこの新機構は、評価対象を当面国立大学のみとしており、しかもすべての機関を一斉に評価しているわけではない。毎年、教育・研究・社会貢献等の分野ごとに数校を選んで試行的に評価しているに過ぎない。したがって、先の大学審議会答申が期待しているように評価結果を資源（財源）の効果的な配分に使えるかどうかも明確ではない[19]。さらに大学審答申は、多様な主体による評価の推進として、大学基準協会の適格認定(アクレディテーション)を通じた評価活動の充実強化を期待しているが、本心から協会のアクレディテーション機能の強化を奨励しようとしているのか疑わしい。なぜなら戦後長期にわたり混乱がみられたチャータリングとアクレディテーションとの関係を日本の高等教育の現状に則して整理しないまま、一方で国立大学の評価を対象とする第三者評価機関(大学評価・学位授与機構)の創設を提唱し、他方において国・公・私立大学が自主的に加盟する大学基準協会の適格認定制による評価活動を奨励するというのは、問題の本質を曖昧にしかねない危険性がある。いずれにしても日本における本格的な大学評価活動は緒についたばかりであり、この間の立ち遅れをいかにして取り戻すかが行政および大学関係者に問われている。

この点、韓国の大学評価事業は近年目覚しいものがあり、アジア諸国の中で最も精度の高い評価体制を構築してきたと言える。もちろん韓国も日本の場合と同様に、米軍政下(一九四七年)においてアメリカモデルの適格認定(アクレディテーション)のための団体(韓国大学協会)が組織された。協会の仕事は高等教育機関の水準を設定し、協会加盟大学の質を管理することとされた。ところが独立(一九四八年)後はこの協会はあまり機能しなくなり、政府の設置認可行政が大学政策の中心課題となっていった[20]。特に朴正熙大統領時代(一九六〇―七〇年代)は「上位下達」方式で上から改革を断行する方式が定着していた。これに対し一九八〇年代に入ると、政府の政策を大学に押しつけるのではなく、政府と大学の間に中間的な大学連合組織を作り、それを媒介に両者が協力して高等教育政策を形成していこうとする雰囲気が生れた。こうした組織の設立に尽力したのは七〇年代の実験大学方式による大学教育改革に辣腕を振るった文教官僚および与党政治家、そして彼らをサポートした大学人であった。一九八二年に全国の国・公・私立の四年制大学のすべてを会員とする韓国大学教育協議会(以下、協議会)が社団法人として設立され、二年後の一九八四年には議員立法によりこの協議会を特殊法人とする法律(「韓国大学教育協議会法」)が国会を通過した。これにより、協議会は自立的に高等教育政策を研究し、政府に建議する権限を賦与された。同時にその定款により、大学評価事業も協議会の事業とされたのである。大学人に抵抗の多い評価事業を政府が直接実施するのではなく、大学人の連合体である協議会に委託する形を取って大学評価事業をスタートさせたのである。

その後、協議会の評価管理部は「大学人による大学評価」を旗印に、数々の評価モデルの開発研究に取り組んだ。また試行的に数々の機関別評価および学問領域別評価を繰り返し行ない、一九九一年に「大学総合評価マニュアル」を策定し、本格的な評価システムをスタートさせた。これにさらに手を加えて完成したものが一九九四年からスタートした「大学総合評価認定制」である。これはアメリカのアクレディテーション（適格認定制）をモデルに構築されたものであり、すべての四年制大学を対象に、①評価申請（対象大学選定）→②自己評価報告書（韓国では「自体報告書」）の作成→③書面評価・現地訪問評価→④認定可否の判断と結果の公表、の手順で実施される。評価結果は、「認定」、「非認定」、「条件付認定」のいずれかで公表され、ランキング表示は行なわない（各大学には、評価項目ごとに詳細な結果が伝達される。）。この総合評価認定制は、学部（学士課程）と大学院（研究科）別に七年周期で行なわれることになっており、第一期事業（一九九四－二〇〇〇）が完了した時点で、全国の一六三大学、一〇一大学院が「認定」を受けた。二〇〇一年から始まった第二期事業においては、総合評価の周期を五年に短縮すると同時に、大学の国際的等価性・互換性を担保できるような大学教育の品質保証を評価戦略として掲げている。また第二期事業においては学科別評価を同時並行的に行ない、これについては評価結果を等級化（最優秀、優秀、普通、改善要求）して、大学の実名表示も行なうことになっている。

以上にみられるように、韓国では過去二〇年（一九八二－二〇〇二）、大学評価体制の構築に大学人のみならず行政府および立法府（政治家）が並々ならぬ関心を示し、その実現に努力したきたと言える。米軍政下で試行され一度失敗に帰した適格認定制（アクレディテーション・システム）は、再び蘇ったと言えるのである。これを可能にした背景には、過去二〇年にわたり高等教育機会の拡大を図る必要に迫られた政府が、大学の設置認可（チャータリング）を準則主義のもとに緩やかな基準で行なってきたことが関係している。これに呼応する形で協議会による総合評価認定制という大学教育の質を保証する装置を作り出したのである。ところが近年、協議会による大学評価は認定基準が甘すぎるとの批判が絶えず、行政府の一部では国立大学を評価対象とする別の評価組織を作り、評価と財源配分をリンクさせようとする動きもあるようであるが、協議会はこうした一連の動きには一貫して反対の立場をとっている。いずれにしても韓国の大学評価事業は、日本のような多元的評価という名の曖昧さはない。四年制大学（大学院を含む）のすべてを対象とする韓国版「適格認定制」はそれなりに筋が一本とおっているると言えるのである。

むすび

本論で取り上げた三つの課題（一般教育、課程制大学院、適格認定制）は、新制大学発足時に外から課された重い宿題であった。こうした半世紀も前の課題を再びここで取り上げたのは、いまだにその呪縛から解かれていないと考えるからである。またこれらの課題は、現在進行中の大学改革のなかでも、依然として重い改革課題であるにもかかわらず、あたかも解決済みのごとく扱われているからである。日韓比較の視点からその原因を考えてみると、日本の側に次のような問題点があったと考えられる。

第一に、これら三つの課題は外来モデルであったため、日韓両国とも自国の高等教育制度の中に受容することに苦労した。とりわけ日本の場合は、旧制度との衝突を回避することができず、結果として、旧制度のもつ大学エトスが新制度の中に歪な形で入り込むことになった。その例として、旧制高校および専門学校の教員を一般教育担当教員に固定した問題、課程制大学院に論文博士制度を残した問題、さらには大学基準協会という適格認定制の形式は維持しながらその運用を誤った問題、等を挙げることができる。

第二に、これら外来モデルの未消化を解消する機会は何度か訪れた。特に新制度試行二〇年後の七〇年代は、折からの世界的大学紛争時代と重なったことも手伝って、新制度のもつ不整合を改革・調整する絶好のチャンスであった。韓国はこの期を逃さず、新モデルの「自国化」に懸命に取り組んだ。それを主導したのは、新モデルを持ち込んだ国（アメリカ）に留学し博士学位を取得して帰国した若手大学人であった。彼らが強力な政府官僚と手を組んで作り出した制度は、解放（一九四五年）直後の二〇年前に持ち込まれた外来モデルに比較的近いシステムであった。一方、日本の方でも新制大学発足後二〇年を経た七〇年代に、抜本的な高等教育改革案（四六答申）が政府当局から提出され、国際機関の報告書（ＯＥＣＤ報告書）においてもこれを支持するような改革案が示された。ところが日本の政府および大学は、ピースミールな改革は断続的に行なってきたが、最も本質的な面での改革は避けてきた。したがって形式的には外来モデルを維持しながら実質的には異なる運営を行なうという二重構造が常態となり、このことが日本の高等教育を曖昧で国際的透明度の低いものとしてしまった。

第三に、日本で改革の遅れを招いたのは、抜本的な高等教育改革（科学技術政策を含む）を主導する強力な政治勢力が不在であった点である。韓国の場合、科学技術立国の樹立という大きな国家目標において、立法府、行政府および大学人の間に合意が成立していたため、大きな改革に取り組むことが比較的容易であった。日本の政・財・官から折りにふれて出された高等教育改革案は、いずれの場合も相互の連携が取れていなかっただけでなく、改革はピースミールでそれぞれの都合を優先したものに終始した。その証拠に、本論で取り上げたような問題点は、その重要性にもかかわらずこれまで出された大学改革案の中ではほとんど取り上げられず、取り上げられても周辺的にしか扱われてこなかった。

第四に、日本の大学改革を遅らせ阻んできたのは、何といっても大学自治（教授会自治）を盾に既得権益にあぐらをかき本質的な改革に手をつけてこなかった大学（人）自身の意識にある。特に国立大学は設置形態の特殊性から毎年の

「概算要求」を通じて組織の自己増殖を図ることが習性となり、行政府（文部省）との癒着構造を断ち切ることができなかった。行政府の側も大きな改革を断行するだけの高等教育・学術政策をもち得なかったため、大学側のエゴイズムを制御できなかった。

最後に、日韓の大学改革を比較して感じることは、①改革方針（原理）の明快さ、②改革への取組みの果断さ、③改革における国・公・私立の連携、④改革主導勢力のリーダーシップ、等の面で韓国の方に一日の長があるように思えてならない。現在わが国で進行中の「大学構造改革」には、行政改革と市場競争原理の観点のみが前面に出て、前述の①－④がはっきりした形では見えていない。新たな「学問の府」を創造するには、新制大学設立の過程で出来上がってしまった負の遺制を、可及的速やかに脱構築しなければ、日本の大学は進展するグローバル化に十全に対応することはできないであろう。

〈注〉

1　筆者は大学院生として約二年（一九六九－一九七一）、客員教授として一年（二〇〇〇－二〇〇一）、また毎年一カ月程度は韓国の大学を現地調査している。こうした体験が、日韓比較の観点から大学改革問題を論じる契機になった。また最近（二〇〇〇－二〇〇一）の韓国高等教育改革事情については、ＩＤＥ誌「現代の高等教育」（No.422－428）に連載した。

2　ＩＤＥ（435号、二〇〇二年一月号）三〇頁。

3　馬越徹「先を行く韓国の高等教育改革」『カレッジマネジメント』107号、二〇〇一年三月、八－九頁。

4　OECD, *Reviews of National Policies for Education: KOREA*, 1998, p.138.

5　筆者は一九六〇年に大学に入学したのであるが、一般教育システムへのやりきれない不満が、その後大学問題を研究する契機になった。その崇高な理念と実際の制度運用との不整合のゆえに、少数の例外を除けば、一般教育は教員にも学生にも肯定的に受け入れられることはなかったと考えている。

6　大﨑仁『大学改革：一九四五－一九九九―新制大学一元化から「二一世紀の大学像」へ―』有斐閣選書、一九九九年、一〇七頁。

7 文部省『今後における学校教育の総合的な拡充整備のための基本的施策について（中央審議会答申）』一九七一年、三八―三九頁。

8 大﨑仁氏は、当時文部省にキャリア官僚として在職していたはずであるが、四六答申（高等教育部分）を高く評価しながらも、その「理詰めの内容が、それを現実政策の指針とすることを困難にした」（大﨑　前掲書、二六五頁）と分析している。この時期（一九七一―七四年）に答申作成の現場（文部省大臣官房）の末端に身をおいていた筆者の見方は若干異なっている。つまり理詰めの内容が政策化を困難にしたのではなく、大臣官房主導で作った理詰めの包括的内容（グランドデザイン）を政策化するだけの強い意志とその必要性を原局（主として大学局）首脳部が認識していなかったからだと考える。また当時この答申の全体構造を政策化する政治勢力（自民党）も存在しなかった。さらには中教審答申に反対することが「革新」であるかのように振舞っていた当時の大学人は、四六答申の革新性を読み取ることができなかった。

9 ＯＥＣＤ教育調査団（深代惇郎訳）『日本の教育政策』朝日新聞社、一九七二年、七七頁（原文はＯＥＣＤより一九七一年に出版されている）。

10 韓国文教部『韓国教育三十年』一九八〇年（韓国語）、一三六頁。

11 馬越徹『韓国近代大学の成立と展開―大学モデルの伝播研究』名古屋大学出版会、一九九五年、二二一―二三八頁。

12 韓国の実験大学方式の改革を成功に導いたのは、強力なリーダーシップをもった行政官とアメリカ留学経験を有する大学人との連携プレーにあった。結果的に七〇年代末までに、四年制大学の九三％が実験大学（pilot institute）に参加することになり、大学教育課程改革は全国に波及することとなった。

13 大﨑仁、前掲書、一一四頁。

14 ただし筆者のインタビューしたところによれば、課程博士が定着していると考えられる理工系分野においても、現行の論文博士制度を擁護する教授は少なくない。それは修士課程修了後に企業（研究所）や官庁に就職した卒業生に対し、博士学位を申請する可能性を残しておくことは研究室運営上も有効であると考えているからである。

15 韓国文教部教育政策審議会『韓国高等教育の実態』一九七四年（韓国語）、一五五頁。

16 筆者の見聞によれば、韓国で論文博士が撤廃された際、博士学位取得の道を絶たれた大学教授の中には、当時論文博士制度を維持していた日本の大学院に活路を求めた者もいた。ところが日本での論文博士取得がきわめて難しいことを知り、結局彼らを含め博士学位を必要とする者のほとんどはアメリカに渡り、何らかのコースワークを経て比較的短時日で博士学位を取得した。

17　筆者は二〇〇〇－二〇〇一年度、ソウル大学（師範学部）大学院において授業を担当し、部分的に博士論文審査にも関与したが、コースワークの方法および博士学位取得にいたる手順は、アメリカの主要大学におけるものとほぼ同一であると言える。

18　大﨑仁、前掲書、八九頁。

19　大学審議会「二一世紀の大学像と今後の改革方策について─競争的環境の中で個性が輝く大学─」一九九八年、一二四頁。

20　李星鎬「韓国における近代大学の登場」（アルトバック・セルバラトナム編（馬越徹・大塚豊監訳）『アジアの大学』玉川大学出版部、一九九三年所収。

【付記】

筆者はかつて「大学モデルの伝播研究」をテーマとするケーススタディとして韓国を取り上げ、博士学位論文（名古屋大学）にまとめ、『韓国近代大学の成立と展開─大学モデルの伝播研究』（名古屋大学出版部、一九九五年）刊行している。本論は前著の延長線上に位置づく小論である。二〇世紀の後半に期せずして日韓両国の大学作りのモデルとなった「アメリカモデル」が、両国においてどのように受容され変容してきたかを、一般教育、課程制大学院、適格認定制をキーワードとして読み解き、批判的考察を加えたものである。なお、韓国高等教育はユニバーサル化が最も進んだケースとして世界的に注目されているところであるが、それらに関する筆者の論文は近く小著にまとめて刊行する予定であるので、詳しくはそれを参照願いたい。

第9章　歴史教育の日韓比較

1　一九八〇年代の韓国における「国史」教育――日韓関係史記述を中心に

はじめに

一九八七年七月、筆者はソウル近郊の農村部の高等学校で、全校生徒に対して「日本の高校生」について講演する機会があった。話を終え質疑に移るや多くの学生から手があがり、矢継ぎ早の質問ぜめにあった。最初に手を挙げた生徒は、「日本の高校では、日本の韓国に対する過去の植民地統治をどのように教えているか」と、やや緊張気味に質問の矢を放ってきた。私はやっぱりきたなと思った。実は、その前年（一九八六年）日本の高等学校日本史教科書の検定について、またもや（一九八二年に続いて）韓国、中国両政府から激しい抗議が寄せられ、「歴史教科書」が政治・外交問題化していたからである。そしてその年の総合雑誌『文藝春秋』（一九八六年一〇月号）に載った時の文部大臣（藤尾正行）の談話[1]が、火に油を注いだ格好となり、ついに文相罷免の事態にまで発展していた直後だったのである。韓国では「藤尾妄言」として有名な事件であった。

高校生を前に、こまごました論議をしても仕方ないと思い、私は次のように述べた。「もちろん日本の韓国に対する植民地支配については歴史的事実を教えています。韓国併合（韓国の教科書では「韓国併呑」）、三・一独立運動、創氏改名などについても教科書に書かれています。しかしどの教科書も記述の分量が少なく、皆さんの「国史」教科書のおそらく五分の一くらいでしょう。ですから日本の高校生は、残念ながら日韓関係の歴史を皆さんほど知らないのです。……それからさらに重要なことは、古代から中世・近世、そして近現代史にいたるまで、日韓両国関係史は「戦争」がらみで登場することが多いのです。百済時代の白村江の戦い、近世期のいわゆる豊臣秀吉による文祿・慶長の役（韓国では「壬辰倭亂」）、近代になると「征韓論」、そして韓国の支配権をめぐって清国およびロシアと争った日清・日露戦争と続いています。……しかし考えてみればこれほど奇妙なことはありません。奈良時代の日本文化は朝鮮との交流なしには考えられません。室町時代の日朝関係は日中関係をはるかに上回る質と量をもっていました。日本から朝鮮に派遣された使節団は六〇余回にのぼります。また江戸時代は一般に鎖国時代と言われていますが、朝鮮との間には約二六〇年にわたり善隣友好の外交関係が展開されたのです。このように、日本と韓国の関係は不幸な「非友好」の歴史より、はるかに長い「善隣友好」の歴史があるのです。これから日韓両国の青年は、過去の「非友好」の歴史から教訓を学び取る必要がありますが、もっと大切なことは「友好の歴史」を大切にすることではないでしょうか。」

高校生からの質問は、この最初の質問に続いて、日本のプロ野球や漫画、大学入試の問題にいたるまで、様々な問題が出されたため、歴史教育論議をこれ以上深めることが出来なかったのは残念であった。しかしこの質問に垣間みられるように、韓国の青年の日韓関係史についての関心はきわめて強い。その知識の絶対量は、日本の青年のそれとは月とスッポン程の差があるというのが、私の実感である。その背後には、統治された民族でなければ分からない歴史意識があるであろうが、何よりも大きいのは、両国の学校教育における歴史教育の「量」が、比較にならないほど違っているという現実である。近現代史については、特にそうである。日韓の「教科書摩擦」において常に問題となる「教科書検定基準」の改定や字句の修正（例えば「進出」を「侵略」に、また「暴動」を「独立運動」に）も大切なことに違いはないが、歴史教育の本筋から言えば、両国の初等中等学校の歴史教科書における日韓関係史の記述の「分量」が、さらには学校での授業時間があまりにも違っていることに大きな問題があると筆者は考えている。

この二〇年近く、韓国は「国史」教育をますます強化してきているのに対し、日本の「日本史」教育は年々貧弱になってきていると言わなければならない。そうした状況の中で両国青年の、日韓関係史についての知識・認識のギャップは埋めようのないものとなっている。本論では、紙幅の制約もあるので、韓国の初等中等学校の「国史」教育に限定して問題点を検討し、日本側のそれについても若干の比較考察を加えたいと思う。

(1)　強化される歴史教育

①　「国史」教科の新設

韓国の教育課程[2]は、「解放(一九四五年)」以来五次にわたって大きな改訂を経てきている。最も最近のものは、国民学校・中学校の場合、一九八七年に告示され一九八九年から施行されている。歴史教育についてみると、一九六三年に改訂された第二次、および一九七三年の第三次改訂教育課程が重要である。六三年のそれは、朴正熙大統領の第三共和国成立に伴う改訂であり、「民族の主体性」と「経済発展に資する教育」という二つの理念を特色としていた。歴史教育と「反共・道徳」教育領域[3]は、民族の主体性意識を高揚する意味で最も重視された。特に一九六八年、大統領宣布という形で「国民教育憲章」が公布されるにおよび、教育のあらゆる場面で国家意識が強調されることとなった。三九二語からなる「憲章」に盛られた基本理念は、「国の隆盛は自己の発展の根本」という表現にみられるように、「個」の発展の前提として「国」の隆盛が強調されることになった。韓国教育の基本理念は、言うまでもなく一九四九年に法制化された「教育法」に明記されており、その中心概念となっている「弘益人間」理念(「人格の完成」、「自主的生活能力」、「公民としての資質」)が、「憲章」の制定によって否定されたわけではない。ところが実際の教育運営のすべては、国民教育憲章の精神に基づいて行なわれることとなったと言っても過言ではない。したがって一九七〇年代に入ると、「憲章」に基づく教育課程の全面的な見直し作業が進められ、一九七三年の第三次改訂へとつながっていく。

この第三次改訂の特色は、何といってもこれまで「社会科」の中で教えられていた「国史（韓国史）」を、新しい教科として中学校で独立させたことである。すなわち中学校二－三年生に対し、週あたり二時間の「国史」が必修として課されることとなった。また国民学校においても、五－六年生に限ってではあるが、週あたり四時間の社会科の時間のうち半分の二時間が「国史」教育に割りあてられることが明記され、独立の国定教科書が作成された。高等学校においても一－二年生に対し、人文系高校は六単位、実業系高校は四単位の「国史」科目が必修となり、国史編纂委員会の編纂になる国定教科書が使われることとなった。こうして韓国の青少年は、国民学校から高等学校まで三回「韓国史」の通史を学習することになったのである。なお、大学でも国史は教養必須科目となった。こうした国史教育の強化に伴い、各種国家試験や海外留学生選考試験にまで、「国史」科目が必修として課されることとなった。

②　民族史観の確立

第三次の改訂教育課程のおいては、「国史」のほかに、中学校では「道徳」、高等学校では「国民倫理」が必修科目として新設されたことも見逃せない。ではなぜこのような改訂が立て続けに行なわれたのであろうか。

もちろん直接的には、先にみた国民教育憲章の教育課程への反映である。しかしその背後には、次のようないくつかの要因があったと考えられる。第一は社会経済の発展が比較的順調に進み、国家主導の近代化作業に自信をもったこと、第二にベトナム戦争におけるアメリカの敗北が決定的となり、戦争に深くコミットしていた分断国家・韓国としては国内を引き締める必要があったこと、さらに第三には歴史学会における民族史観の確立と歴史教育強化の方針、などが挙げられるであろう。こうした要因をバックに、政府は文教部内に、国史教育強化委員会を設置し、「日帝により歪曲された史観」を是正する作業に取りかかった。そして教育における「韓国化」ないし「国籍化」をスローガンに、教育課程改訂に乗り出すこととなった。

教育課程の基本方針を示す総論（国民学校から高等学校まで共通）においては、韓国の置かれた歴史的現状を「祖国の近代化をすみやかに達成し、国土を平和的に統一し、民族中興の使命を完遂するため、挙族的維新事業を推進しなければならない歴史的時点」ととらえ、それを実現するため「国民の知恵と力量を結集し、われわれに相応しい民主主義を確立し、主体的で強力な国力を培養」しなければならないとの認識が示された。

教育課程各論にみられる各学校段階の国史教育の「一般目標」[4]についてみると、「わが国の文化と伝統について理解させ、文化民族としての自覚を強固なものとし、民族文化を発展させ国民的使命を完遂しようとする態度を養う」（国民学校）、「わが民族史を世界史的次元から認識し、わが民族の特徴を理解させる。……歴史的事実を実証的に探究し、民族的価値観に立脚して体系化する能力を育てる」（中学校）、「国史教育を通じて民族史観を確立させ、民族的自負心を育て、民族中興に貢献させる」（高等学校・人文系）となっている。かくして、歴史教育は国民学校から高等学校まで「民族史観」で統一されることとなったのである。

(2)　第四次改訂「国史」の特色

①　「内在的発展」歴史意識の強調

教科として「国史」が独立し、教科書も国史編纂委員会編纂（著作権者は文教部）による「国定」となったため、教育界の一部では、こうした措置が「国定史観」を生みだすことになりはしないか、またこのことが歴史学の発展を阻害するのではないかなどの批判がなされた。さらには、通史学習が国民学校から高等学校まで三度も繰り返されることや、内容構成上の問題点（例えば、政治史中心の記述、労働賤視、女性軽視など）等、いくつかの問題点が指摘されてきた5。ただ「民族史観」の定立という点においては、学会、教育界を通じて、大方の合意が形成されてきたと言える。

しかし、民族史観を全面にだした「国史」を中心とする歴史教育も一〇年を経過し、一九七九年朴大統領が凶弾に倒れ、全斗煥大統領による第五共和国が成立したことに伴い、一九八二年には第四次の教育課程改訂が行なわれた。歴史教育についてみると、民族史観に基づく「国史」教育の方針は、これまで以上に強化されたとみることができる。

第四次改訂「国史」には次のような特色がみられる。

第一には、国史教科書の内容が量的に強化され、これまで一冊本として編纂されていた中学校および高等学校の教科書が上・下二巻本とされた。高等学校の場合、一九七三年版が三二九頁であったのに対し、一九八二年版は上・下各二〇一頁、計四〇二頁となり、七三頁増となっている。

第二に、各学校段階別の国史教育の内容が整理・調整され、国民学校は人物史・生活史を中心に、中学校は政治史を、高等学校は文化史・思想史を中心に、再構成が図られた。したがって高等学校の場合、旧教科書の時代区分（単元名）が高麗、朝鮮にみられるように王朝史区分になっているのに対し、新教科書のそれは、古代、中世、近世、近代、現代といった時代区分となっており、文化史的・思想史的色彩をもたせた編纂となっている。

第三には、韓国史の発展過程を能動的にとらえる立場を鮮明にしており、民族の内在的発展力量を高く評価する立場を取っている。特に近世から近代への転換期においては、実学（事実求是・利用厚生思想）の果たした役割が、また日本統治下においては独立運動および民族文化運動の意義が高く評価されている。

第四には、大韓民国の民族史的正統性、言い換えれば、祖国統一の主人公意識がこれまでにもまして強調されている。

②　近・現代史の重視と対日関係史記述の増加

もう一つの特色は、近・現代史の重視であり、高等学校の新教科書・下巻は、すべてそれにあてられている。この教科書の編纂に実際に参画した国史編纂委員会の李鉉淙は、その趣旨および留意点を次のように述べている[6]。

① 一九世紀以後、現在までの民族の受難と国難の克服過程を通じた韓国民族主義の成長過程を正しく認識できるようにした。

② 近代以後の民族史的諸問題を正しく解明し、民族の伝統的で強靱な生命力をじかに探らせる内容とした。

③ 民族史の新たな課題をみずから探究し解決する、自我反省の契機となる内容を反映させた。

④ 現代社会の国内外的認識を客観的に体系化し、これに能動的に対処できる能力を涵養するようにした。

これらの見解にみられるように、近現代史の扱いは民族史観の立場から、質量ともに重視されることとなった。またその結果として、対日関係（日韓関係）記述が著しく増加したことが注目される。一九七〇年代以来、教育課程の改訂作業を直接担当している韓国教育開発院の研究チームによる『韓・日歴史教科書内容分析』[7]によれば、「対日民族意識」関連内容は、一九七二年の旧版教科書（全頁）と一九八二年の新版（上下二巻）を比べると、高等学校の場合、三一・八頁から四三・九頁に増加している。分量の上で一二・一頁（三八・一％）増となっている。特に増加が著しいのは、近・現代史にかかわる「韓末の救国運動」、「三・一運動」、「大韓民国臨時政府」の項目であり、従前の二倍近くの記述量となっている。これらはいずれも民族の自律性・主体性に深くかかわる内容項目であり、第四次改訂「国史」の狙いが最も鮮明に現われた箇所と言える。

なお「国史」教科書は、一九八四年に再度、一部改訂が行なわれた[8]。この改訂は、近年における学界（考古学）の研究成果（発掘・発見）が大幅に取り入れられ、古代史部分に関する教科書の「注記」部分が増えている。また、後に述べる日・韓教科書摩擦の影響もあり、対日関係史記述はさらに詳しくなっている。例えば高等学校「国史」教科書（上巻）では、「統一新羅と渤海の発展」の小項目（新羅の芸術）の中に、新たに「統一新羅文化の日本伝播」という小見出しが設けられ、新羅文化の日本文化に対する影響力を賛美・強調している。また下巻の最初の項目（単元内容：朝鮮後期の社会変動）では、「対外関係」という見出しを新設し、三頁を割いて「清との関係」、「日本との関係」を詳述している。清については外交関係を中心に、日本については朝鮮通信使の日本に対する文化的影響力を強調している。

(3) 日韓関係史記述をめぐる「教科書摩擦」

①「日本史」教科書批判

以上にみられるように、韓国における歴史教育、とりわけ「国史」教育はこの約二〇年間、強化の一途をたどってきた。それは韓国の歴史学界における、いわゆる植民地史観の克服から主体的な民族史観確立への動きと軌を一にしていた。また韓国の経済発展と、それを通じての国民の自信の回復もその原因になったとみられる。

こうした民族史観に基づく歴史教育は、「国史」教科書における対日関係史記述に鮮明な形で表われることになったことについてはすでに述べたとおりである。ただ一般的に言って、一九六五年の日韓条約調印後は、過去におけるややもすれば感情的な「反日」から、民族の主体性に基づく「日本批判」へと軌道修正がなされてきたと言える。しかし当初は、主体意識を強調するあまり、一九七三年から始まった高等学校における第二外国語としての「日本語」の教科書においてさえ、教材（内容）のほとんどが韓国関係の記事（内容）で占められるという一種の「珍」現象さえみられた。韓国における歴史教育の重視は、やがて日本の歴史教育とりわけ「日本史」教科書の日韓関係史記述のあり方に批判の目を向けさせることとなった。ただ「日本史」教科書批判は、もともと韓国側が火をつけたものではない。すでに一九六〇年代から、日本の歴史学界および歴史教育関係者の間で歴史教科書の検定をめぐり、特に「日本史」教科書の日韓関係（日朝関係）史記述をめぐり批判・論争が続いていた[9]。それはいわば日本の学校における朝鮮史教育に関する自己批判として行なわれていたものである。やがて、日本人側が提起した問題を引き継ぎ、かつ批判する形で、一九七〇年代には在日韓国・朝鮮人歴史学者による日本史教科書批判が始まった。それらは雑誌『季刊三千里』に連載され大反響をよぶところとなり、やがて『教科書に書かれた朝鮮』（講談社、一九七九年）として集大成されることとなった。

こうした日本における様々な動きに刺激される形で、韓国側でも「日本史」教科書に対する批判が一九七〇年代の半ばから活発に行なわれるようになった。その代表的なものとして、李元淳の論文「日本史教科書に見られる韓国史関係記述について」（一九七六年）[10]を挙げることができる。そしてこれを機に、日韓両国の歴史学者・教育関係者による「日韓関係史記述」に関する対話が始まりつつあった[11]。

② 「歪曲・改竄」事件へと発展

ところがそうした矢先、一つの新聞報道がきっかけとなり、大々的な日韓・日中の「教科書摩擦」が発生した。ことの起こりは一九八二年六月二六日付けの朝日新聞が、その年の高等学校社会科教科書の検定過程を論評する中で、検定前の「現行本」（未公開本）では「日本軍が華北を侵略する」（傍線筆者、以下同じ）となっていた箇所が、検定後には「日本軍が華北に進出する」に変わった（つまり検定の過程において文部省が書き改めさせた）と報道したことに始まる。このニュースが流れるや否や、中国（新華社）は、日本は教科書検定で中国侵略の事実を「歪曲」したと批判し、やがて韓国でもマスコミがこれを大きく報じ、日本非難は日ごとに高まっていった。日本非難の世論が高まる中で、中国政府は七月二六日外交ルートを通じ日本政府に対し、「歴史の改竄」と強く抗議した。韓国政府も激しいマスコミ論調や対日デモの中で八月三日、政府が抗議声明を発表する事態へと発展していった。韓国政府が問題とした点は、①三・一独立運動、②創氏改名、③強制連行、等に関する記述であった。

韓国国史編纂委員会（委員長・李鉉淙）も直ちに反応し、八月五日『日本教科書の韓国関係歪曲内容検討』（韓国語、一一二頁）と題する詳細な調査報告書を公表した[12]。これは一九八三年度から日本の高等学校で使用予定の検定済教科書一六冊（「日本史」九種、「世界史」五種、「現代社会」二種）の日韓関係史記述に関する「歪曲」箇所を二四項目、一六七箇所にわたり指摘したものであった。その年の暮には、韓国教育開発院がさらに詳細な報告書・『韓・日歴史教科書内容分析』（韓国語、一九八二年一二月三一日、一七八頁）を発表した。この報告書では、二二冊の高等学校用教科書（「日本史」一〇種、「世界史」一〇種、「現代社会」二種）を分析し、「歪曲」箇所を指摘するだけでなく、「対応文案」まで用意する周到さをみせた。

こうして外交問題にまで発展した教科書摩擦に対して、日本政府は八月二六日にいわゆる「政府見解」を発表した。すなわち、①過去におけるわが国の韓国・中国を含むアジア諸国民に対する反省、②日韓共同コミュニケ、日中共同声明の遵守、等を確認した上で、「……今日、韓国、中国等より、こうした点に関するわが国教科書の記述について批判が寄せられている。わが国としては、アジア近隣諸国との友好、親善を進める上で、これらの批判に耳を傾け、政府の責任において是正する。このため、今後の教科書検定に際しては教科用図書検定調査審議会の議を経て検定基準を改め、前記の趣旨が十分実現するよう配慮する。……」と、日本政府としての態度を表明したのである。この声明を境に、さしもの教科書摩擦も鎮静化することとなった。

一一月一六日文部省は、教科用図書検定調査審議会に対し、高等学校「日本史」を含む教科書検定基準の改正案を提出した。それによると、中国からの抗議に係る事項より、韓国からの抗議に係る事項のほうが圧倒的に多い。韓国関係事項についてみると、これまで「検定意見」を付してきたが今後付さない方針とした事項は、およそ次のような事項であった[13]。

①　「侵略」：「侵略」、「進出」等の表記について、検定意見を付さない。

②　「土地調査事業」：この事業の結果、「土地を取り上げられる」等の記述については、検定意見を付さない。

③「三・一独立運動」：同運動を「暴動」の状況にあったとの記述を求める検定意見を付さない。
④「神社参拝」：「強制」等の表記については、検定意見を付さない。
⑤「日本語使用」：「日本語の使用を義務づける」、「朝鮮語の使用を禁止する」等の記述については、検定意見を付さない。
⑥「創氏改名」：創氏改名の「強制」等の表記については、検定意見を付さない。
⑦「強制連行」：「朝鮮人が強制的に連行された」旨の表現については、検定意見を付さない。

これらの事項の他にも、韓国政府および国史編纂委員会が強く抗議の対象としてきた事項は多いが、次の事項については、文部省は「検定意見」をこれまで付してこなかった（つまり、検定によって記述を「改めさせた」ものではない）という立場をとった。

［例］第二次日韓協約、高宗退位、第三次日韓協約、義兵運動、伊藤博文暗殺、日韓併合、武断統治、関東大震災の際の朝鮮人殺害、徴兵、女子挺身隊、抗日独立運動、朝鮮の独立

以上、一九八二年に起こった「教科書摩擦」を概観したわけであるが、これを通じて明らかになったことは、①日本政府（文部省）の教科書検定において、これまで韓国関係記述にはかなりの「検定意見」が付されてきたこと、②今回の一連の「摩擦」を通じて、韓国側の主張の一部が認められたこと（「検定意見」を付さないという形ではあるが）、③歴史教科書「国定」制を取っている中国、韓国から、「検定」制度の日本に対してなされた抗議であるため、解決に時間がかかり、完全な解決にはいたらなかったこと、④今後ともこうした問題の起こる可能性は、依然として残っていること、等である。

しかも後味の悪いことには、そもそも事件の発端となった新聞報道が、その後「誤報」であることが判明したことである[14]。すなわち一九八二年教科書検定においては、少なくとも「侵略」を「進出」に書き改めさせるような「検定」

は行なわれていなかったという事実が判明したのである。もしそうであるなら、一年間におよぶ騒ぎは、実に虚しい空騒ぎであったこととなるし、日本政府のとった一連の措置は、日本の対外イメージを失墜させることを公式に認めた点において、大いに批判されなければならない。

一連の報道を総合すると、前記朝日新聞の報道は「誤報」であったようであり、その責任は重大である。しかしだからといってこれまでの日本の歴史教科書の検定過程、特に日韓関係史記述について問題がなかったということにはならない。はからずも今回の「摩擦」を通じて、これまで上記のような「検定意見」が付されていたことが明らかになったこと、またそれが「検定基準」の改定という作業を通じて改められることとなったこと等の意味は大きい。

③「日本史」教科書は変わったか

ではこのような「教科書摩擦」を経て、「日本史」教科書は変わったのであろうか。結論から言えば、字句上、多少の変化はみられるものの、本質的にあまり変わったとは言えない。それは韓国側の要求が質量共に余りに多く、日本側がそれに対応できないでいるからである。韓国にとって近代史に占める日韓関係史の占める比重はあまりにも大きく重い。高等学校「国史」教科書の下巻(近現代史)の数十頁は日韓関係史に関する記述で占められている。それに対して、日本の「日本史」教科書の日韓関係史記述は、問題ごとに数行づつ記述されているに過ぎない。例えば一九八二年の教科書摩擦で大問題になった「三・一運動」の記述にしても、韓国の「国史」教科書(高等学校、一九八二年)が一七頁(一一九―一三五)を割いて詳述しているのに対して、この事件以後に検定された日本の代表的歴史教科書『新詳説日本史』(井上光貞他著、山川出版社、一九八七年検定)においては、「これよりさき朝鮮でも、民族自決の国際世論にはげまされて、京城・平壌などで朝鮮独立宣言が発表され、運動は朝鮮全土に拡大した(三・一運動、万歳事件)」と記述されているに過ぎない。わずか五行(図版が入っているので、実質三行弱、しかも「三・一運動」は括弧の中に入っている)である。

先にみた韓国国史編纂委員会による「歪曲内容」批判では、「三・一独立運動」の、①原因、②内容、③性格、④被害、の四項目にわたる詳細な改善要求を突きつけている。これらの要求の核心は、「民族の内的力量の無視」および「韓民族の自主性否認」を改めるべきだとの主張である[15]。これを実現するには、字句上の問題もさることながら、歴史の見方の再検討、さらには日韓関係史の記述を分量的の上で大幅にふやさない限り、韓国側の要求を満たすことは難しい。

以上みてきたとおり、韓国の初等中等学校における歴史教育は、「国史」教科の新設・必修化が進み、民族史観は年々強調されるようになっている。また近現代史における日韓関係史の記述は、教育課程の改訂の度に詳細になっている。国民学校から高等学校まで「国定」教科書により、毎年「国史」教育が繰り返され、大学においても必修科目(教科書は国定ではない)として教えられている。入学試験はもとより、各種国家試験・資格試験にも「国史」が必修科目として課されているのである。

日韓関係史記述についてみると、古代から近世までは、韓国が日本に文化的恩恵を与えたという一種の優越史観に立ち、近世以降、近現代にかけては、「侵略者としての日帝」を断罪すると同時に、自民族の主体的力量(不屈の抵抗精神)を高く評価する立場を取っている。日本の歴史教科書に対する批判は、このような基本的立場から常に出されていると言える。ところが日本の歴史教育、なかんずく「日本史」教育は、韓国のそれに比べて量的に著しく見劣りがする。中学校の場合、「社会」教科(必修)の三分野(地理・歴史・公民)の一分野として、世界の歴史を背景にした日本歴史の教育が行なわれているに過ぎない。高等学校の場合は「地理歴史」教科の六科目(世界史A・B、日本史A・B、地理A・B)の中から選択科目として二科目選べばよいので、「日本史」を履修しないでも卒業できることとなる。仮に、「日本史」を選択したとしても、二～四単位であり、各学年必修で合計一六単位の「国史」を履修しなければならない韓国とは比べようもない。また日本では、入学試験や各種資格試験で「日本史」が必修になってはいない。

日本史教科書の内容をみても、詳しいと言われる山川出版社の『新詳説日本史』(一九八九年版)でさえ、近代・現代(第四部)における日韓関係史の扱いは、征韓論、壬午事変・壬午軍乱、甲申事変、東学党の乱・甲午農民戦争、そして日清戦争・日露戦争を経て韓国に対する日本の支配権確立(第一次日韓協約から日韓併合条約まで)にいたる全過程を合わせても、五〇行程度(二頁相当)に過ぎない。日本統治期については、先にみた「三・一運動(万歳事件)」について数行、あとは欄外注として、関東大震災の際の朝鮮人殺害、第二次大戦末期の朝鮮人強制連行が取り上げられているに過ぎない。こうした事件の羅列では、これらの事件が日本の国内矛盾を朝鮮に持ち込んで起こったということも分からない。

さらに問題なのは、日本の学校現場における近代・現代史に関する扱い方である。知人の高校教師に伺ったところ、「教科書摩擦といっても、現場としてはあまり関係ないのです。今の受験体制の中では分量の関係もあって、近代史・現代史はどうしても手薄になります。「侵略」だ「進出」だと詮索すると受験にも影響するし……。教科書摩擦は各国政府(文部省)や歴史家には重要な問題には違いないでしょうが、……」と言葉を濁した。これが高校教師の一般的意見とは思いたくはないが、現場の雰囲気の一端を物語っているようでもある。

以上のことからも、歴史教育、ひいてはそれによって形成されるであろう日韓両国の青少年の両国関係史に関する歴史認識のギャップを埋めることは、容易なことではないことが明らかである。日本の歴史教育、なかんずく日韓関係史の教育のあり方を改善するには、まず韓国側の批判を謙虚に聞くことからはじめる必要があると筆者は考えている。韓国の「国史」教科書の対日関係記述にも問題点がなくはないが、日本の「日本史」教科書の対韓関係記述には、その何倍もの問題を含んでいるからである。

2　一九九〇年代の歴史教科書にみる隣国認識

はじめに

二〇世紀から二一世紀へと世紀の転換にあたり、日韓両国の間では新しい関係の構築が始まりつつある。これは金大中大統領の誕生によるところが大きいが、まだ未知数の部分も少なからずあり、予断は許されない。しかしながら、今世紀の後半部分、すなわち戦後（韓国では「光復」後）五〇年間、両国関係は少なくとも「敵対」よりも「協力」の関係がまさっていたことは確実である。しかもその協力の時代に生まれた世代が人口の約七割を占めるようになっていることを考えれば、戦前期の関係に金縛りになっている現状からの脱却は、政治家ならずとも考えなければならないことであろう。しかも国際化・情報化の進展により、ヒト・モノ・カネは、現実に両国間をかなり自由に往来するようになってきている。

このように両国民を取り巻く外的条件は確実に変わりつつあるのであるが、過去五〇年間に一人一人の人間に組み込まれ内在化された意識構造が、一朝一夕にして変わるとは考えにくい。韓国人の対日感情は、何か事が起こると一気に悪化することは過去の例からも容易に想像される。またこれまでは韓国の政府当局やマスコミが、時々の状況判断に基づいて意図的に対日世論をある方向に誘導した例がなかったとは言えない。また日本の対韓感情にも大きな変化がみられるとは言えない。内閣が代わるたびに繰り返される政治家の対韓歴史認識をめぐる暴言（韓国では「妄言」）や、最近の例ではいわゆる戦前期の「従軍慰安婦」問題をめぐる国論の分裂等、国民の嫌韓感情を増幅するような状況が続いていると言えなくもない。

しかし何かが変わり始めているのも事実である。特に韓国側の変化を注目したい。九〇年代に誕生した文民政権（金泳三大統領）は、一方においてＷＴＯ体制を意識した「世界化（グローバリゼーション）」戦略を掲げながら、他方において対日姿勢は強硬路線を貫いた。ところが一九九七年のアジア経済危機において、その連鎖が韓国にも及びＩＭＦからの支援を余儀なくされる屈辱を味わうことになった際、これまでのようなジャパン・カード（日本悪者論）は使いにくくなった。機をみるに敏な金大中大統領は「未来志向」の日韓関係を打ち出し、歴代政権が成し得なかった日本の「大衆文化」解禁措置にまで踏み込み、政策転換を鮮明にしたのである。

(1) 歴史認識が作られる空間

筆者は、日本の大学生を引率して韓国忠清北道天安市近郊にある独立記念館を訪れる機会が多い。この独立記念館は一九八二年の「歴史教科書」問題に端を発し、全国民の寄付によって設立された国民的歴史博物館であり、韓国全土の学生が修学旅行の際一度は訪れる場所である。ソウル・オリンピックの前年（一九八七年）に開館され、七つの展示館からなる。七つのうち、日本帝国主義の侵略館、独立戦争館、三・一運動館等は、日韓の近代史に関係する展示館であり、いわゆる「日帝」の残虐行為を血しぶきもあらわに展示していることで知られ、展示方法をめぐって日本の一部から疑問が投げかけられている場所でもある[16]。

閑静な自然につつまれた広大な敷地に、ワシントン・モールを思わせるようなプロムナードとモニュメントが配され、その奥まったところに火のでるようなナショナリズムの館が立ち並んでいるのである。数年前に筆者が訪れた日はウイークデイだったため、見学者もまばらであり比較的年配の人が多かったが、日本帝国主義の侵略館では幼稚園くらいの子ども連れの若夫婦に出くわした。第二次大戦末期、朝鮮青年が学徒兵として強制的に「連行」される展示物の前で、聞くともなしに聞いていると、男の子は父親に「お父さんも日本人にあんなにされたの？」と聞いている。「いや、あれはおじいさんの時代のことだよ」（父親）、「こわーい、こわーい」（子ども）……。

この独立記念館の近くには、三・一独立運動時の英雄であり韓国のジャンヌダルクと称される柳寛順の記念館がある。このような大小様々な歴史記念館・モニュメントが韓国の各地には数多く建てられており、国民の歴史認識形成に大きな役割を果たしているのである。

以上は、たまたま筆者が最近の韓国旅行で出くわした経験のひとこまであるが、そもそも子どもたちの歴史認識は、どこでどのようにして作られるのであろうか。とりわけ歴史認識が作られる「場」について考えさせられた次第である。そこで本論では、歴史認識が作られる「場＝空間」を次の三つに分けて考えてみることから始めたい[17]。

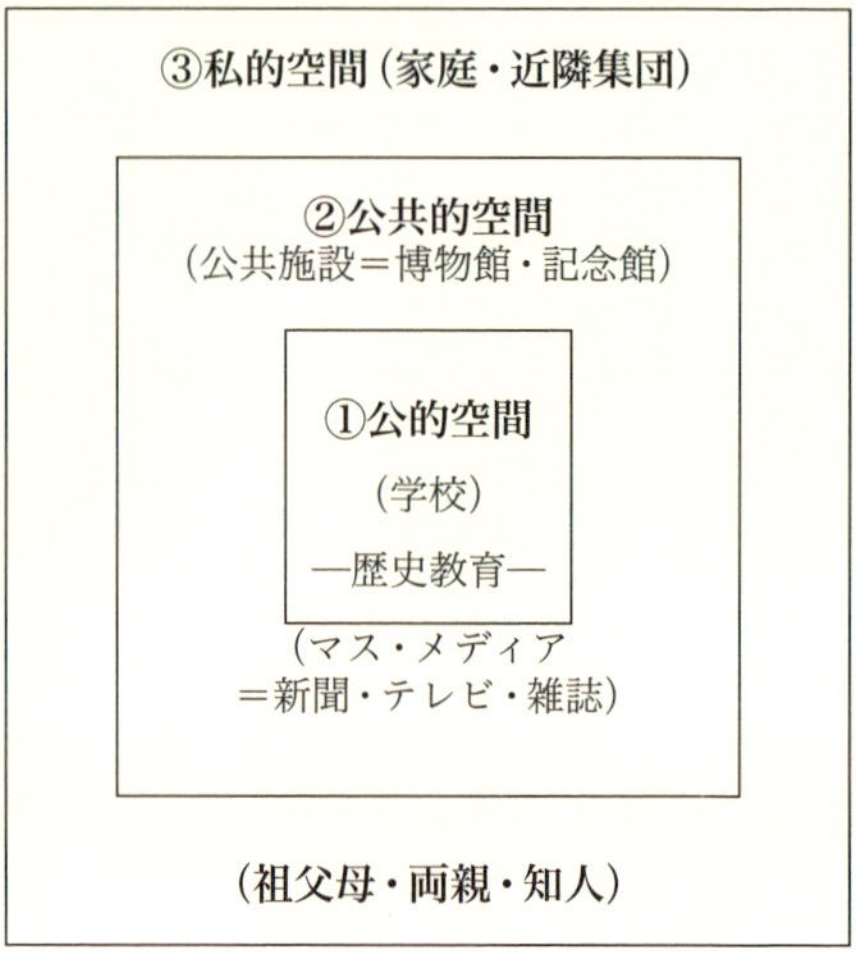

図9-1　歴史認識が作られる空間

第一の空間（「公的空間」）の典型例として「学校」を挙げることができる。言うまでもなく学校は、法律により公的に設置認可されており、そこで教えられる教科は法的拘束力をもつ教育課程により定められている。特に歴史認識の形成にかかわる歴史関連教科で使用される教科書は、その作成方法が国定方式であれ検定方式であれ、原則として史実に基づくオフィシャル・ストーリーである性格が鈍い。日韓両国の高等学校までの就学率がほぼ一〇〇％に近いことを考えると、学校における歴史教育のあり方は国民の歴史認識形成に決定的影響を与えると言える。学校とならんで政府（政権）の言説も、公的空間を構成する一部と考えられるが、時々の政治状況により歴史のある部分が恣意的に語られる場合が少なくない。ただし歴史教育のエッセンス部分である「教科書」にしても、教育課程の改定や教科書政策のプロセス（国定・検定）を通じて政府の見解が反映されることは大いにあり得ることであり、その意味では史実に基づくオフィシャル・ストーリーである教科書と言えども、学問としての歴史とは一線を画したものであることは留意しておかなければならない。

第二の空間(「公共的空間」)の典型は、新聞・雑誌・テレビ等のマスメディア(ジャーナリズム)、博物館・美術館・資料館・記念館等の公共施設、さらには小説・映画等のフィクションも歴史認識を形成する上で重要な役割を果たす広義の公共的空間に入ると言えるであろう。この空間で特に注目すべきは、ジャーナリズムと政府との関係である。後者の前者に対する言論統制が強い場合は、ジャーナリズムは第一の空間(政府見解)のオフィシャル・ストーリーの再生産を余儀なくされることとなる。また逆に、近年の歴史認識をめぐる問題等にみられるように、ジャーナリズムが政府見解よりも過激な形で世論をリードする役割を果たす場合もある。

最後に、第三の空間(「私的空間」)の典型を家庭にみることができる。もう少し正確に言うなら、親族体系としての「イエ」のもつ歴史認識形成における役割である。近代化が進むほど家庭の役割は変化し、近年ではその崩壊が危惧されていることにみられるように、家庭の教育力低下は誰の目にも明らかである。ただしこの点に関して、日韓の間の差異は大きい。韓国はいまも「族譜」の刊行が連綿として続いていることにみられるように、先祖の偉大な業績を公的に認知(オフィシャライズ)する傾向が強い。したがって、韓国の家庭では歴史を「記憶」することが連綿と続けられていると言える。一方、日本の家庭では、歴史が語られその「記憶」が受け継がれることはほとんどなくなっている。

(2) 隣国イメージが作られる三空間

これまで述べてきた三空間は、歴史認識が作られる場としての枠組みを示したものであるが、歴史認識はより広範な隣国認識のなかで形成されると考えられる。そこで本論に入る前に、歴史認識もそのなかに含まれる両国(隣国)イメージが、これら三空間のなかでどのように形成されてきたのか、また現状はどうであるのかについて概観しておきたい。

①　日本の韓国イメージ

日韓両国の隣国観に関する名著をものした鄭大均は、戦後における日本人の対韓国イメージの変化を、次の三つの時期に分けて論じている[18]。第一期は日本の朝鮮統治が終焉した一九四五年から日韓基本条約が調印されるまでの二〇年間（一九四五―一九六五）であり基本的に「無関心・避関心」を特徴とする相互断絶時代、第二期は一九六五年の国交正常化から一九八三年までの約二〇年間（一九六五―一九八三）であり「政治的関心」が先行した一方通行時代、そして第三期はソウル・オリンピックを前後して起こった韓国ブームのなかでの「文化的関心」が高まった交流時代、このように三分している。

第一期の日本は戦後復興（経済再建）に忙しく、また朝鮮半島が南北に分断されたことも手伝って、韓国に対する関心は概して無関心・避関心であったが、公共的空間（ジャーナリズム）が伝える朝鮮戦争・李承晩ライン・日韓会談に関する報道は、韓国に対するネガティブ・イメージを日本人の間に醸成させるに十分であった。この時期、在日韓国人の法的地位問題を含む戦後日韓関係の基本的あり方が公的空間（政府・学校等）において曖昧にされたことが、その後の歴史認識問題を中心とする両国の関係に大きな影を落とすことになった。

第二期の国交正常化以後は、日本からヒト（観光客を含む）・モノ（製品・技術）・カネ（資金）が一方的に韓国に移動した時期にもかかわらず、日本のジャーナリズムは、政治に偏った報道（軍事独裁による政治的混乱）を公共的空間に流し続け、韓国の奇跡的とも言える経済復興というポジティブ・イメージを日本人に正確に伝えることに失敗した。

第三期の交流の時代になると、韓国側の開放政策（韓国民の海外渡航自由化、北方外交―中国・ソ連との国交樹立、国連加盟等）が矢継ぎ早に打ち出され、その集大成としてのソウル・オリンピック開催、文民政権の樹立と続く中で、日本人の私的空間においても韓国に対する文化的関心が高まり、近くて安く行ける外国として「韓国旅行ブーム（修学旅行も激増）」が出現した。またマスメディアの伝える韓国イメージも、かつてのような政治一色ではないバランスのとれたものとなり、公共的空間における韓国イメージはこの時期非常に好転した。ところがこの時期、韓国ではいわゆる「民主化」と「冷戦の終結」が同時進行したため、それまで封印されてきた歴史認識をめぐる諸問題（日韓基本条約の再定義、従軍慰安婦〈女子挺身隊〉問題、教科書記述問題等）が公的空間（政府、学校等）において表面化するたびに、日韓関係はギクシャクが絶えず「親韓」と「嫌韓」イメージが交錯する時代が続いている。

② 韓国の日本イメージ

他方、「光復」後の韓国の対日イメージも、鄭大均の分類にしたがって、三つの時期に分けて論じることができよう[19]。すなわち第一期は、解放から日韓基本条約締結までの二〇年間（一九四五－一九六五）である。この時期は、米軍政期―建国（大韓民国）―朝鮮戦争―戦災復興―李承晩政権崩壊―軍事クーデター（朴政権成立）と続く政治的混乱のなかで、「反共」と「反日」が国是とされ、「脱日本・非日本化」が図られた。この時期は国交関係がなかったため日本に関する情報も乏しく、公的空間（政府・学校）や公共的空間（マスメディア）において一方的な「反日」が刷り込まれた。李ライン（韓国では「平和ライン」）や「北送」（在日朝鮮人の北朝鮮集団帰還）報道においては、日本の「忘恩背徳」が一方的に報じられた。

第二期は国交正常化から「教科書問題」が起こるまでの一七年間（一九六五－一九八二）である。この時期はおおむね朴正熙政権に対応する期間であるが、この政権は韓国の政治史においては例外的に「反日」を抑制した。反日よりも独自の「民族中興」を謳い、経済成長路線と国民精神の確立（公益・秩序＝韓国化）を上意下達で強行したのである。それだけに韓国内の知識人およびジャーナリズムは、朴政権誕生の政治的正統性を批判すると同時に、政府の対日政策に対しても批判を先鋭化した。つまりこの時期、公的空間(政府)においては日本批判は抑制されたが、公共的空間(特にジャーナリズム)においては逆に日本批判が先鋭化するという対日姿勢におけるある種の分裂が起こったのである。冷戦的枠組みを巧みに利用して経済的自立をはかった朴政権は、政治空間における日本批判は抑制したが、学校空間における民族史観(歴史教育の強化)の確立は着々と進められていたのであり、そのことが次の政権(全斗煥)における「教科書問題」に火をつける下地を作っていたとも言えるのである。

第三期は、一九八二年の「教科書問題」から今日までの二〇年間(一九八二―二〇〇二)であるが、この時期は韓国の国際的プレゼンスが急速に高まった時期であり、それに呼応する形で対日姿勢(イメージ)もこれまでとは異なる展開をみせた時期ととらえることができる。一般的に言ってこれまでの韓国の対日姿勢は、「日帝」の被害者の立場から日本を糾弾するパターンを繰り返してきた。ところが八〇年代以後は高度経済成長により豊かな社会が現実のものとなり、オリンピックの誘致成功(一九八二年)により名実ともに先進国家群の一員に加わった自信は、自己肯定的ナショナリズムに基づき対日姿勢はこれまでの「被害者韓国」の立場からではなく、アグレッシブに「加害者日本」を糾弾する姿勢へと転換していったのである。その矢先に起こった「教科書問題」への対応はその典型であった。もともとこの問題は、一九八三年から使用予定の高等学校教科書の中国に関する記述に、日本の新聞が批判を展開(教科書の検定過程で「侵略」という表現を「進出」に書き改めたとする報道：後にこれは誤報であったことが判明)したことに端を発するが、韓国の新聞各紙(公共的空間)は現物(教科書)をチェックすることなく「中国と韓国への侵略を進出・侵攻に書き換えた」と大々的に報じ、韓国政府(公的空間)も「歴史の歪曲・改竄」と日本政府を厳しく糾弾したのである。その後、金大中政権が誕生(一九九八・二)するまで韓国の歴代政権は、事あるごとに公的政治空間において過去の日本の罪状を糾弾し続け、日本政府の方も何らかの謝罪を繰り返すパターンが続いているのである。その間、韓国の歴史教育(国史)は強化され、特に日韓関係記述はその量を増していったのである。

(3) 歴史教育の実際――教育課程・教科書(「国史」)・授業

歴史認識、とりわけ隣国認識が形成される重要な場が学校という公的空間であることは言うまでもない。なぜなら日韓両国の学校教育は国公私立を問わず、法的拘束力をもつ教育課程に基づき、公的に認定された手続き(国定ないし検定)を経て作成された教科書を用いて教育が行なわれているからである。しかも両国の初等中等学校就学率がほぼ一〇〇パーセントに近いことを考えると、この公的空間で行なわれる歴史教育こそが、両国民の歴史認識(隣国認識)形成に決定的影響をもつことは言うをまたないであろう。そこで以下においては、歴史教育の実態を構成すると考えられる、①教育課程、②教科書、③授業の実際、これら三点について、その現状と問題点について考察することとする。

① 教育課程における「自国史(日本史・国史)」の位置

日韓両国とも一九九〇年を前後して教育課程(**表9-1**)が改訂された。そこで本章では、改訂された教育課程(韓国の場合、第六次教育課程)における「自国史」(日本の場合は「日本史」、韓国の場合は「国史」)の位置づけについて検討したい。

日本の場合、小学校における自国史教育は、社会科の第六学年段階で

表9-1　現行教育課程(「自国史」)比較

国　名		日　本	韓　国
制定年		学習指導要領(1989)	第6次教育課程(1992)
教科	小学校 (初等学校＝韓国)	社会科(6学年＝日本史) 1時間＝45分授業 年間105時間(年間35週)	社会科(5～6学年＝国史) 1時間＝40分 年間136＋136時間　(年間34週)
	中学校	社会科(歴史的分野) 1時間＝50分 1～2学年で126時間程度 (学年配当時間は、140、140、70-105*弾力的運用)年間35週	社会科(国史) 1時間＝45分 2～3学年(136時間×2)の60％以上(学年配当は、102、136、136) 年間34週
	高等学校	地理歴史(日本史A＝2単位、日本史B＝2単位)＊日本史A、B、地理A、Bから1科目選択)1単位(50分×35週)	社会(国史＝6単位必修) 1単位(50分×34週)

出典)文部省:小学校学習指導要領(1989.3)、中学校学習指導要領(1989.3)高等学校学習指導要領(1989.3)
韓国教育部:初等学校教育課程解説(Ⅱ)(1994)、中学校教育課程(第6次教育課程、1992.7)、高等学校教育課程(第6次数育課程、1992.7)より作成

年間一〇五時間（週三時間×三五週）日本史の学習をすることになっている。一方韓国の初等学校では、第五学年段階で年間一三六時間（週四時間×三四週）「国史」領域の授業を行なう。もともと韓国では旧教育課程（第五次）においては、社会科の第五－六学年段階の半分（週二時間×三四週）が国史の授業に当てられ、国定教科書（「国史」）により教えられてきた経緯がある。現行教育課程においては「国史」教育を第五学年時に集中的に行なうようにするとともに、授業時間は旧課程の水準を守ったのである。初等教育段階における国史教育は、韓国の方が時間数にして年間三一時間も多い。

中学校になると、日本の場合、社会科の歴史的分野の一部分として自国史（日本史）が教えられる。歴史的分野には、世界史的要素と自国史（日本史）的要素が含まれている。これまで社会科教育の一般的形態は、一－二学年が地理的分野・歴史的分野、三学年が公民的分野であったが、現行教育課程から総授業時数の弾力的運用が可能となったため、学校によっては力点の置き方に変化がみられる。ただし一般的には一－二学年間に歴史約分野と地理的分野が平行して教えられるケースが多いため、歴史的分野の総時間数は年間約一四〇時間（週四時間×三五週）程度になる。一方韓国の場合、社会科は一学年が地理、二－三学年が歴史（世界史、国史）となっており、歴史の占める比重が大きい。

とりわけ歴史（世界史・国史）のうち「国史」の占める比率は六割程度以上とされている。したがって二年間二七二時間（一三六＋一三六＝二七二）の六割が国史に割り与えられたとすると約一六〇時間程度になる。日本の場合、世界史と日本史を合わせた歴史的分野の総授業時間が一四〇時間であるので、仮にその六割が日本史的分野に使われるとしても八四時間程度であり、自国史教育の時間数は韓国の半分程度にしかならない。

高等学校になると自国史教育における日韓の格差は歴然としてくる。日本の場合、地理歴史教科（世界史A、世界史B、日本史A、日本史B、地理A、地理B）のうち、必修は世界史A・世界史Bから一科目、および日本史A・B、地理A・Bから一科目、計二科目に過ぎない。そのため日本史（自国史）を履修しないことも可能な教育課程構成になっている。

仮に日本史を履修しても日本史Bで四単位（一単位＝一単位時間五〇分×三五週）、日本史Aの場合は二単位にすぎない。ところが韓国の場合、社会教科のうち、必修が「共通社会」（八単位）、「国史」（六単位）の両科目で計一四単位（一単位＝五〇分×三四週）、その他の科目（「政治」、「経済」、「社会・文化」、「世界史」、「世界地理」）が選択必修となっている。

以上のように、初等中等教育の教育課程における歴史教育、とりわけ自国史教育の位置づけは日韓両国の間に大きな差がみられるのである。

② 自国史教科書の比較——中学校・高等学校の場合

このような自国史教育の内容を教科書を通してみてみたい。まず日本の中学校の場合、いわゆる「歴史的分野」の教科書は検定教科書であるため各種のものが発行されているが、最新の大阪書籍「中学社会—歴史的分野」（一九九六年検定済―三〇八頁）にみられるように、どの教科書も分量はほぼ三〇〇頁程度である。内容は学習指導要領に基づき「我が国の歴史を、世界の歴史を背景に理解させる」ことを眼目にしているため、いわゆる世界史と日本史が交互に配列されている構造になっている。大阪書籍版の章建ては以下の通りである。

第1章　原始から古代へ
第2章　古代国家の発展
第3章　中世の日本とアジア
第4章　結びつく世界と近世日本の形成
第5章　日本の近世社会の成立
第6章　ヨーロッパの近代化と日本の開国
第7章　日本の近代化とアジア
第8章　第一次世界大戦と日本
第9章　第二次世界大戦と日本
第10章　新しい日本と世界

表9-2　自国史教科書の日韓比較

	日　本	韓　国
中 学 校	「中学社会－歴史的分野」 （大阪書籍）1996年検定済308頁	「中学校・国史（上）」（教育部） 1995年版209頁 「中学校・国史（下）」 （教育部）1995年版201頁
高等学校	「詳説・日本史－日本史B」 （山川出版社）1997年検定済383頁	「高等学校・国史（上）」 （教育部）1998年版252頁 「高等学校・国史（下）」 （教育部）1998年版252頁

一方、韓国の「国史」教科書は国定教科書（第一種教科書）であり、編集は国史編纂委員会第一種図書研究会開発委員会があたり、教育部が著作権者となっている。内容的にも自国史を通史的に取り扱っており、大判上下二巻からなり頁数にして合計四一〇頁にのぼる。内容項目は以下のとおりである。

（上巻）
Ⅰ　わが国歴史の始まり
Ⅱ　三国の発展とその文化
Ⅲ　統一新羅と渤海
Ⅳ　高麗社会の発展
Ⅴ　朝鮮社会の発展〈付録〉歴代王朝系譜・国史年表

（下巻）
Ⅰ　朝鮮社会の新しい動き
Ⅱ　近代社会の成長
Ⅲ　民族独立運動の展開
Ⅳ　現代社会の発展

次に高等学校段階の自国史教科書（検定）についてみると、日本の場合、地理歴史「日本史B」についても学習指導要領では中学校の場合と同様に「我が国の歴史の展開を、世界的視野に立って総合的に理解させる」ことを目標としている。しかし実際には、もっとも採択率が高いとされている山川出版社の「詳説・日本史」の目次にみられるように、中学校教科書（「歴史的分野」）に比べ自国史（通史）に重点が置かれていることは明らかである。時代区分は伝統的な古代、中世、近世、近現代の構成であり、分量的には三八三頁とかなり大部である。

第1部　原始・古代
第1章　日本文化のあけぼの
第2章　律令国家の形成
第3章　貴族政治と国風文化

第3部　近世
第6章　幕藩体制の確立
第7章　幕藩体制の展開
第8章　幕藩体制の動揺

第2部　中世
　第4章　武家社会の成立
　第5章　武家社会の成長

第4部　近代・現代
　第9章　近代国家の成立
　第10章　近代日本とアジア
　第11章　戦後日本の出発
　第12章　五五年体制と経済成長

一方韓国の高等学校「国史」教科書は、中学校「国史」と同様に「国定教科書(第一種教科書)」であり、詳細な通史構成となっている。分量的にも大判上下二巻からなり総頁数は五〇四頁である。時代区分は、日本の高校教科書とほぼ同様であり、古代、中世、近世、近代から構成されている。ただし前述したように、韓国の高等学校「国史」は必修科目である。以下、その目次を挙げておく。

(上巻)
Ⅰ　韓国史の正しい理解
Ⅱ　先史文化と国家の形成
Ⅲ　古代社会の発展
Ⅳ　中世社会の発展
Ⅴ　近世社会の発展

(下巻)
Ⅰ　近世社会の胎動
Ⅱ　近代社会の展開
Ⅲ　民族の独立運動
Ⅳ　現代社会の発展

以上、日韓両国の自国史教科書をみてきたが、少なくとも量的にみるかぎり、韓国の自国史教育(「国史」)は日本のそれを数倍上回っている。特に注目すべきは、日本の中学校の自国史教育(「歴史的分野」)は世界史的要素を加味して行なっているが、韓国のそれはその名の示すとおり「国史」(通史)であり、高等学校ではさらに詳細な「国史」(通史)を必修として課しているのである。

③　教室における歴史教育の実際――教師の役割

歴史教育が教育課程およびそれに基づいて制作される教科書を主要教材として行なわれることは言うまでもないが、実際に歴史教育を行なう教師の役割の重要性について指摘しておかなければならない。なぜなら、教科書の記述内容もさることながら、教師の教え方により歴史教育の様相は一変する可能性があるからである。特に自国史教育における「隣国」の教え方については、教師の役割が重要である。

歴史教育は客観的な史実に基づく歴史的過程を教えることを通じて「歴史的思考力」を培うことを目的としていることは、日韓両国の教育課程（歴史教育）に共通している考え方である。すなわち歴史教育は、教師の主観を排して行なわれなければならないことは当然の前提となっている。ところが実際には必ずしもそのようにばかり行なわれているわけではない。

数年前に放映されたＮＨＫテレビ番組「アジアの教師」シリーズの第一回（「あふれる日本文化の中で――韓国」、一九九六年九月一一日放送）[20]は、韓国の初等学校における歴史教育の現場（授業）を描いた興味深い映像であった。ここでは三つの場面のみ取り上げてみたい。いずれも社会科（国史）六年生の授業場面である。

例－１：女性教師は、授業の冒頭（導入）に次のような質問をする。すなわち「日本という言葉を聞いた時、最初に浮かぶ印象は何ですか。「良い」、「悪い」どちらかに必ず手を上げてください。」（結果は、日本は「良い」と感じた生徒五人、「悪い」と感じた生徒七人であった。この結果に教師は愕然となる。日本は「悪い」と感じる生徒が圧倒的でなければならないと考えるこの中年女教師は、いろいろな発問を通して日本の「悪さ」を教えていく。そして授業後の教務会議で「日本は私たちを苦しめつらい記憶を与えた国だと子どもたちも考え、その思いもあると思っていましたが、子どもの話を聞き文章を見ると、あまりにも日本を知りません。無条件に良い感情をもっているようで、大変なことだと思いました。正しい歴史観をわれわれ教師が教えていないようです。」と自己総括する。——その後で、この意見に対し賛否両論が教師の間で戦わされる。)

例−2：女性教頭（五八歳）は、そもそも日本のテレビカメラが教室に入ること自体に「拒否感が大きく、憎しみも感じました。三八年の担任生活のなかで子どもを前に悪口はいけませんが、『日本のやつら』と教えてきました。私の教え子は、日本に敵対心をもっていたと思います。」と正直に告白している。

例−3：中年の男性教師は、日本の植民地時代を扱う授業で、「問答方式で生徒から日本の蛮行を聞き出していく手法をとり、最後に次のように総括する。「……私たちの文字や言葉を禁じましたね。——私の父から聞いた話ですが、勉強する時、私たちの言葉や文字は使えなかったそうです。級長だった父に日本人の先生はこんなことをさせました。学校のなかで韓国語を使った生徒の名前を書けと言われたのです。幼かった父は言われるままに書いたそうです。名前を書かれた人は、寒い日に井戸の前で服を脱がされ、罰として冷たい水をかけられたそうです。私たちの言葉や文字を禁じて、民族を抹殺しようとしたのです。……」

少なくともこれら三例から言えることは、歴史教育を担当する教師の意識にかなり問題があるということである。特に日本を扱う場合、例−1の女性教師にみられるように、子どものたちに対日イメージ一般を問いかけながら、歴史のある時期における「日本＝悪」という絶対的基準を子どもたちに強要する姿勢である。例−3のケースも、自分の父親から聞いた話（私的空間）を用いて、日本の「民族抹殺政策」の非をかなり感情的に訴える。例−2の女性教頭の場合は、教室という公的空間において子どもたちに三八年間も「日本のやつら」[21]という表現を使い続けたという。このような「日本＝無条件的に悪」というステレオタイプは、先にみた韓国の公共的空間、私的空間に氾濫しており、教師の意識をも規定してきたと言えるかも知れない。そうした意識が、学校（教室）のような公的空間においても上記のような見方が容認されてきたと言えるのである。

他方日本側の教師の意識は、一般的には韓国とは逆である。すなわち韓国のそれが被害者意識を前面に、公的空間としての学校でもアグレッシブに日本批判を展開するのに対し、日本の教師は「加害者日本」という意識に縛られ、隣国(韓国)を子どもたちに教える場合、まずは反省的・抑制的態度を堅持する場合が多いように思われる。もう少し正確に言えば、韓国との関係に限らず、日本とアジア諸国との関係をできるだけ客観的に語ることに努めてきたといえる。教科書の内容も、発行形態が国定でないことも手伝って、オフィシャル・ストーリーとしての「国民説話」[22]が上から定型的に記述される度合いは、韓国のそれに比べ少ない。またマスメディアをはじめとする公共的空間は、戦後一貫して近代日本の隣国関係に対して、自己反省的ないし自己否定的傾向が支配的であったと言える。

ところがこうした状況の中で近年、日本の歴史教育に対する教師のスタンスにある種の分裂がみられるようになっている。一般的には、日本の隣国認識は客観的な歴史過程から跡づけられるべきだとする教師が多く、特に近代日本とアジア諸国との関係については、客観的な歴史的事実に基づく歴史認識を重視しようと努めてきていると言える。しかし一方において、近隣アジア諸国(特に韓国、中国)からの度重なる公的空間(政府首脳の公式発言、学校における歴史教育)における日本の歴史認識に対する批判が重なるにつれ、これまでの日本の歴史教育のあり方を「自虐史観」と攻撃し、それに代わる「自由主義史観」からのオフィシャル・ヒストリー(「国民説話」)を作り、それを学校現場でも教えようとする教師のグループの発言が目立つようになってきている[23]。

近年『教科書が教えない歴史』(産経新聞ニュースサービス)という市販本がベストセラーになりシリーズ本になっているが、これは上記自由主義史観研究会(責任者は藤岡信勝東京大学教育学部教授)に属する現場(学校)教師により執筆されている。もちろんこの本は市販本であり、そこに書かれている事柄もエピソードの連作のようなものである。例えば、関東大震災の際に朝鮮人を徹底的に守った日本人警察署長がいたとか、伊藤博文を暗殺した安重根が刑務所に入った時の日本人典獄(刑務所の看守長)との友情とか、李王朝最後の皇太子・李垠に嫁いだ梨本方子の日韓親善への貢献とか、歴史上の都合のよい部分を書き連ねているに過ぎない。しかしこれらの部分(点)がつながって歴史の「線」となり、さらには「面」でもあるかのように学校空間の中で教えられるようになれば、由々しき問題である。万一、これらのストーリーを執筆した研究会の教師たちが、歴史教育の現場でこの種のエピソードを授業の導入や本論で使っているとすれば、前記韓国の教師たちを批判することはできまい。以上みてきたように、歴史教育において教師の果たす役割は、教育課程や教科書とともにきわめて大きい。とりわけ隣国認識に果たす教師の役割の重要性はいくら強調してもし過ぎることはないと言える。

(4)　歴史教科書における「隣国認識」

日韓両国とも中学校教育は義務教育であり、歴史教育はいずれも社会科のなかに位置づけられ必修科目に指定されている。したがって、両国民の隣国認識の基礎が養われるのは中学校における歴史教育においてであると言える。なお、高等学校は両国とも九八％のものが就学しており義務教育と変わらない状態になっているが、自国史教育に関するかぎり、前段で考察したように韓国では「国史」が必修（六単位）であるのに対し、日本では「日本史－A（二単位）」、「日本史－B（四単位）」とも選択であり、履修状態に大きな違いがみられる。したがってここでは、両国の中学校歴史教科書を取り上げ、必要に応じて高等学校教科書にも言及することとする。

①　日本の教科書（「歴史的分野」）における韓国記述の特徴

ここでは韓国の教科書（「国史」）との比較を念頭に、代表的な日本の中学校社会科（「歴史的分野」）教科書として、先に上げた大阪書籍の『中学社会―歴史的分野』（一九九六年検定済）を取り上げ、その韓国記述の特色を挙げてみたい。

全体的な印象として、教育課程（中学校社会科―歴史的分野）に盛り込まれた目標のうち、①わが国の歴史を、世界の歴史を背景に理解させるという視点、②歴史にみられる国際関係や文化交流のあらましを理解させ、わが国の文化と諸外国の歴史や文化が相互に深くかかわっていることを考えさせる視点、を十分に配慮した編集になっている。アジア諸国（特に中国、朝鮮）との関係記述は、かつての教科書に比べ格段に充実してきていると言える。何らかの形で朝鮮関係の記述がなされている頁数は四五頁にのぼり本文総頁（三〇一頁）の約一五％を占めている（ちなみに、高等学校教科書『詳説・日本史』山川出版社版の場合、三七〇頁のうち四八頁－約一三％）。実質的な記述分量（行数を頁数に換算）についてみると本文頁数にして二〇頁分（六・六％）が朝鮮（韓国）関係の記述に当てられている。朝鮮関連図版も一八点を数え、この他に「近現代日朝関係年表」（一頁）も加えられており、きめ細かな編集となっている。

日本の『中学社会―歴史的分野』は、一冊本のなかで世界史と自国史を並行的に扱い、かつ日本史の全体像もおさえようとしているため、記述がやや窮屈な感を免れないが、日韓関係史に関する重点的記述部分（例えば、大和王権の外交と渡来人、秀吉の海外政策―朝鮮侵略、李舜臣、朝鮮通信使、朝鮮をめぐる日清の対立、朝鮮の植民地化）については各項目に二〜三頁が割りあてられており、日本歴史との関連性にも配慮がなされている。朝鮮の地名・人名等の固有名詞には原音表記がほどこされ工夫のあとが認められる。

特に一九八二年の教科書紛争以来、韓国側から注文のついていた近代史部分については相当の改善がなされていると言える。日清戦争、日露戦争が朝鮮の支配権をめぐる列国の争いであった視点、その後の韓国併合に対する朝鮮民衆の抵抗等、当時の流動する国際関係のなかに日朝関係を相対化する記述内容となっている。また「関東大震災と朝鮮人虐殺」の項では、図版入りで日本社会の朝鮮人虐殺（差別）問題を詳しく取り上げている。また第二次大戦後の日朝・日韓関係については、日韓基本条約の締結と戦後補償および従軍慰安婦問題等が、記述分量はわずかであるが取り上げられている。

② 韓国の歴史教科書（「国史」上下二巻）における日本記述の特徴

まず韓国の「国史」教科書は、文字通り自国史教科書であるため、国際関係記述も自国史との関連を重視して記述がなされている。したがって上巻（三国時代―朝鮮中期まで）に登場する日本記述は、三国時代の文化的影響を受けて発展した古代日本文化（飛鳥文化）と李朝時代（一六世紀末）の「壬辰倭乱」における日本軍の暴虐と民族的抗戦（李舜臣）、これら二つの歴史的事象に限定されており、その間の隣国（日本）の国内政治や文化的状況の歴史的推移についてはほとんど触れていない。ただ被害を被りながら日本を撃破して「倭乱」を鎮圧した朝鮮側の記述は詳細であり、頁数にして六頁にも及んでいる。ただしここでも「倭乱の影響」の見出しのもとに、この戦乱を通じて朝鮮の先進文化、文化財が日本に伝えられ日本文化の発展に寄与したこと、さらにはこの戦乱後にはじまった朝鮮通信使の日本派遣も日本の数次にわたる要請に応えた点を強調し、韓国の日本に対する文化的優位性を強調している。

下巻（朝鮮朝後期―近代・現代）になると、日本に関する記述が俄然増える。ただし教科書の前半部分（朝鮮朝後期における日本の記述）は、日本との貿易関係（釜山の倭館）や明治政府の李朝政府に対する交渉要求を韓国側が拒絶したこと等が簡単に記述されているに過ぎない。ところが雲揚号事件に端を発する江華島条約（一八七六年）を記述した下巻の五四頁から、日本による国権の剥奪（乙巳条約＝一九〇五年）・安重根の義挙（一九〇九年―伊藤博文暗殺）にいたる苦難の歴史が八九頁まで相当の分量を割いて記述されている。記述内容は、日本による経済的侵略から国権剥奪にいたる経緯、それに対する韓国側の抵抗（「ハーグ特使、義兵・義挙、安重根義挙等」）と続き、日本の韓国侵略を詳細に描いている。特に注目すべきは、今日でも両国間で領有権を争っている竹島（韓国では「独島」）問題については、日露戦争を契機として「わが国を侵略しながら日本は、独島を強奪し、……」と記述し、その領有権が韓国側にあることを明記している点である。しかしそれ以上に注目すべきは、いわゆる一九一〇年の日本による「韓国併合」と朝鮮総督府の設置については、「国史」教科書の本文では一言もふれていないことである。わずかに巻末年表の一九一〇年のところに小さい活字で「国権被奪」と記されているに過ぎない。すなわち韓国はいまだに日本による「韓国併合」を認めておらず、したがって三六年間におよぶ日本統治の正統性を認めない立場を教科書はとり続けているのである。

したがって一九一〇年から光復(一九四五年)にいたる三六年間は、日本の主権を認める立場を取っていないので、「日帝の政治的弾圧」下における三・一運動を含む独立運動の数々を詳細に記述しているのみであり、日本統治の実態についてはほとんどふれていない。また光復後の五〇年にあまる両国関係についても、「長年の懸案であった日本との関係を改善し、韓・日協定を調印した(一九六五年)」と本文で二行ふれているだけである(一七三頁)。

③　比較考察

このようにみてくると、歴史認識(特に隣国認識)の共有という課題がいかに難しいかが明らかである。古代、中世時代についてはは記述のニュアンスの違いはあっても、日韓両国の教科書とも共通の歴史事象を取り上げており教科書対話の可能性が認められるが、近代についてはは基本認識にあまりにも大きな隔たりがあり、対話の糸口をどこに求めるかが問題である。現代(特に一九四五年以後)にいたっては、戦前期を上回る半世紀以上に及ぶ友好関係がありながら、両国ともそれについてはほとんど言及していない。

そこで以下においては、日韓両国の「隣国認識」においてエポックとなる三つの歴史事象を、両国の歴史教科書がどのような記述をしているのか、その特色を質的比較の観点から考察して本論のまとめとしたい。

まず第一は「古代文化の伝播」に関する記述である。日本の教科書(前記大阪書籍版)では、東アジア(中国、朝鮮、日本)という広い歴史空間のなかで文化伝播の問題をとらえ、中国、朝鮮を経て日本の古代文化が形成されたという描き方をしている。例えば「……やがて新羅は、唐の力をしりぞけて朝鮮半島を統一し、唐の律令制度や文化をとり入れ、儒教や仏教を盛んにしました。」(三九頁)そしてその仏教が朝鮮からの渡来人により日本に伝えられた様を次のように記述している。「仏教を中心とする、このころの文化を飛鳥文化といいます。寺院の建築や仏像・工芸品は、朝鮮からの渡来人やその子孫によって作られたものが多く、それらはヘレニズム文化とのつながりも示しています」(四一頁)。一方韓国の「国史」では、中国文化の朝鮮への影響にふれてはいるが、日本への文化伝播については自国文化の優秀性(優越性)を一方的に強調し、二国間に限定した次のような記述となっている。「三国文化が日本に伝播し、日本の古代文化である飛鳥文化を作り出し、その後の日本は統一新羅の文化を受容することにきわめて積極的であった。」(七七頁)

第二は、日本の教科書で秀吉の海外政策として取り上げられている「朝鮮侵略(一五九二年)」(いわゆる文禄・慶長の役)、韓国の「国史」が言うところの「壬辰倭乱」に関する記述である。この戦乱の扱いが両国の教科書で分量的に大きく異なっており、記述のスタンス(方向性)が違っていることについてはすでに述べたが、ここでは若干別の観点からみておきたい。韓国の「国史」では、「倭乱(一五九二、一五九七年)」との戦いの後に起こった「胡乱」(丙子胡乱=一六三六年、清との抗戦と反清感情の発生)を平行して扱い、激動する東アジア情勢のなかで朝鮮が遭遇した二つの国難について描いているが、日本の教科書は秀吉の二度にわたる「朝鮮侵略」を二国間関係に限定して記述しており、当時朝鮮がおかれていた東アジアの政治的状況にまで踏み込んで記述してはいない。また日本の教科書の記述は、秀吉によることの戦争(侵略)が無謀なものであり、朝鮮半島に甚大な被害をもたらしただけでなく、豊臣政権の没落をはやめる結果になったとネガティブな評価を下している。一方、韓国の「国史」では李舜臣将軍の英雄的活躍や民衆の義兵蜂起などを大々的に描き、主体的民族史観の起点としてこの「倭乱」を扱っているのが特色となっている。

第三は、三・一独立運動(一九一九年)に関する記述についてである。まず日本の教科書についてみると、不思議なことに韓国併合(一九一〇年)後の朝鮮について「自国史」としての記述(植民地統治の実態)がほとんどなく、わずかに朝鮮人側の抵抗運動(三・一独立運動、光州学生闘争、金日成革命軍の独立を目指す抵抗)を数行づつ記しているに過ぎない。韓国の教科書(「国史」)は、先にみたように併合そのものを認めない立場にたっているので、日本の統治実態については触れず、併合後の歴史記述は下巻第Ⅲ章（民族独立運動の展開、一〇九－一四八頁）にみられるように、独立運動一色の記述である。独立運動のなかでも最大級の扱いをしているのは日韓両国とも三・一独立運動であるが、日本の教科書が約一頁（一三行）しか記述していないのに対し、韓国のそれは八頁（一六二行）を割いて大々的に扱っている。量的な違いもさることながら、記述内容において注目されるのは、日本の教科書がこの運動を朝鮮内の民衆抵抗運動として記述しているのに対し、韓国の「国史」では第一次世界大戦後の世界的な民族自決の運動の一環として、独立運動を世界史の流れのなかに位置づけている点である。

以上、日韓両国民が学んでいる中学校の歴史教科書（自国史）の検討を通じて、数多くの問題点および今後の課題が明らかになった。そのひとつとして九〇年代になって盛んになった研究者グループによる教科書対話[24]も、今後の展望を開くひとつの試みである。しかしながら、筆者が最も気になるのは、日韓両国の高校生の歴史認識の前提となる歴史的知識（情報）のあまりの格差である。上述したように日本の高校生の多くが、自国史（「日本史」）教育を受けないで社会人になっていくという教育課程行政上の問題である。一方、韓国の高校生は中学校の「国史」教科書よりも内容的にさらに充実した「国史」教科書（通史）を全員必修で学習しているのである。この状況の改善なくして「歴史認識」の共有などあり得ない。歴史教科書の記述内容の改善もさることながら、日本の歴史教育関係者は自国史のあり方を根本から再考する必要があるのではなかろうか。

〈注〉

1　「日韓の合邦というのは当時の日本を代表していた伊藤博文と韓国を代表していた高宗との談判、合意といったものに基づいて行なわれている」ので、形式の上でも事実の上でも、両国の合意の上に成り立っているという趣旨の発言。

2　韓国の「教育課程」(文教部告示)は、日本の「学習指導要領」に当たるものであり、幼稚園から高等学校まで、別々に定められている。
3　一九六三年当時の教育課程(第二次改訂教育課程)は、①教科、②反共・道徳、③特別活動、の三領域から構成されていた。
4　当時の韓国の「教育課程」は、各教科については、①目標(一般目標、学年目標)、②内容、③指導上の留意点、から構成されていた。
5　松嶋光保「韓国の学校教育と歴史教育」『世界の教科書＝歴史・韓国：2』渡部学編訳、ほるぷ出版、二〇五頁。
6　李鉉淙(成沢勝訳)「改編『国史』教科書の内容」『世界の教科書＝歴史・韓国：2』二二〇頁。
7　韓国教育開発院『韓・日歴史教科書内容分析』(韓国語)、一九八二年一二月、一七八頁。
8　一九八四年改訂「国史」教科書(国民学校、中学校、高等学校)の日本語訳は、筆者を代表とする研究チームにより翻訳されており、市販されてはいないが財団法人・教科書研究センター(東京)で閲覧できる。
9　例えば、『教科書の中の朝鮮』(地歴社、一九七一年)、『朝鮮の歴史をどう教えるか』(龍渓書舎、一九七六年)など。
10　李元淳「日本史教科書に見られる韓国史関係記述について」『韓』第五六号、一九七六年九月。
11　加藤章「日本の歴史教育における韓国史」『韓』第七二号、一九七八年一月。
12　国史編纂委員会『日本教科書の韓国関係歪曲内容検討』(韓国語)、一九八二年八月、一一一頁。
13　朝日新聞「教科書検定基準で答申―アジアを特に重視―」一九八二年一一月一七日付。
14　林健太郎『外圧に揺らぐ日本史―教科書問題を考える―』光文社、四一―五四頁参照。
15　国史編纂委員会、前掲書、九三頁。
16　藤岡信勝・井沢元彦『NOといえる教科書―真実の日韓関係史』祥伝社、一九九八年、一八―二五頁。
17　磯崎典世「韓国ジャーナリズムの日本像」『日本イメージの交錯』東京大学出版会、一九九七年、二二一―四四頁からヒントを得て作成。
18　鄭大均『韓国のイメージ―戦後日本人の隣国観』中公新書、一九九五年、一一―二二頁。
19　鄭大均『日本(イルボン)のイメージ―韓国人の日本人観』中公新書、一九九八年、九〇―一一四頁。
20　一九九六年九月一一日放送のNHKテレビ番組「アジアの教師」シリーズ第一回(あふれる日本文化のなかで―韓国)

21 日本人に対する蔑視語としては、この語（「日本のやつ」＝「ウェノム」）のほかに「チョッパリ」がある。

22 「国民説話」という用語については、『日本イメージの交錯—ポスト太平洋のトポス』（東京大学出版会、一九九七年）において三谷博氏が「あとがき—「歴史認識」をめぐって」（二〇九－二一三頁）で用いている用語を借用した。

23 例えば、新しい歴史教科書をつくる会（編）『新しい日本の歴史が始まる—「自虐史観」を超えて』幻冬社、一九九七年。

24 日韓歴史教科書研究会（編）『教科書を日韓協力で考える』大月書店、一九九三年。

【付記】

日韓の歴史教育問題は、常に「歴史教科書」の字句をめぐって問題となる。字句の問題が、両国の歴史認識に関わることはもちろんであるが、いわゆる教科書摩擦（紛争）という形をとって問題に火がつく背景には、学術上の歴史認識（解釈）の相違もさることながら、多くの場合時々の政治状況に原因がある場合が多い。それからもう一つの特色は、両国の自国史教科書の発行形式が異なるため（日本の場合は検定による「日本史」、韓国の場合は国定による「国史」）、日本の教科書検定のたびに、両国のマスメディアがこの問題を大きく取り上げ、問題に火をつける役割を果たしているということである。

戦後（韓国の場合は「解放後」）長い間、歴史教科書問題が騒がれることはなかった。それは八〇年代の前半まで、すなわちいわゆる「民主化（一九八六年）」以前の韓国の言論空間は閉鎖されていたため、自国内ではきわめてナショナリスティックな歴史教育（歴史教科書）が行なわれていたにもかかわらず、そのことが日本の歴史教科書批判には必ずしも直結しなかった。一方日本の側はその間、戦前期の植民地統治を含む戦争責任を曖昧にしたまま、自国史教育を軽視してきた。ところが冷戦終結後、韓国では「民主化」を契機に誕生した文民政権下で「言論空間」が解放されたため、それまで国内に封印されてきた「強烈な歴史認識」が外に向かって爆発することが多くなった。日本の政治家の無知な発言に対してはもちろんのこと、教科書検定のたびに一字一句に注文をつけはじめたのである。それに対し日本では、これまでの歴史教育を「自虐史観」と攻撃し、彼らを中心に結成された「新しい歴史教科書を作る会」が日本の歴史教科書検定のあり方を批判する等、日韓歴史教科書論争は三つどもえの様相を呈しつつ争う状況が生まれたのである。

本論は、こうした状況を韓国側の歴史教育（国史教科書）に焦点をあてつつ追ったものである。紙幅の関係で本書には収めることができなかったが、二〇〇〇年から実施されている第七次教育課程における韓国の教科書制度と歴史教育（国史）実態については、筆者による次の文献を参照願いたい。「韓国の教科書制度と教育課程—第七次教育課程（中学校「社会科：国史領域」）を中心に—」（教科書研究センター、二〇〇二年）

第10章　留学生教育の課題と展望

1　日本の大学の「異文化性」——一九九〇年代初頭の留学生教育

(1)　留学生と異文化接触

留学生と異文化接触というテーマは、古くて新しい。まず思い出されるのは、明治期にイギリスとドイツに官費留学した夏目漱石と森鷗外の二人である。漱石は、その『文学論』序の中で、「ロンドンに住み暮らしたる二年は、尤も不愉快の二年なり……、自己の意志を以てすれば、余は生涯英国の地に一歩もわが足を踏み入れる事なかるべし。」[1]と激しくイギリスに反発している。一方鷗外は、ドイツ人相手に論争もするし、ドイツ語で論文も書く、通訳もする、果ては恋人までつくるといった活躍ぶりをみせている。留学することによって、漱石は英国から限りなく「離反」し、鷗外はドイツに過剰なまでに「適応」したということになる。表面的に見るかぎり、漱石の留学は確かに「暗」であり、鷗外のそれは「明」である。しかしこれをもって一概に、漱石の留学が失敗で、鷗外の留学が成功であったと断じることはできない。ましてや留学の成功と失敗の原因をイギリス社会やドイツ社会に求めることはできない。

もともと留学生の住む社会は「異文化」なのであり、そのこと自体に重要な意味がある。異文化にはプラスの価値もあれば、マイナスの価値もある。しかしわれわれは、その社会の「異文化性」をあれこれ心配しても始まらない。このところ「アジア系留学生にアパート（下宿）を貸さない」日本人の差別と偏見がよく問題になる。これは決して愉快なことではなく、日本社会のマイナスの側面であることに違いない。しかしさりとて、こうした社会問題を大学が解決することはできない。「アパートを貸さない」ことによって生じる人間としての成熟度の低さや日本社会の損失に、日本人と日本社会が気づかないかぎり、根本的な解決はできないであろう。もし、大学がこの問題に本気で取り組むのであれば、少なくとも受け入れた留学生の数だけ宿舎（寮）を用意することしかない。

日本社会に対しては、近年における日米間の「構造障害協議（structural impediments initiative）」にみられるように、その「異文化性」のもつマイナス面が指摘されることが多い。しかし全体としての日本社会は、「治安はよく」、「物資は豊か」で安定しているとみられてきた。先年、バンコクでタイ人の帰国留学生にインタビューしたとき、「日本の大学では学ぶことは少なかったが、日本の社会は面白かった。なかでも勉強になったのは、日本のデパートだった。」といわれ一瞬虚を突かれる思いをしたが、これはなかなか的を射た意見ではないかとも思ったものである。つまり、留学生問題を考えるとき、われわれ大学関係者が最も考えなければならないのは、「学ぶことの少ない日本の大学」をどうするかである。心配しなければならないのは、大学自身の貧困であり、言葉を換えて言えば、日本の大学の「異文化性」であると言わなければならない。以下は一九九〇年代初頭の留学生教育の現状と課題である。

(2)　アジアからの留学生

留学生と異文化接触を考える際に、日本における全留学生の約九割がアジア人であり、中国・台湾、韓国等、東アジアからの留学生が全体の七五％を占めていることは、注目しておかなければならない重要なことであろう。東南アジア（とくにアセアン諸国）からの留学生は、このところ増加傾向にあるとは言え、全体からみれば一〇％にすぎない。東南アジア諸国の場合、アメリカへの留学が圧倒的に多く、その次がアセアン域内留学およびオーストラリア留学であり、日本留学はその次に位置するにすぎない[2]。日本の大学の留学生の四人に三人は、いわゆる漢字文化圏の中国・台湾、韓国からの留学である。彼らにとって日本社会は、欧米のそれほど「異文化」的ではないかもしれない。地理的に近く、共に「米」を主食とし、「漢字」を共有していることは、留学に伴う困難を軽減していることは確かである。しかしこのことが、日本の大学関係者に、彼らを「外国人留学生」として認識する視点を希薄にさせているとすれば、大きな問題であると言わなければならない。東アジア近代史における日本とこれら諸国との「支配－従属」関係は言うまでもなく、日本と中国・台湾、韓国とでは社会構造や思考の面でも、類似性より差異性のほうが顕著である。一口に儒教文化圏と言っても、儒教の内実は、歴史的にみて決して一様ではない。われわれは、日本社会が彼らにとって「異文化」であることを、まずもって明確に認識することから、始めなければならない。

もうひとつの問題は、留学生の大都市集中現象である。全留学生の実に五一％（二人に一人）が東京都に立地する大学に学んでいる。さらに大都市を有する大阪、愛知、京都、神奈川、茨城、福岡、兵庫、千葉、宮城、埼玉の一〇府県に三五％の留学生が学んでいる。両者を合わせれば八六％になる。このような留学生の地理的分布は、最近問題が顕在化している外国人労働者の分布と相似的関係にある。こうした留学生の大都市集中はまた、結果として大都市の大規模大学への集中現象となって現れている。四年制大学は、一九九一年時点で全国に約五〇〇校あるが、留学生の約半数は、大都市のわずか二〇大学（国立一〇大学、私立一〇大学）に集中的に在籍しているのである。したがって、留学生と異文化接触に関する諸問題は、大都市の大規模大学において顕著な形で起こっていると言える。

(3)「異文化」としての日本の大学

もともと大学（university）は、教師や学生の組合（union）に語源を有する、自治的エストをもった組織体である。教師も学生も、頻繁に場所を移動したため、「国」を超えた共通のルールが歴史的に形成されてきた。ところが、日本の大学は明治の初期に「国」の機関として創設されたため、日本国民のみを対象に、きわめて「内向き」に作られた。外国人学生が入ってくることなど、最初から予想していなかった。外国人と言えば、日本人ができないことを助ける「お雇い教師」しかいなかった。彼らに取って代わる日本人教師（実は欧米留学からの帰国者）が誕生すると、お雇い外国人教師はお払い箱になったのである。

明治時代の日本は、「鎖国」を解いて「開国」したのであるが、「明治」という近代国家のなかに、日本人向きの様々な閉鎖組織を作っていったのである。「大きな鎖国」は解いたが、日本国民にしか通用しない「小さな鎖国」組織を沢山作った。大学（帝国大学）も、そうした閉鎖的組織のひとつであった。もちろんそれは、近代国家を作っていくうえで、それなりに合理的であり、国内的には効率的に機能した。余りにも成功したため、いま改めて大学の「国際化」が問い直されているのだとも言える。

第二次世界大戦後、日本の大学は大衆化したにもかかわらず、外国人留学生の多くが在籍する大都市の大規模大学（とくに国立大学）は、いまだに明治期の帝国大学モデルから完全に解放されているとは言えない。大学運営のルール、教育の内容・方法、研究組織のあり方、大学人の意識、どれをとっても国際的通用性を有しているとは言いにくい。日本の大学がその教育と研究を通じて学生に発しているメッセージは曖昧であり、国際的な通用性を欠いている。留学生にとって、日本の大学が、日本の社会以上に「異文化」的である理由はここにある。以下において、日本の大学における「異文化」摩擦の主要な問題点を、指摘してみよう。

①　複雑な入学者選抜方法

まず何と言っても、留学生にとって大学への入口に「障壁」がある。入学者選抜方法（いわゆる「大学入試」）が、あまりにも複雑で分かりにくい。国公立大学と私立大学とでこれほど入試方法の違う国は、近隣アジア諸国にはみられない。国公立大学の場合、「大学入試センター試験」と大学別の二次試験がセットになっているが、大学別試験はA日程・B日程、分離分割・前期後期、と多様化してきており、日本人にさえ分かりにくい。このような入試システムを留学生に分かってもらうことは不可能に近いのではなかろうか。一方、私立大学は、大学ごとに入試の期日と科目がまちまちであり、しかも高額の受験料が徴収される。

さすがにこのような日本人に対する入学試験をそっくりそのまま留学生に課している大学はほとんどなく、何らかの特別選抜をしているが、国公立大学の医学部等では「大学入試センター試験」を留学生に課している大学もある。また、大学院の入学者選抜においては、日本人と同一の試験を課しているところは少なくない。これでは「留学生一〇万人計画」を政策として掲げながら、留学生を大学から「排除」することになりかねない。

留学生の入学者選抜において最も大きな障壁は、日本国政府留学生（いわゆる「国費」留学生）を除いて、日本に来なければ一連の入学試験を受けることができないことにある。つまり、留学前に母国で日本の大学から入学許可（留学ビザ）が得られないために、「留学生」として出国できない。日本留学希望者の大半は、留学生になれるかなれないか分からないまま、非常に不安な心理状態と財政的負担を覚悟して、とりあえず「就学生」として日本に来て、各種の試験に備えることになる。このことがいかに「異文化」的であるかは、世界の留学生の四〇%を受け入れているアメリカの大学の例をみれば一目瞭然である。学部段階への入学の場合、英語能力試験（TOEFL）と高校の成績（内申書）で、留学生になれるかなれないかを、出国前に判定してくれる。大学院段階の場合は、GRE（大学入学資格）試験の成績と母国の大学時代の成績で、同様に入学の判定をしてくれる。しかも**TOEFL**および**GRE**の両試験とも、海外で年中（国によって違うが、ほぼ月一回のペースで）受けることができる。

一方、日本の国公立の場合、一九九一年現在、大学別試験の前に「外国人日本語能力試験」と「私費外国人留学生統一試験」の受験を義務づけているところが多い。ところが、最近海外でも二一カ国・地域（四六都市）で実施されるようになった「外国人日本語能力試験」も年間一〜二回程度しか行なわれていない。「私費外国人留学生統一試験（数学、理科、社会、外国語）」の方は、日本国内（東京、大阪、福岡）で年一回行なわれているにすぎない（二〇〇一年に「外国人日本語能力試験」と「私費外国人留学生統一試験」は廃止され、二〇〇二年からそれらを統合した「日本留学生試験」が日本学生支援機構によって実施されている）。

このような大学の「入口」における「閉鎖性」にもかかわらず、このところ日本留学希望者が急増し、四万人の大台を超えた（一九九〇年五月一日現在、文部省調査によると四万一、三四七人）ことは驚くべきことであると言わなければならない。今後の方向としては、ユネスコの「学位相互認定条約」[3]の理念に沿って、アジア諸国の高等学校、大学（学部）の卒業資格（学位）を、日本のそれらと同等なものとして認定し、留学生受け入れの基本的要件として認めていくことだろう。

② 貧困な「学部（学士課程）」教育

次に、大学教育の中身について検討を加えたい。現在日本の高等教育機関に学ぶ留学生のうち、学部留学生四三％、大学院留学生三四％、専修学校留学生二三％となっており、「学部」段階の留学生が最も多い。ところが、学部四年間の教育は、「一般教育」と「専門教育」に分断されており、両者が有機的に統合されてはいないところが多い。特に、一般教育の「理念」と「現実」の乖離現象は、新制大学発足以来、四〇年間も続いたままであり、一向に改善されない。学生の評判も芳しくない。学部四年間が、教育内容の面でも、教員組織の面でも二つに分断されていることが多いため、学部教育の目的が曖昧になっている。国際的通用性も著しく欠いている。現在の学部教育は、「教養人」の養成にも成っていないし、「専門人」養成機関としても不十分である。このような学部教育でも、日本人学生は安定的な雇用市場に吸収されてきたため救いがあるが、留学生は、四年間という限られた期間内に何らかの大学教育の成果を、個人レベルでも、送り出し国のレベルでも期待される。ところが、日本の学部教育は、特に学部留学生の多い大都市の大規模私立大学における学部教育はマスプロ教育が常態となっており、自信をもって留学生に伝達すべき明確なメッセージを、残念ながら待ち合わせていない。

授業（講義、演習、実験、実習）もシステム化されておらず、またその水準も各大学でまちまちである。アメリカの「適格認定（accreditation）」システムやイギリスの「学外試験官（external examiner）」システムのような教育の質保証装置もない。教師の学生評価（成績の認定）も甘く、その結果として学生の学習意欲も高いとは言えない。さらには、豊かな日本といわれる割には、大学の施設や設備、図書館等は劣悪な所が多く、奨学金の種類と金額等の面でも、欧米の大学に大きく立ち遅れている。留学生に対するサポート・システムにいたっては、やっとその必要性が叫ばれは始めたばかりである。

こうみていくと、先にみたようにタイの元留学生が「日本の社会は面白くためになったが、大学からは学ぶものが少なかった」というのは、あながち誇張とばかりは言えない。日本の大学の学部教育は留学生によって試されていると言わなければならない。

③　閉鎖的な大学院

では、大学院はどうであろうか。特に、大学院留学生を多数抱えている国立大学の大学院を中心に、その問題点を検討してみよう。もともと日本の大学院教育は、工学部（修士課程）のそれを除いて、十全に機能してきたとは言いがたい。学部学生に対する大学院生の比率も四%にすぎず、欧米諸国の二〇%前後と比較すると、大きく立ち遅れている。特に、人文・社会科学系の大学院は「定員割れ」のところが多い。

問題は、「量」だけではない。留学生にとっては、日本の大学院における教育や研究のあり方、すなわちその「異文化性」が問題である。その典型は、「講座」ないし「教室」制度に代表される小集団組織にみられる。もともと「講座」は、ヨーロッパ（大陸）の大学から輸入したものであり、「学問（discipline）」の単位であったはずであるが、日本のアカデミック・カルチャーのなかでは、人間関係優先の閉鎖的小集団となり、留学生には最もわかりにくい「異文化」となっている。なぜ留学生にとって分かりにくいかと言えば、「講座」文化には、言葉で説明しない（敢えてしない）「掟」のようなものが沢山あるからである。情報が言葉で明確に伝達されず、はっきり目に見えないものであるため、合理的な説明がなされない場合が多い。それが留学生には不透明に映り、誤解の原因となる。例えば、大学院入学者の選考や学位の認定は、大学院研究科委員会で行なうことになっているが、表に現れない「講座」の意向が最も重要である。

大学院での教育や研究は「講座（大講座）・教室」が中心であり、必要単位（博士課程の場合三〇単位）の半数以上を所属「講座」内で取ることができる。教育（course work, teaching）は、概ね「講座」の独自性が尊重されているため、講座間の調整はあまり行なわれず、研究科としてシステマティックな教育を行なうことが難しい。研究面でも、講座・教室単位で共同研究を行なうことが多く、そこには大学院生も共同研究者として参加させられる場合が多い。そこでは、教授は「知」を訓練したり「知識」を生産する権威者としてより、小集団の人間関係を上手にまとめていくボスの役割が期待される。こうした小集団に留学生はなかなか馴染めない。このような大学のあり方は、人文・社会系だけでなく、理工系にも共通しているようである。先年、ノーベル生理学・医学賞を受賞した利根川進は、その事情を次のように述べている。

「……日本の大学院というのは、……学生を教育しない。大体講義というものがないんです。はじめから、みんな自分はもう大学を出たんだからと、一人前のような顔をしているし、表面上は先生からもそう扱ってもらえる。だけど実際には、科学者として本格的に研究していくための基礎的訓練をきちんと系統的に受けていないわけです。一種の徒弟制度で、教授、助教授の研究を手伝いながら、見よう見まねで覚えていく。……だから科学研究の本当の基礎が欠けた研究者ができてしまう[4]。……」

(4) 取りにくい文科系博士学位

言うまでもなく大学院（博士課程）は「学位（博士）」を出すために設置されている。大学関係者は大学院博士課程の設置を常に要求してきた。ところが、いざ大学院が設置されると、学位をなかなか出さない。とりわけ学位を出し渋っているのは文科系（人文・社会科学）大学院であり。一九八八年度の場合、文科系博士課程単位修了者のうち、博士学位を取得できたのは三七％にすぎない。理科系の九四％との差はあまりにも大きすぎる[5]。

大学院（博士課程）留学生にとって、博士学位の取得は、言うまでもなく日本留学の最大の目的である。特に、大学・研究職（アカデミック・プロフェッション）を目指すものにとって「博士学位」は不可欠である。学位がなければ、母国に帰って大学・研究職に就くことすら困難な場合のほうが多い。したがって、博士学位を取ることができなければ、他のいかなる条件（奨学金、住居等）が満たされようと、日本留学は失敗だったことになる。失意のうちに帰国を余儀なくされ、日本の大学だけでなく日本社会や日本人に対しても、不信感や敵意を抱くことになりかねない。最大の目的（学位取得）さえ達成できれば、他のいかなる悪条件も克服できるし、我慢もできると留学生の多くは考えている。

文科系で学位が出にくいのは、博士学位を出すことを前提としたカリキュラムおよびトレーニング・システムが欠如していることに尽きる。学位を出すための明確な手続きと方法を明示し、頭を切り替えさえすれば、この問題の解決はそれほど難しくはない。法制的にはすでに「大学院設置基準」の改定により、「研究者として自立して研究活動を行ない」うる者に博士学位は授与されることになっているのである。理科系でこの新制学位制度が定着していて、文科系で遅れているのは、学問の性格の違いが影響しているかもしれない。常に国際的な場（学会）で競争が行なわれている理科系では、博士学位がなければ国際的に通用しないからである。文科系が遅れているのは、学術面での国際交流が、理科系に比べて遅れていたためである。ところが、文科系の学問分野でも、このところ国際的な共同研究や交流が頻繁になってきている。近年、アメリカの大学院で博士学位を取ってくる日本人の若手研究者が文科系でも増えているのは、学位の必要性が増しているにもかかわらず、日本の大学では博士学位が取りにくいことが原因のひとつになっている。文科系は、学位に対する考え方において、理科系とのタイムラグを一日も早く克服しなければならない。文科系学位を取りやすくすることは、ひとり留学生にとってのみならず、日本人大学院生にとっても有益であり、日本の教育面と学術面での国際競争力をつけることになるからである。

以上、四つの観点から日本の大学の「異文化性」を指摘したのであるが、要は日本の大学を支配する規範や制度のうち、国際的通用度の低いものを、できるところから修正し、組み替え、学問の世界に共通するルールやシステムに近づけることであろう。

(5) 留学生教育改善への提言

留学生教育を改善するには、これまで述べてきた大学（大学院）の制度上・構造上の問題にメスを入れるだけでは不十分である。何と言っても重要なことは、大学関係者はもちろん日本人一般の「心」のあり方である。

元ラオス留学生で、現在は難民として認定され東京のある私立大学の助教授をしているウドム・ラタナポン氏は、「今の日本人は、物の難民ではなく、『精神難民』の一面があると思う」[6]と、新聞紙上で日本人の心のあり方を批判している。的を射た発言だと思う。つい最近、日本の大学で医学博士号を取得し、現在はアメリカの研究所に勤務している元中国人留学生が、最近筆者にくれた手紙には、「日本のほうが物は豊かで、生活も何かと便利です。しかしここアメリカには、日本にはない人々の心の暖かさがあります」と認めてあり、少なからずショックを受けた。博士学位を日本の大学で取得した留学の「成功者」も、日本人の心のあり方には疑問を感じているようである。また筆者の知人で、長年日本の大学で教鞭をとり、昨年退職したある外国人教師から、「ベルリンの壁は取り払われたけど、ついに日本人の心の壁を開くことはできなかった」と述懐され、深く考えさせられてしまった。

異文化摩擦も突きつめていけば、結局のところ「心のあり方」に行き着く。制度上・構造上の問題は、「心」の反映だからである。犬養道子が、その著『フリブール日記』において「日本のインサイダーになるとき、人は、時代のアウトサイダーになってしまう」[7]と日本人の心の閉鎖性を喝破しているとおり、われわれは「閉鎖された個」から「開かれた個」への転換を迫られている。

留学生問題について言えば、留学生会館をつくったり、奨学金の額と数を増やしたりする、いわゆるハード面については、その解決は必ずしも至難ではない。事実、このところかなりの改善がみられる。難しいのは、同じ人間として留学生に「心の扉」を開くこと、すなわちソフト面での支援体制を構築することにある。そのためには、われわれは「地球市民」という立場から、異なった民族的、文化的背景などをもった人たちの文化やコミュニケーションの方法に鋭い感性をもってのぞむ必要がある。それがなければ、留学生に対して、いくら豊かな生活を保障し、博士学位を出しても、彼らは日本の大学を「冷たい制度」としかみないであろうし、日本の大学に愛着を抱かないのみならず、反発さえしかねないであろう。

留学生を日本の大学に受け入れることとは、留学生が日本の社会や大学という「異文化」に接触することであると同時に、日本の社会や大学が留学生という「異文化」に接触することをも意味している。この相互の異文化接触をプラスに転化するには、当然のことながらハードとソフトの両面からの、また大学と社会が一体となった留学生支援体制の整備が不可欠である。

以下、留学生教育改善のため、いま緊急に必要と考えられる方策を、とりあえず一〇項目列挙しておきたい。

①　留学生教育の改善は、日本の大学教育の向上（「国際化」）に資するというコンセンサスを大学関係者の間に作り出すこと。

②　留学生の入学者選抜方法を、わかりやすく簡素な形に改めること。（出身国の高等学校および大学の成績と「外国人日本語能力試験」等の成績を重視する。）

③　現行の「外国人日本語能力試験」や「私費外国人留学生統一試験」の実施場所と回数を大幅に増やすこと、さらに後者については海外実施を早期に実現すること。

④　「学部」教育の改革を推進すること。とくに、一般教育と専門教育の区分を撤廃し、学部教育の理念を鮮明にすると同時に、授業内容・方法を抜本的に改善すること。

⑤　大学院のコース・ワークをシステム化し、学位（とくに博士学位）取得にいたる手続きと方法を明確にし、そのための指導体制を確立すること。

⑥　文科系博士学位を積極的に出すことによって、学位水準が低下するという恐れを克服すること。

⑦　留学生（特に自費留学生）に対する奨学金制度をはじめとする支援体制を、政府、大学、企業、民間団体等が一体となって整備すること。

⑧　留学生をはじめとする外国人に対する日本語教育体制を整備するため、政府は思い切った財政的支援をすること。なお、国内だけでなく、諸外国における留学希望者に対する日本語予備教育に対しても一層の支援体制を作ること。

⑨　いわゆる「留学生一〇万人計画」の中間的評価を行ない、「量」より「質」に重点を置いた計画に修正すること。

⑩　いわゆる「国費留学生」とか「私費留学生」という呼称を公的（文部省、国立大学等において）に使用することを止めること。

2　二一世紀の留学生交流の課題

はじめに

二一世紀に入り学生の国際交流の様相は、大きな変化をみせ始めている。交流の主役が大学生であることに変わりはないが、シニア層の留学も増加傾向にあるようである。最近では留学の低年齢化が顕著になっている。その証拠に、書店には『Hello 幼稚園――アメリカ留学のススメ』、『小中学校の海外留学事情』等、幼稚園から小中学生向きの留学ガイドブックがずらりと並んでいる。また一九八八年から制度化（単位互換認定）された高校生の海外留学（短期留学）は、二〇〇〇年には四、三五八人に増加している。最近では、国内の大学と海外の大学を天秤にかけて大学選択する高校生も出てきているという。

国家レベルの留学生招致政策に目を転じると、「一〇万人」という数値目標を二〇年かけてほぼ達成しつつある日本であるが、オーストラリアやシンガポールの留学生政策は、これまでの学生の国際交流という教育的視点よりも、経済的視点に重点をおいた国家戦略の要素が強くなっている。日本よりも一足先（二〇〇〇年）に留学生一〇万人を突破したオーストラリアは、留学生の受け入れを同国第八位の「産業（貿易）」と位置づけている。さらに最近われわれを驚かしたのはシンガポール政府が二〇〇二年に発表した「留学生一五万人計画」であり、同計画によれば今後一〇年間に、英語、中国語を武器（資源）に経済戦略として留学を位置づけ、自国学生の二倍近くの留学生を受け入れようとする野心的なものである。

これらの事例をみただけでも、グローバル化する世界における学生の国際交流のあり方には変化の兆しが濃厚である。なかでも今後注目すべきはアジア太平洋大学交流機構（UMAP）が主導する単位互換スキーム（UCTS）であり、UMAPを通じた交流は、これまでのアメリカ一極集中の留学現象を多極化に導く契機を作り出す可能性をはらんでいる。マクロベースでみると、学生交流は「直流」の時代から、確実に「交流」の時代に移行しつつあると言える。折りしも中央教育審議会（大学分科会留学生部会）は、いわゆる一〇万人計画以後の「新たな留学生政策の理念及び目標について」の検討を重ね二〇〇三年一二月「新たな留学生政策の展開について——留学生交流の拡大と質の向上を目指して」（答申）を公表したところである。以下、大学生の交流を中心に、その現状と課題を整理してみたい。

(1)　留学交流のバランスシート

学生の交流形態は多様化しており、先にもみたように二〇〇〇年時点の高校生の海外留学は四、三〇〇人を超えているが、その約九倍にあたる三九、三一〇人が三ヵ月未満の海外研修（修学旅行を含む）という形の交流を行なっている。大学生の海外研修に関するデータはないが、大学間協定等を活用した短期の研修交流はこのところ増加傾向にある。学生の国際交流は量的にも質的にも多様化の一途をたどっている。ここでは資料の制約上、大学生の留学生交流に絞って、その現状を概観してみよう。

①　量的拡大を支えた数値目標

「留学生一〇万人」という政府の目標は、二〇〇三年のうちに達成されそうである。一九八三年に計画がスタートした時点の留学生数が一〇、四二八人であったから、二〇年を経て約一〇倍増を記録したことになる。当初は前年比二〇％前後の高い伸び率を示したが、九〇年代に入り伸び率は鈍り、アジア金融危機（一九八六－八七年）の際には前年比マイナスに落ち込んだ。ところが二〇〇〇年以後、留学生数は再び増加傾向に転じ、二一世紀初頭に「一〇万人」という政府計画は達成の見通しがたった。

筆者はもともと留学生数の数値目標を政策的に設定することには無理があると考えてきた。奨学金の種類と量の数値目標はあってしかるべきであるが、一国の留学生総数の目標値を設定することは本来不可能なことであるからである。したがってこの計画がスタートした当初、諸外国では日本政府が一〇万人の留学生に奨学金を与えることを決定したという「美しい誤解」が広がったりもした。しかし実際には「一〇万人」のうち国費留学生の割合は一〇万人の一割、すなわち一万人に過ぎなかった。二〇〇二年現在、留学生総数九五、五五〇人に対し国費留学生数は九、〇〇九人であるので、当初計画より下回っているとは言え、国費留学生数に関するかぎり、ほぼ政府計画どおりに増加してきたと言える。このように一〇万人のうち一割の者にしか政府奨学金を用意しなかったにもかかわらず一〇万人が達成されようとしている原因はどこにあるであろうか。

その第一は、一〇万人の達成が危うくなった一九九〇年代においても、政府（文部省）が「一〇万人」という政策目標を堅持したためであると言える。筆者自身も、数次にわたる政府の留学生政策懇談会（専門会議協力者）に参加して経験したことであるが、「一〇万人」という数値目標は毎年の概算要求をはじめとして、留学生関係予算を獲得する際の「魔法の杖」ような役割を果たしてきたと言える。私費留学生に対する学習奨励費（これはれっきとした政府奨学金である）も年々増加し、今では全額支給の国費留学生（九、〇〇九人）より多い一〇、九〇〇人が受給し、両者を合わせると全留学生の約二一％が政府奨学金を得ることができるようになっている。これも「一〇万人効果」と言えよう。また留学生政策懇談会の報告を踏まえて一九九五年に制度化された「短期留学制度」により、学生交流を一段と加速させ多様化することができたのも、一〇万人計画の成果であると言える。数々の留学インフラの整備（留学生宿舎、留学生センター、国民健康保険加入による医療保障等）や留学プログラムの多様化（大学院における留学生特別コース〈英語コース含む〉、学部レベルにおける英語による短期留学プログラム等）も、「一〇万人」という殺し文句によって実現したものが少なくない。

第二は、この一〇年の間に、大学側の留学生受け入れに対する考え方に変化が生じた点である。特に国立大学の場合、一〇年前までは大学独自の留学生政策はなかったといっても過言ではない。留学生受け入れは、それに熱心な物好きの教授の仕事であるか、文部省から国費留学生の引き受け依頼があれば消極的に対応するレベルであったと思う。また学内の留学生関係委員会の仕事と言えば、わずかな国費留学生（大学推薦枠）の配分をめぐっての学部間の調整や留学生寮入居の抽選くらいの仕事が主であった。ところが近年における大学間競争の中で、国際交流は大学の最重要課題の一つになった。新しい留学プログラムの開発や留学生受け入れは、大学（学部）の重要戦略として位置づけられるようになった。それとともに、大学（学部）間交流協定の締結や、海外大学とのアカデミック・コンソーシアム形成が流行となっている。もはや大学人であるかぎり留学生の受け入れに「ノー」とは言えない雰囲気が大学の中に定着してきた。留学生支援は、募金活動を含め、全教職員の共通認識になりつつある。

第三には、政府や大学だけでなく、地方公共団体による留学生宿舎（公営住宅の開放を含む）の整備や各種奨学金の支給、さらには民間企業の社員寮提供や、民間の奨学団体による奨学金の支給（二〇〇二年現在、一七九奨学団体）等も徐々に増えている。このように日本社会全体に留学生支援の輪が広がったのは、日本の歴史上はじめてのことではないかと思われる。地域の国際化という時代の風が留学生支援を後押ししたことは事実であるが、それも政府の「一〇万人計画」あってのことであったと言える。

②　送り出し戦略の欠落

こうみてくると留学生受け入れは順風満帆のようにみえるが、学生の国際交流の観点からみると、事は簡単ではない。日本人留学生の送り出しについては、この二〇年間、政府に政策らしい政策はなかったと言っても過言ではないからである。最近の留学生懇談会報告「知的国際貢献の発展と新たな留学生政策の展開を目指して――ポスト二〇〇〇年の留学生政策」（一九九九年）においても、日本人留学生の送り出し政策については言及がない。

日本の大学が受け入れている留学生の九割以上がアジア諸国からの学生であることはよく知られているが、日本人留学生の約八割は欧米（特にアメリカに六一％）で学んでいる。日本人留学生（七万六千余名）のほとんどが自らの資金により自らの興味関心基づき欧米諸国で学んでいることに異議をさしはさむつもりはないが、この送り出しと受け入れのアンバランスに政府が無関心であってよいはずはない。冒頭でみたオーストラリアやシンガポールの例をまつまでもなく、二一世紀のアジアは中国のプレゼンスが巨大化することは必至であるし、東南・南アジアの発展も予測されるところである。欧米一辺倒の日本人の留学の流れを、政府は傍観するだけでなく、いま一度再考する必要がありはしないか。一九六八年に始まった「アジア諸国等派遣留学制度」は細々と続いてはいるが、二〇〇三年度に予算化されている派遣人数はわずか一七名である。文部科学省資料によれば、外国政府等の奨学金による公費留学生として、二〇〇二年の場合四〇カ国に四〇六人送り出していると述べているが、このような相手国頼みの留学生送り出し政策を転換する必要がある。現在の欧米留学にしても、留学者総数は七万を上まわっているとは言え、彼らの博士学位（Ph. D.）取得率をみれば、アジアの各国から欧米の大学に派遣されている留学生にはるかに及ばない。日本の **TOEFL** 受験者のスコアがアジアで最低レベルであることに政府はもっと危機感をもつべきであろう。欧米留学に対してもアジア留学に対しても、政府レベルで戦略的な留学生送り出し政策を立てる時期に来ているのではなかろうか。単に「一〇万人」を受け入れるというだけでは、アジア諸国に対し「交流」という観点からのメッセージとはならないであろう。もし日本の留学生予算がＯＤＡ予算枠であるため、途上国支援（人材養成）という考え方のみに縛られているとすれば、不幸なことである。受け入れと送り出しをバランスさせるためには、ＯＤＡ予算枠ではない国際交流予算枠を新設するくらいの発想の転換が必要ではないか。

(2) 大学間交流協定に基づく国際交流

学生の国際交流を考える場合、もう一つ重要な観点は、日本の大学と諸外国の大学との間で結ばれている交流協定の増加である。過去六年間（一九九六―二〇〇一）に、交流協定数は三、八八一から八、八七九に増えている（約二・三倍増）。現在の協定数を設置者別にみると、国立（四三・〇％）、公立（三・六％）、私立（五一・一％）、大学共同利用機関（〇・九％）、高等専門学校等（一・四％）となっており、いずれも過去六年間ほぼ同じような比率で推移している。協定校の国別内訳を上位五カ国についてみると、アメリカ（一、八〇六）、中国（一、六六二）、韓国（八八八）、イギリス（五一二）、オーストラリア（四六四）の順となっている。交流協定は、①学生交流、②研究者交流、③共同研究、④学術情報交流、等を柱とするのが一般的であるが、ここでは学生交流について考えてみよう。問題は、これだけ多数の協定が結ばれているからといって、必ずしも学生交流が順調に行なわれているとはかぎらないことである。国立大学と私立大学とでは若干事情が異なるので、まず国立大学についてみてみよう。

国立大学の場合、大学間協定と学部間協定の二本立てになっているのが一般的であるが、協定締結に携わったいわゆる「窓口教官」の役割が大きい。もちろん大学には国際交流課や留学生センター等の学生交流業務を所管している専門部署があるが、これらの部署は大学（学部）間協定の企画・立案・実施を一元的に統括しているわけではない。個々の窓口教授ないし部局（教授中心の交流委員会）が、交流の実質を担っている場合が多いため、全学協定ベースの交流と言えども大学（機関）としての対応が十分でない場合が多い。仮に交流に熱心な窓口教授が何らかの事情で交流業務から離れることになると、「交流協定」そのものまで機能麻痺に陥り、協定が死文化するケースも少なくない。交流協定の更新時期がきても、それまでの成果を点検・評価することなく、実態のないまま協定を継続している場合もないとは言えない。したがって国立大学の場合、交流協定校が多い割には学生交流の実質は伴っていない場合が多いのである。

特に国立大学の場合に問題なのは、交流協定を実質化するための独自財源（奨学金、渡航援助等）をもたないので、いきおい授業料相互免除協定に依存することになる。ところがこのように協定数が多くなると、文部科学省から認められる授業料免除枠も一校あたり一名ないし二名止まりなので、細切れの交流しかできない。ただし、一九九五年に制度化された「短期留学制度」は、協定大学からの留学生受け入れに限ったため、協定の実質化に一定の貢献をしてきたと言える。またそれに伴う英語による短期留学プログラムを立ち上げた大学には奨学金を優遇配分するなどの措置もとられた。

一方、私立大学の場合は、国際交流に熱心な大学ほど機関（大学）ベースの戦略的な学生交流に力を入れており、特に海外の協定大学への学生派遣制度を学生募集戦略の切り札にしている大学（学部）もある。こうした大学は、全学的な国際交流部署（国際交流センター、留学生センター等）にその道の専門家（外国人である場合もある）を配し、交流協定の締結から受け入れ・送り出しの一切の責任をもたせ、専門的に学生交流の支援をしているケースが多い。私立大学の交流協定の第一位がアメリカの大学（一、一六四校：全体の約二五％）になっているのは、私学の戦略的交流の現われと言えよう。ただ私学の場合も、国際交流のための独自財源をもつ大学はそれほど多くないため、日本人の海外留学・研修は自費によるものがほとんどであり、外国人留学生に対する大学独自の奨学金もきわめて限られている。その意味で、私費留学生に対し授業料を減免した学校法人に対し、国（文部科学省）が授業料の三割を上限として支援する制度は評価できる。しかしその枠が現在では申請数の約四〇％にとどまっている。

もう一つ私立大学の国際交流に関して留意すべきは、大学の経営資源として留学生獲得に力を入れているケースである。この場合、毎年一定数の留学生を確保するため海外の協定校（多くの場合、中国、韓国等アジア諸国の大学）を活用している。多くの私学は留学インフラ（日本語教育、宿舎、奨学金等）の整備とともに、教育内容の改善にも力を入れているが、一部の大学では、数年前某私立短大の大半の学生が不法就労（不法滞在）になっていたことが新聞報道されたように、無理な留学生受け入れを行なっているケースもないとは言えない。

(3) 国際交流スキームの構築とその可能性

大学間協定は言うまでもなく大学間の協定であり、協定大学間の学生交流に便宜を図るために締結されたものである。したがって協定大学に短期留学した者が取得した単位は、相互の大学の取り決めにより認定されるのが一般的である。ところがいま、アジア太平洋大学交流機構（UMAP = University Mobility in Asia and the Pacific）により複数大学間の単位互換スキーム（UCTS = UMAP Credit Transfer Scheme）がスタートし注目を集めている。

UMAPはEUのエラスムス計画のアジア太平洋版とも言われ、一九九一年にアジア太平洋地域の学生・教職員の交流増大を目的に設立された任意団体である。二〇〇三年現在、アジア太平洋地域の二九カ国・地域が加盟している。一九九八年にUMAP憲章が採択され、日本（東京）に国際事務局が置かれている。UMAPの目的の一つに単位互換スキーム（UCTS）の開発・実施があり、二〇〇〇年度からその試行が始まっている。

このスキームが近年日本で注目されるようになったのは、いわゆる短期留学制度による外国人留学生受け入れおよび日本人留学生の派遣に関し、UCTSに積極的に参加する大学に優先的に短期留学定員を配置することを文部科学省が決定したからである。二〇〇三年度の場合、短期留学制度による受け入れ優先枠（全体の約四五％）は、①UMAP（一二六人）、②英語で授業を行なう短期プログラム（五一三）、③複数大学の連合体（コンソーシアム）によるプログラム（一七八）、④インターンシップ（六〇）、に割りあてられている。日本人留学生の派遣（短期）についても、UMAP、コンソーシアム、インターンシップ、教員養成の四領域に優先枠（全体の一七％）が設けられている。

紙幅の関係上、単位互換の細かな計算式を紹介することはできないが、こうした政府によるインセンティブを通じて、今後UMAP加盟国の大学とUCTSをつうじての単位互換が進むことになれば、多大学間の単位互換は一段と進むことになるであろう。そうなれば大学間の単位の同等性認定、ひいては大学教育の国際的質保証に資することになるであろう。ただしこれを実現するには、各大学がこうした国際的なスキームに対応する体制を機関として整え、それを扱う専門人材をしかるべき部署に配置することが求められよう。

(4)　今後の課題

以上みてきたように、学生の国際交流は新たな段階を迎えようとしているが、今後検討すべき課題を列挙して、むすびとしたい。

① これまでの国（政府）の留学生政策は、受け入れ中心に展開されてきたが、今後は日本人留学生の送り出し政策を戦略的に策定する必要がある。

② これまでの国立大学中心の留学生政策を、国立大学の法人化を契機に、私立大学を含む総合的な留学生政策に改める。

③ 留学インフラは改善されてきたとは言え、いまなお留学生の七三%は割高な民間アパートに居住し、いかなる奨学金にも無縁な留学生が七〇%以上いることに鑑み、政府・大学・地方公共団体・民間は一体となり、一段の留学生支援体制の整備をする必要がある。

④ 各大学は学生の国際交流を統括する全学的部署を設け、専門人材を積極的に起用し、世界水準の交流体制を整える。

⑤ 各大学は、大学間協定の成果を点検・評価し、これを国際スキーム（例えばUCTS）と連動させる等、大学としての学生交流戦略を構築する必要がある。

〈注〉

1　夏目漱石『漱石文芸論集』岩波文庫、一九八六年、一九一―二〇頁。
2　馬越徹「アジアの高等教育と海外留学」『IDE―現代の高等教育』三〇六号、民主教育協会、一九八九年、五―一一頁。
3　斎藤諦淳「人と知識の国際交流―アジア・太平洋地域の学位の相互認定について」『大学と学生』二一六号、第一法規出版、一九八四年、八―一二頁。
4　立花隆・利根川進『精神と物資』文芸春秋、一九九〇年、四六頁。
5　日本国際教育協会編『留学交流』二巻八号、ぎょうせい、一九九〇年、一七頁。
6　ウドム・ラタナポン「難民の教育環境支えて（『朝日新聞』一九九〇年一月二四日）。
7　犬養道子『フリブール日記―世界の苦痛を見つめる』中公文庫、一九八五年、二六七頁。

【付記】

留学は「越境のレッスン」の最たるものであるので、筆者は自身の留学体験だけでなく、研究対象としても関心をもってきた。また、名古屋大学在任中の一七年間は、留学生教育のみならず初代留学生センター長（一九九三―一九九五）として、留学生支援の実務にも携ってきた。また政府の「留学生受け入れ一〇万人計画」推進のための数次にわたる留学生政策懇談会の協力者メンバーとして、ささやかながら留学生政策にも関与してきた。

本章は、筆者が留学生支援の実務に携わる以前、すなわち一〇万人計画がスタートして九年目のまだ留学生数が五万人に満たなかった時代に書かれた旧稿（一九九一年）であるにもかかわらず本書に収録した理由は、ここで指摘した問題点の多くが、留学生数が一〇万人に達した現在においても、本質的には未解決のままになっているからである。

なお、後半部分に最近の留学生交流の現状と問題点を付け加えた。二〇〇三年一二月に出されたもっとも新しい留学生政策文書（中教審答申「新たな留学生政策の展開について～留学生交流の拡大と質の向上を目指して～」）を読む際の参考にしていただければ、幸いである。

第11章　在日外国人のエスニシティと教育

1　一九八〇年代後半における在日韓国・朝鮮人のエスニシティと教育

はじめに

このところエスニシティ問題への研究関心が急速に高まっている。その背景には、東欧（とりわけソ連邦内のバルト三国）や南アジア（スリランカ）における民族集団の自己主張、それに伴う摩擦・葛藤が深刻になっている状況があろう。日本でも難民の定住問題や外国人労働者の就労をめぐって、エスニシティ問題への関心は徐々に広がりつつある。

教育研究の分野でも同様であり、一九七〇年代からエスニシティへの関心が急速に高まってきた。一九六〇年代までの比較教育学研究の主要なフレームワークは「国民国家」（nation state）であった。第二次世界大戦後に独立した国家は、多くの場合、複数のエスニック・グループ（民族集団）から構成されていたのであるが、主権在民を基本理念とする「国民国家」が正当性原理となり、各民族集団はやがて「国民国家」に統合されていくはずであった。実際、いわゆる近代化の過程でそれは実現するかにみえた。ところが主権国家の体裁が整い国家が機能し始めると、すなわち近代化のスピードが早まるにつれ、権力や富の配分をめぐって、皮肉にも民族集団内部に亀裂が入ることとなってきた。

エスニック・グループ間の不平等が顕在化してきたのである。こうした「国民国家」神話の崩壊は、比較教育学研究にも大きな影響を及ぼすこととなり、それまでのインプット・アウトプット理論(数量化理論)や構造・機能主義的アプローチに対して様々な批判が投げかけられた。その結果として、葛藤理論、従属理論、ワールドシステム・アプローチなどが、新しい理論化への動きが登場してきたのは周知のとおりである[1]。

ところが日本の比較教育学研究は、同質的で単一民族的な日本の社会体質を反映してか、こうした動向に必ずしも敏感ではなかった。一九八〇年代も半ばになって、いくつかの研究書が刊行され始めているが、「外国におけるエスニシティ問題と教育」に関する紹介が中心であり、日本教育の中のエスニシティ問題を取り上げたものは必ずしも多くなかった[2]。

行政サイドでも、臨時教育審議会にみられるとおり、「教育の国際化」を答申の柱にしてはいるが、そこでいう「国際化」とは、留学生の受け入れ拡大や外国人教員の採用、海外・帰国子女教育の充実等のことであり、日本の教育において外国人のエスニシティを重視していこうとする姿勢は、まったくと言っていいほどない。わずかにインターナショナル・スクールの修了者への入学資格の弾力化を提案しているが[3]、そこには日本における最大の外国人集団である在日韓国・朝鮮人[4]が経営する「民族学校」に在籍する子女は含まれていないのである。文部省の「教育の国際化白書」[5]にも、在日韓国・朝鮮人子女の教育については一言の言及もない。

(1)　問題の所在と在日韓国・朝鮮人を取り巻く状況の変化

①　試される「国際化」——「国民国家」・「国民教育」は何を意味してきたか

日本教育の「国際化」を論じる際、何故に在日韓国・朝鮮人子女の教育を取り上げることが必要なのであろうか。答えは簡単である。政府も文教当局(文部省・地方教育委員会)も、そして多くの学校現場も、この問題を取り上げようとしていないからである。それは彼らに問題の重要性が分からないからでは恐らくないであろう。できることなら問題にしたくない「逃げ」の姿勢が存在し、何かことが起こると「取り締まり」的態度に出る習性が、日本の社会そして学校には常にあるのである。筆者は、日本教育の国際化を、とりあえず「日本の教育を国際的通用度の高いものへと変えていく諸々の教育活動」と定義しているが、「国際的通用度」の概念には、当然のことながら「異質なものを許容する（共存・共生する）」心のあり方が含意されていると考えている。日本における最大の「異質」集団である韓国・朝鮮人子女の教育のあり方を抜きに、教育の国際化は語れないと考える理由はまさにその点にある。

明治以来この方、日本は最も効率的に「国民国家」を作ることに成功し、成果をあげてきたことは自他ともに認めるところであろう。しかしそれは異質なもの（すなわち異なった民族集団）を排除することによって達成されてきたとも言える。その証拠に、「国民」と名のつくものから、外国人はことごとく排除されてきた。勤労と納税を通して日本の社会に貢献してきたいわゆる定住外国人（「出入国管理法」により永住権を与えられている者）に対してさえ、ごく最近まで国民年金、国民健康保険への加入は認められていなかった。これらの諸権利に対し「国籍」条項が撤廃されたのは、国際社会からの「外圧」により加盟（批准・発効）した一九七九年の「国際人権規約」と一九八二年の「難民条約」により、やむを得ず国内法を整備せざるを得なくなったからに過ぎない。すなわち難民に対して、職業や社会保障に関し、内国民待遇もしくは最恵国待遇を保証したため、国民年金法、児童手当法、児童扶養手当法、住宅金融公庫法、公営住宅法、日本住宅公団法などを初めとする社会保障関係法の適応範囲を「日本国内に住所を有する日本国民」から「日本国内に住所を有する者」に改正せざるを得なかったためである。

教育においても、「国民教育」から外国人を排除する論理は貫徹されており、後にみるように文部省は戦後一貫して、外国人による「民族学校」の設置を認めていない。正規の学校（学校教育法第一条に定める「学校」）として認めないだけでなく、「各種学校」としての認可にも否定的な態度を崩していない（しかし実際には、都道府県は民族学校を各種学校として認可しているので、文部省の立場は崩れている。)。また公立学校における民族教育は、「教育課程の編制・実施について特別の取り扱いをすべきではない」として、全面否定の立場を取り続けている。ところが先に見た国際人権規約(B規定)第二七条には、少数民族の権利として「自己の文化を共有し、自己の宗教を信仰しかつ実践し又は自己の言語を使用する権利を否定されない」ことが規定されているため、在日韓国・朝鮮人団体は、日本政府に「民族教育」の保障を求めている。この点に関し日本政府は、国連への報告書において、一貫して「本規約に規定する意味での少数民族はわが国には存在しない」と主張し続けている。ところが国連の規約人権委員会では、かなりの委員から、日本政府の態度に疑問が出されていると言われる[6]。

このようにみてくると、日本(教育)の「国際化」は、これまでの「国民国家」ないし「国民教育」的発想からの脱却でなければならないことが明らかである。外国人排除の論理に立った「国民」国家から、「日本国内に住所を有する者」すなわち「住民」国家への転換を図り、「異なる人たち」との共存(共生)の道を模索する営みが、「国際化」の中身とならなければならない。外国人は「明日の隣人」ではなく、すでに「今日の隣人」という現実があるからである。日本教育の国際化も、「異なるもの」を「特別の取り扱いをすべきではない」として否定するのではなく、「異なるもの」を肯定することによって、日本の教育を「画一の貧しさ」から「多様の豊かさ」へと転換させていく必要がある。その核心になるのが「民族性(エスニシティ)」問題への取り組みにほかならない。

②「在日」の長期化と「民族性(エスニシティ)」保持の危機

しかしこの問題への取り組みの難しさは、日本側にだけあるのではない。在日韓国・朝鮮人を取り巻く状況の変化は、彼らの「民族性(エスニシティ)」保持を危機に晒しているからである。

この問題を論じるにあたっては、エスニシティの定義をしておかなければならないが、それは研究者の数ほどあるとも言われ、適当な日本語訳も確定されないままに使われてきている。人類学者によれば、「エスニシティの概念は民族性として割り切れるほど単純なものではない」[7]ようであるが、本論ではとりあえず「民族性」という用語を用いて論議を進めたい。すなわち、日本国内に居住する民族集団に固有な伝統文化・認識体系・生活文化一般を総称して「民族性」と呼ぶこととする。

まず、在日韓国・朝鮮人を取り巻く状況の変化からみていこう。旧植民地出身者の法的地位は、戦後目まぐるしく変わり安定しなかったが、四つの大きな節目があったとされている[8]。日本の敗戦から対日講和条約の発効（一九五二年）までは、「外国人」でもあり「日本人」でもあるという曖昧な立場に置かれていた。ところが対日講和条約で日本の主権が回復されると、その日から一方的に「日本国籍」を剥奪され、「外国人登録法」により「外国人」として登録しなければならなくなった。国籍選択権は彼らに保証されず、日本国籍取得は国籍法第四条による「帰化」の道しか残されなかったのである。その後日韓条約（一九六五年）の締結により、「日本に居住する大韓民国国民」に限ってではあるが、一定の戦後処理がなされ、彼らの申請により「永住権」を保証し、在留外国人一般よりも各種の優遇措置が与えられた。そして一九八〇年を前後する「国際化」状況の中で、「国際人権規約」および「難民条約」への加盟・批准により、在日韓国・朝鮮人の法的地位問題も、国際的観点から取り組まれるようになってきたのである。一九八六年一二月末現在、在留外国人八六七、二三七人の七八％を占める在日韓国・朝鮮人（短期滞在者も含む）は、このような経緯を経て戦後四〇数年の「在日」を生活してきたことになる。

その間、彼らの居住する日本はもちろん、彼らの祖国である大韓民国および朝鮮民主主義人民共和国も大きな変容を遂げ今日にいたっている。「日本」と「祖国」の変化の中で、彼ら在日韓国・朝鮮人の「民族性」はかなりの変容を余儀なくされてきた。「民族性」のあり方が、祖国の政治・文化・価値観への一体化とか、日本的なものの拒否（同化拒否）といった単純な二者択一的割り切り方では済まなくなってきているのである。次の統計データはそのことを物語っている。

ⅰ 厚生省統計によれば、在日韓国・朝鮮人と日本人との結婚（夫または妻が日本人）率が、一九七六年を境に五〇％を超え、一九八五年には七一・六％にまで上昇している。（この中には日本に帰化した元韓国・朝鮮人との婚姻も含まれている）

ⅱ 日本国籍取得者（帰化者）も、法務省統計によれば、年々増加傾向にあり、ここ数年は毎年約五、〇〇〇人、一九五二―一九八六年までの三五年間の累計数は、約一三六、〇〇〇人となっている。特に一九八四年に改正された新国籍法、すなわち「父系血統主義」から「父母両系血統主義」への転換により、今後は日本国籍取得者が増えることが予想される。

ⅲ 母国語（韓国・朝鮮語）能力の低下が著しくなっている。最近の在日本大韓民国居留民団（以下「民団」）調査[9]によれば、その傾向は二世、三世になるにつれ顕著であり、三世では九割以上の者が母国語喪失状態に陥っている。

ⅳ 同じく「民団」の調査によれば、いわゆる「通名」をもっている者が八八・四％、その必要性を感じている者が六二％にもなっている。

また在日韓国・朝鮮人子女の就学形態についてみると、一九八八年四月現在、在日韓国・朝鮮人六八万人のうち、学令期にある子女数は約一六四、〇〇〇人であり、日本の国・公・私立学校に八六・四％、残り一三・六％が在日韓国・朝鮮人の経営する「民族学校」に通っている。民族学校に通っている約二二、〇〇〇人のうち、九二・二％は在日本朝鮮人総聯合会（以下「総聯」）の学校に、残り七・八％が「民団系」の学校に在籍している。全体的傾向として、年々日本の学校に在籍する者の数が増えており、「民族学校」への在籍者は、総聯系・民団系のいずれの学校においても減少しつつある。

このような変化は、在日韓国・朝鮮人（社会）における「民族性」保持の危機を物語るものと言えよう。もちろん親族儀礼や食生活のように、比較的危機に晒されていない部分もある。しかしこれらにおいてさえ、「脱民族化」ないし「日本化」現象がみられるようになっている。祖国にかぎりない郷愁と帰属意識をもつ一世と、日本生まれで祖国を知らない二世、三世、そして四世との間には、途方もない意識の隔たりと世代間葛藤が生じているのである。

ただ在日韓国・朝鮮人の場合、二世・三世になっても、諸外国における二世・三世のように、居住国の国籍（ないし市民権）を積極的にとろうとする者は比較的少数である。彼らは、世界の「常識」とは異なった選択をしていることになる[10]。その原因としては、過去における植民地統治の影が見え隠れするが、最も大きいのは、日本人も韓国・朝鮮人も「一国家一民族という、世界史的には例外的な解釈を共有している」[11]ことに求められるであろう。したがって在日韓国・朝鮮人の日本国籍取得（帰化）には、特に在日韓国・朝鮮人社会においてマイナス・イメージがつきまとう。このところ徐々に日本国籍取得者が増えているとは言え、それは彼らが「韓国・朝鮮系日本人」として日本社会に積極的に参加するためというより、就職や社会生活上の差別を回避すべく、また「中途半端な人生にケリをつける」[12]ために消極的になされる場合のほうが多い。こうした消極性が「民族性」保持への揺らぎの原因ともなっている。

(2)　民族学校における「民族性」保持の教育とその将来展望

民族性（エスニシティ）を保持し、それを活性化できる拠り所は、何と言っても家庭であり学校である。戦後在日韓国・朝鮮人によって繰り広げられた「ウリ・ハッキョ（われらの学校）」設立運動は、まさに民族再生の夢を託した運動であった。戦後一年足らずの間に、初等・中等段階の「民族学校」が全国津々浦々に約六〇〇校も設立され、生徒数約六五、〇〇〇人を数えたことがそれを物語っている[13]。ところが一九四七年に制定された学校教育法の施行により、文部省は「認可を受けない民族学校は閉鎖する」という、いわゆる民族学校閉鎖に近い措置を取ったため、その後民族学校数は激減すると同時に、たとえ存続した場合にも、学校教育法第一条に定める「正規の学校」ではない「各種学校」として取り扱われ今日にいたっているのである。そこで以下においては、在日韓国・朝鮮人が経営する民族学校の現状と問題点について、①先行研究、②既存資料、③関係者とのインタビュー等に基づいて明らかにしていきたい。

① 先細りする「民団系」民族学校

在日韓国・朝鮮人約六八万人のうち、いわゆる「民団系」所属者は、一九八八年一月現在約六二%を占めており、在日韓国・朝鮮人社会の多数派を形成している。ところが民団系の民族学校は、小学校三校、中学校四校、高等学校四校、合計一一校（四学園）であり、在籍者数はこれらすべてを合わせても一、七四五人に過ぎない[14]。しかも学生数は、年々減少傾向にある。学校の設置場所も、東京、大阪、京都の三地域にかぎられている。大阪にある白頭学院（建国学校）と金剛学園は、学校教育法に定める「一条校」の認可を受け、私立学校法人として運営されているが、東京、京都のそれはいまだに各種学校扱いとなっている。これまで民団サイドでは、これらの学校についても一条校への移行を強く関係当局に働きかけてきた。これら民団系の学校のうち、一条校では、日本の学習指導要領に準じたカリキュラムが組まれており、それに「国語（韓国語）」と「国史（韓国史）」等、民族性保持に関連する授業科目が「特設科目」ないし「国民教科」としてプラスされている。また学校行事、本国（韓国）の祝日関連の行事や伝統文化を反映したものが組み込まれている。しかし授業用語は、これら民族系科目は別にして、彼らの日常生活用語である日本語が用いられている[15]。

このように民団系の学校は、数量的にもきわめてかぎられている。団体としての民団は、ことあるごとに民族教育の重要性を強調しているが、今後「民族学校」を増設する形で民族教育を推進する意図はないようである。すなわち「在日韓国人子女教育は日本の学校で」という方向が大勢を占めつつあると言える。民団を支持する韓国政府（在日韓国大使館）関係者からも、在日韓国人の世代交替が進む中で、「民族学校方式のみの民族教育は一世のセンチメンタリズムではないか」といった、かなり割り切った考え方が出されるようになってきている。韓国政府筋は、在日韓国人の民族教育（彼らは「在外国民教育」と呼称している）よりも、一時的に外国に滞在する商社関係者の子女教育、すなわち「海外子女教育」の方に頭が一杯のようである[16]。実際問題、在日韓国人子女(定住者)のために設立された民団系学校(学園)には、このところ一時滞在者の韓国人子女が急増しており、特に東京韓国学校(初等部、中・高等部)の場合、一九八八年現在全学生の七七・七%が本国からの学生によって占められている。また東京韓国学校の場合、いわゆる「一条校」ではない民族学校であることも手伝って、最近では教育課程(カリキュラム)の構成が本国(韓国)のそれとほぼ同じ体裁になっている。常勤教員(校長、時間講師、事務部門職員を除く)三二名のうち一〇人は本国からの派遣教師によって占められている[17]。彼ら派遣教師は、母国語(韓国語)によって短期滞在者に重点をおいた授業を展開するため、東京韓国学校は「在日」韓国人子女には必ずしも居心地のよい学校ではなくなりつつあると言われている。

したがって韓国政府としては、民団の意向とは別に、東京韓国学校の「一条校」への意向には好意的な反応を示していない。一条校に移行すれば、日本の学習指導要領(カリキュラム)に準じた学校運営が求められ、一時滞在者の子女には都合が悪いからである。本国政府の思惑と「在日」を生きる民団の意向との間には、民族教育をめぐっても微妙な意見の隔たりがみられると言わなければならない。また一九六〇年以降、韓国政府が韓国語教育を初めとする民族教育推進のために、民団の支部ごとに設立してきた「教育院」についても、最近では縮小・再編を図りつつある。一九八七年までに全国に四二カ所あった教育院は、近い将来六カ所の「総合教育院」に統合されるようである。民団も本国政府も、民族教育の重要性を否定する者はいないが、在日韓国人子女の教育を「民族学校」行なう考え方は、次第に支持を失いつつあるようである。

② 巨大な「総聯系」の民族教育システム

一方総聯系の学校は、初等教育(初級学校)から高等教育(朝鮮大学校)まで、一九八八年現在、二九都道府県に一五二校(幼稚園を含めると二一八校)あり、学生数も約二万人を擁している[18]。総聯はその綱領(第四条)において、「母国の言葉と文字による民主民族教育」を行なうと明記しており、このような一貫した民族学校体系を構築してきた。一国内の外国人団体が、これだけの規模の学校を運営しているのは、世界的にみてもきわめて稀なことである。ただこれらの学校においても、このところ学生数が減少しており、二〇年前に比べると、当時の半数近く（五八％）にまで落ち込んできている。これは先にみた在日韓国・朝鮮人を取り巻く社会情勢の変化と無関係ではあるまい。これらの学校の設置形態は、学校教育法第八三条に定める「各種学校」扱いであり、設置認可は地方公共団体（都道府県知事）が行なっている。学校制度は日本のそれと同じく6－3－3－4制をとっており、教科の種類は概ね日本の学習指導要領に準じたものとなっている。しかし教科内容の点では、彼らの祖国すなわち朝鮮民主主義人民共和国の「主体教育思想」に基づいて構成されている。教授用語は母語（朝鮮語）を使用しており、教科書も外国語（日本語および英語）を除くすべての教科で、朝鮮語が使用されている。それは「言語自体に民族性が含まれる」[19]という考えに基づくものである。したがって国語（朝鮮語）の授業は最も重視されており、全教科配当時間に占める比率は、初等部で三〇・五％、中・高等部で一九・八％となっている。ちなみに日本の場合、国語の時間の占める比率は、小学校で二六・五％、中学校で一四・四％である。国語の外に、民族性涵養の観点から重視されている科目に、「社会」、「朝鮮史」、「朝鮮地理」、「世界史」、「世界地理」などがある。さらには民族的情操を育てる教科として「音楽」、「美術」も重視されている。また学生は、例外なく本名（朝鮮名）を名乗り、女学生の場合、民族衣装のチマ・チョゴリを着て通学しているのは周知のとおりである。

このように総聯系の民族学校では、民族性の保持を最大の教育目的として教育活動を行なってきている。ところが就学者が日本生まれの三世、四世になるにつれ、祖国（朝鮮民主主義人民共和国）との一体化を通じて「民族性」を獲得・保持していくという考え方が、彼らには通用しなくなりつつある。また親の期待も多様化してきており、民族的な主体性を保ちながらも居住地である日本の実情に即した民族教育に再構成することが迫られている。それは教育課程の改革に最もよく表れていると言える。現行カリキュラムは一九八三年に改定されたものであるが、一九六六年当時のものと比較すると、初級学校（小学校相当）では「日本語」の授業時数が五七％増となっている。中級学校（中学校相当）の場合も、「日本語」七二％増、「英語」三七％増となっている。しかしこれにより国語（朝鮮語）の授業時数は必ずしも大幅には減っていない。初級学校で八％、中級学校で七％減少しているに過ぎない。これらを日本の学習指導要領に規定された授業時数と比較すると、中学校の場合、年間総授業時数で民族学校のほうが上回っているだけでなく、彼らにとって外国語として位置づけられている「日本語」の授業時数（五二五時間）は、日本の「国語」（四五五時間）よりも多くなっている。さらに「英語」についてみても、民族学校のほうが日本の中学校より二〇％程度多くの授業時数を取っている。こうした試みは、「朝鮮語と日本語の二つの言語をいずれも使用できるバイリンガル教育（二言語教育）」[20]の理念に基づき、また国際化時代に対応した国際語としての「英語」教育の強化をも目的とした改革とみることができる。

民族学校が当面しているもう一つの問題は、上級学校への進学問題である。日本の国立大学は、これらの学校が「一条校」ではないことを理由に、その卒業生に大学受験資格を認めていない。そこで彼らが国立大学を受験しようとする際には、大学入学資格検定試験を受けて合格するか、定時制高等学校に編入して一条校の卒業資格を取得するなどの回り道をしなければならない。しかし一九八五年現在、公立大学（一〇校）、私立大学（六三校）合計七三校は、彼らに大学受験資格を認めており、現にかなりの学生が入学している[21]。したがって、大学受験資格に関する限り、「一条校」をたてに民族学校卒業生を拒否している文部省（国立大学）の論理は、事実上崩れているのである。文部省自身、このところ社会人・帰国子女・留学生などの受け入れにおいて、入学資格の弾力化を図ってきており、臨時教育審議会答申でも、将来的にはインターナショナル・スクール（各種学校扱い）の修了者には上級学校への入学資格を認めるべきであると提言しているのである[22]。そうなれば在日韓国・朝鮮人系の民族学校の卒業生にも、当然のことながら入学資格を認めなければならない。後者のカリキュラムは、インターナショナル・スクールのカリキュラム以上に、日本の学校に近いからである。

(3)　日本の学校と「民族教育」

①　異なるものを拒否する日本の公立学校

以上のように、民族学校の在籍者が減少傾向にあるため、民族学校における民族教育を通じての「民族性」保持が全体として難しくなってきている現状を考えると、在日韓国・朝鮮人の民族教育は、その子女の八六・四％が在籍している日本の学校が鍵を握っているといわなければならない。しかし日本の学校が、彼らの民族性に配慮した教育を意図的・計画的に行なっているかといえば、「ノー」といわざるをえない。このところ政府（文部省）も地方自治体（教育委員会）も、教育の「国際化」にはきわめて熱心であり、帰国子女教育や留学生教育、また外国人教員の採用などには積極的であるが、「内なる国際化」とも言える在日韓国・朝鮮人子女の教育に対しては、無視ないし敵対的態度を取り続けている。

その原因は、日韓条約（一九六五年）の締結に伴い、その法的地位協定との関連で出された二つの文部事務次官通達にある。一九六五年一二月二五日付けの通達（文初財第四六四号）[23]によれば、①永住を許可された韓国人子女はその保護者が希望すれば、日本の公立小・中学校への入学を認める、②日本人子女同様、授業料は徴収せず、教科書も無償とする、③教育課程の編制・実施について特別の取り扱いをすべきではない、これら三点を骨子としており、以上の三点は永住を許可された以外の朝鮮人（主として総聯系朝鮮人がそれにあたる）にも適応されるとしている。この通達は、「日韓友好関係の増進および配慮等の観点」から、日本人子女と韓国人および朝鮮人子女を「平等」に取り扱うことを明記したものだとされている。ところが前記第三項にみられるように、「平等」の名の下に、日本の公立学校では、韓国・朝鮮人に配慮した教育課程（カリキュラム）を編制することを禁止しているのである。この通達は、韓国・朝鮮人の民族性を日本の教育の場では認めないことを規定したものと言えよう。

もうひとつの通達(一九六五年一二月二八日、文官振第二一〇号)[24]は、「朝鮮人のみを収容する教育施設」(いわゆる「民族学校」)について、およそ次のようなことを述べている。①これまで存在していた朝鮮人のみを収容する「公立小学校分校」[25]は、教職員の任免・構成、教育課程の編制・実施、学校管理などにおいて法令の規定に違反し、きわめて不正常な状態にあるので、それを是正するか、存続を再検討する、また今後新たに公立の小学校・中学校の「分校」または「特別の学級」は設置すべきではない、②朝鮮人のみを収容する私立の教育施設(いわゆる「民族学校」)については、正規の学校(いわゆる「一条校」)として認可すべきではなく、また各種学校としても認可すべきではない、③すでに「一条校」および各種学校として認可されている学校については、適正な運営がなされるよう実態の把握につとめる。

この通達は、先にみた通達以上に、民族教育に対するネガティブな姿勢で貫かれている。韓国・朝鮮人の民族性を涵養することを目的とする「民族学校」は、教育機関としては認めないという趣旨である。のみならず、それまで韓国・朝鮮人を収容していた公立小学校分校を認めないのみならず、「特別学級」の設置さえ認めないというのである。こうした考え方は、外国人子女の人間形成において、彼らの民族性を認めようとしない立場であり、在日韓国・朝鮮人側から「同化政策」と批判されてもやむを得ないであろう。またこうした文部省の姿勢は、その後、海外に数多くの日本人学校を設立してきた文部省自身の立場とも矛盾するのではなかろうか。教育の「国際化」という作業が、「異なるものを認め合う」ことから出発することであるとしたら、これら二つの通達は、その対局にある考え方であると言わなければならない。ここ十年来、エスニシティ(民族性)の活性化が叫ばれ、世界の各地で、民族教育(ethnic study)や多文化教育(multi-cultural education)が盛んになりつつある状況下において、日本政府の在日韓国・朝鮮人の教育に対する対応は、残念ながら世界の趨勢に逆行するものである。

②　教員採用にも「国籍」の壁

こうした民族教育に対する文部省の否定的な態度は、教員採用においても「国籍条項」をたてに、在日韓国・朝鮮人の公立学校教員への採用を認めていないことに表れている。言うまでもなく、在日韓国・朝鮮人は日本の大学に入学でき、教員免許状を取得できる。そして都道府県が実施する採用試験に合格すれば、当然のことながら教員になることができる。ところが歴代政府は、「公権力の行使又は公の意思の形成への参画に携わる公務員となるためには日本国籍を必要とする」とする政府見解（一九五三年）により、外国人の公務員への任用を認めてこなかった。ところが一九七〇年代の半ばから、各地における「国籍条項」撤廃運動の成果もあり、在日韓国・朝鮮人の多い都道府県（例えば大阪、東京、兵庫、愛知、京都、神奈川等）では、いずれも外国籍の教員免許状取得者には採用試験の受験を認め、徐々にではあるが公立学校の教員に採用される者も増えてきた。事実、一九八五年現在、三一名の韓国・朝鮮籍の教員が公立学校に採用されていると、文部省は国会答弁で認めている[26]。

また同じ時期に、定住外国人の大学教員とそれを支援する日本の大学人を中心に「外国人を国公立大学に任用するための運動」[27]が盛り上がり、それが政府・政党を動かすところとなり、一九八二年九月一日付けで「国立又は公立の大学における外国人の任用等に関する特別措置法」（法律第八九号）が成立・公布された。外国人は公務員になれないとする従来からの政府見解に、大学にかぎってではあるが風穴が開けられたのである。この法律が公布されると同時に、文部省は各国公立大学長および大学を設置する地方公共団体の長宛に事務次官通知（同年九月一三日付）[28]を出し、法律の施行に伴う趣旨説明をしている。ところがこの通知の末尾に、「なお、国立又は公立の小学校、中学校、高等学校などの教諭等については、従来通り外国人を任用することは認められないものであることを念のため申し添えます」と念を押しているのである。この通知は、同じ日に都道府県・指定都市教育委員会教育長宛にも送付されているが、送り状の末尾に再度、「なお、同法は、国公立大学の教授等への外国人の任用について、特別措置を講じたものであり、公立の小学校、中学校、高等学校等の教諭等についての取扱いを変更するものではないことを念のため申し添えます」と、念には念を入れて確認しているのである[29]。このため国公立の初等・中等学校教員になるには「日本国籍」を必要とするという、いわゆる「国籍条項」を明記していた都道府県は一九八〇年には一九に過ぎなかったのであるが、その後の文部省の強力な「指導」により、一九八七年には三三の道県が「国籍条項」を明記するところとなり、定住外国人の国公立学校の教員になる道は、これまで以上に閉ざされることになったのである[30]。

このことを裏書きするように、この通知が出された二年後の一九八四年、長野県の教員採用試験に合格した韓国籍の女性(梁弘子)が、文部省の強い指導により、正規採用が取り消される事態が起こった。これに対してはマスコミが大きく取り上げたため、県教育委員会は妥協の産物として、彼女を「常勤講師」に格下げして採用するという、変則的な措置を取った。ここには正規の教員はダメであるが、常勤でも「講師」ならヨシとする奇妙な論理のすり替えがある。同じ教師でも、日本人教師と外国人教師とを区別ないし差別する考え方が潜んでいると言わなければならない[31]。

公教育体系の一翼を担っている私立の小・中・高等学校が外国人を採用していることには何らの異議を差し挟んでいない文部省が、国公立学校についてのみ強硬な態度をとり続けていることは、何ら説得力を持たない。今もなお、国公立学校は「国家意思」を体現する人間を養成する機関とでも考えているのであろうか。公立学校の教員採用の法的根拠とも言える「地方公務員法」や「学校教育法」にも、教員の国籍制限に関する規定を見出すことは出来ないのである。公立学校に採用されている在日韓国・朝鮮人教師たちは、筆者が面接調査したかぎり、学校内でも、保護者の間でも評判が良い。彼らの採用に問題はないと考える。文部省や地方教育委員会のいう教育の「国際化」は、最近一種の流行となっている外国人英語講師の採用にみられるように、相変わらず「お雇い外国人」的な発想で、彼らを利用することしか念頭にないのであろうか。

③「民族教育」に取り組む日本人教師たち

このような行政サイドの「民族教育」拒否の姿勢にもかかわらず、在日韓国・朝鮮人子女の多い地域の公立学校の日本人教師たちは、民族教育に粘り強く取り組んできた。その代表的なものとして、「民族学級」運動がある。資料はやや古いが、一九七七年時点において、大阪、愛知、福岡の三県の小学校一七校において「民族学級」が開設され、約一、三〇〇人の生徒が週二―四時間、韓国・朝鮮の歴史、母語(韓国・朝鮮語)、音楽等の民族関連科目の学習を行なっている[32]。当時こうした民族学級への出席率は、約五〇%前後であったようである。これら民族学級は、教育委員会が独自の判断で許可・開設していたものであり、その意味では先の事務次官通達は、地方教育行政レベルでは必ずしも徹底しているとは言えないのである。

中学校、高等学校の段階では、こうした民族学級運動は皆無に近く、それに代わるものとして、課外活動(クラブ)を通しての活動がある。大阪、神戸、広島等の実業系高等学校における「朝鮮文化研究会」(略称：朝文研)活動は、在日韓国・朝鮮人の「民族性」を自覚するための様々な活動であり、一部の教師ではあるが熱心な取り組みを続けている[33]。

公立学校における在日韓国・朝鮮人子女教育において、避けて通ることの出来ない問題に本名・通名問題がある。この問題は、日本の植民地統治政策にまで遡る根の深い問題である。同化政策の一環として強行された「創氏改名」や、日本社会の在日韓国・朝鮮人に対する差別、偏見が「通名」現象を生み出していることは間違いない。そこで、在日韓国・朝鮮人子女を多く抱える地域(大阪、神戸、神奈川、名古屋等)の学校では、「本名を呼び、名のる」をスローガンとする地道な教育運動が、一部ではあるが熱心な教師集団によって展開されている。一九七五年に発足した大阪外国人教育研究協議会は、その牽引車的役割を果たして今日にいたっている[34]。「民族性」の象徴としての「本名」を名のることを通して、在日韓国・朝鮮人子女には「民族としての自覚と、差別に負けない精神」を育て、また日本人子女には、韓国・朝鮮の歴史や文化、そして近代における両国関係史を教えることにより、「差別をしない、許さない教育」を実践していこうとする運動である。

ところがこの問題が難しいのは、先にもみたように在日韓国・朝鮮人の約九割近くのものが「通名」をもち、三世、四世の子どもたちの中には、自分が韓国・朝鮮籍の「外国人」であることすら知らない者が増えているところにある。両親も子どもがある一定の年齢に達するまでは「本名」を教えず、「通名」で通させようとする傾向がかなりある。このような現状の中で、教師集団があえて「本名を名のらせる」、つまり「通名はがし」運動をすることは、大きな摩擦を伴う。教師も子どもも、そして両親も血の出るような苦しい体験を強いられる。「本名」を名のるということは、本来民族教育以前の問題であるにもかかわらず、そこから出発せざるを得ないところに、日本の公立学校における民族教育への取り組みの難しさがあると言わなければならない。

むすび——日本教育の「国際化」と民族教育

以上のような現状を考えるとき、在日韓国・朝鮮人子女の民族教育、とりわけ日本の公立学校における「民族性」保持の教育に明るい見通しを持つことはかなり困難である。しかしながら、ここ十数年来、世界の各地ではエスニシティ活性化の動きが顕著であり、民族学習や多文化教育が盛んになりつつある。日本の教育を真に「国際化」するためには、やはりこの問題を避けて通ることはできない。在日韓国・朝鮮人子女教育のあり方は、日本教育の「国際化度」を計るバロメーターであると言わなければならない。

本論の冒頭で述べたように、今後、在日韓国・朝鮮人社会では、新国籍法の下で、日本国籍取得者（帰化者）が増えるであろう。すなわち、「韓国・朝鮮系日本人」が数多く誕生することになることが予想される。これまで「帰化」といえば、韓国・朝鮮人にとって最も大切な名前（「姓」）まで日本式に変え、「身」も「心」も日本人になることを強要される場合が多かった。しかしこうした日本社会の同化的体質は、近年様々な形で批判されている。すでに帰化して日本名を名のっている「韓国・朝鮮系日本人」が、元の韓国・朝鮮式の名前を取り返そうとする運動(訴訟)を起こしており、このところ勝訴の判決もみられるようになっている[35]。在日韓国・朝鮮人が今後「外国籍」のまま外国人として「在日」を生きる道を選択するにしても、あるいは日本国籍を取得して韓国・朝鮮系日本人として生きる道を選ぶにしても、日本社会は彼らの「民族性」を保証する手立てを講じる責任がある。

特に外国人(「外国籍」)として生きる道を選択する在日韓国・朝鮮人には、社会生活上の諸権利(例えば社会保障や将来的には地方議会レベルの選挙まで含めて)は、日本人と同等なそれを保障する方向へ、他方、文化や価値観の面では彼らの差異性を認めていくことが必要なのではなかろうか。換言すれば、社会的諸権利の面では日本人との「同等化」を、文化・価値の面では日本人との「差異化」を、在日韓国・朝鮮人と共に推進していくことが、「国際化」を標榜する日本社会に課せられた責務であると言えよう。

文化や価値の継承に深く関わる教育(とりわけ学校教育)においては、「民族性」保持を今後どのような形で進めていくかが、大きな課題となる。その際、最も重要なことは、在日韓国・朝鮮人自らが、彼らの「民族性」保持をいかなる方法で実現していくかについて、統一的で明確な方針を日本人(社会)に提示することである。彼ら自身による「民族性」保持の要求がなければ、日本社会の大勢はその同化的体質ともあいまって、在日韓国・朝鮮人子女教育に目を開くことはないであろう。

一方、日本の社会および教育界は、在日韓国・朝鮮人の「民族性」保持の要求に対しては、誠実に応えていくだけでなく、日本の公教育の場において「異なるものを認め合う教育」を意図的に創出していく努力をすることが大切である。例えば、「本名を呼び、名のる」運動は、その手始めとなろう。「創氏改名」という過去における日本の無知と野蛮が、今もなお「通名」という世界でも稀な現象として尾を引いていることは、まず学校教育の場から無くしていかなくてはならない。そのためには、社会科を初めとする各教科において、韓国・朝鮮の歴史や文化、そして在日韓国・朝鮮人問題を正しく教え、学習することが重要であり、教科外学習においてはすでに一部で行なわれている民族学校との交流を進めていくことも、有効な方法であろう。また行政レベルでは、一部の地方自治体で実現しているように、民族学校の一条校としての認可や、在日韓国・朝鮮人を公立学校の教師に任用することを、今後さらに積極的に推進していくことが求められよう。また民族学級についても、近年短期滞在外国人子女が増加していることを鑑み、将来的には「国際学級」のような名称の下に、日本人子女も参加できるような多様なプログラム（例えば、短期滞在外国人子女には日本語や各教科の補習、また短期滞在外国人子女および定住者子女の両者を対象とする民族学習・国際理解教育など）を開発することが有効ではなかろうか。

こうした試みは、日本の教育にプラスにこそなれ、マイナスになることはないことが先行事例により証明されている。在日韓国・朝鮮人子女教育において「民族性」の保持を保障していくことは、ひとり韓国・朝鮮人子女に対してだけでなく、日本人子女に対しても大きな意味を持つと考える。ややもすれば「画一性」と「効率性」に固執する日本教育に、「多様性」と「柔軟性」を付与することになるであろうし、そのことは、日本教育の「国際化」に根本のところで貢献するところ大なるものがあると信じるからである。

2　一九九〇年代における日本社会の「多文化化」と永住外国人の教育問題

はじめに

最初に、本論において使用するキーワード（「多文化化」「公教育」）について、若干の説明をしておく必要がある。法務省統計（一九九七年版）によれば、一九九六年末現在、全都道府県に「外国人登録」をしている外国人数は約一四一万五〇〇〇人、国籍数は一八四カ国に及んでいる。一九九七年九月現在、国連加盟国は一八五カ国であるので、日本には世界のほとんどの国の出身者が移住していることになる。当然のことながら一つの国籍のなかには複数の文化的要因（民族・言語・宗教等）を持つ人間集団が含まれているので、国籍数（一八四）を上回る「多文化」状況の進行と、それに対応するさまざまな措置が官民双方のレベルでとられ始めている。このような状況を日本社会の「多文化化」ととらえ、そこに生起する教育上の問題を論じることが本節の目的である。

もう一つのキーワードである「公教育」については様々な見解があるが、本節では、公共的な性質をもつ教育、特に教育を受ける権利の保障を基本原理とする現代的公教育理念（①義務性、②無償性、③中立性）に基づき、「国または地方公共団体等によって行なわれる教育」としてとらえ、以下論述していることとする。

なお、外国人登録者は、①長期滞在者（一年以上滞在者）、②短期滞在者（九〇日以上一年未満）、③一般永住者、④特別永住者、これら四種に大別されるが、本章で扱う主たる対象は「永住外国人」（③と④）とし、特にその子女教育について検討を加える。①と②は、いわゆるニューカマーと称される外国人登録者であり、彼らの全外国人登録者に占める割合はこのところ増加傾向にあり、一九九〇年の四〇・二％から九五年には五四・四％に増えている。この数値は、ここ数年における日本社会の「多文化化」現象を如実に示していると言える。ただし、これらニューカマーに関する問題の整理は他日を期すこととし、ここではオールドカマーおよびその子孫、すなわち二世、三世が中心となりつつある外国人登録者（永住外国人）に焦点をあて、その問題点を探ることとする。

(1)　日本社会の多文化化

①　戦後処理と外国人の法的地位

いわゆるオールドカマー、すなわち朝鮮および台湾が日本の植民地統治下にあった第二次大戦前に日本の地に生活の居を移した者、そしてその子孫の多くが、戦後半世紀以上を経過した現在もなお、外国籍のままで日本に「永住」していることは何を意味するのであろうか。このことは日本社会の「多文化化」を考察するうえで、核心的問題になるはずである。

先行研究[36]によれば、戦後における旧植民地出身者の法的地位、処遇は四つの時期に大きな変化がみられた。第一期は、ポツダム宣言受諾による日本の敗戦（一九四五・八・一五）から対日講話条約の発効（一九五二・四・二八）までの占領期であり、この間彼らは「外国人」でもあり「日本人」でもあるというきわめて曖昧な立場に置かれた。一九四七年に制定された「外国人登録令（勅令第二〇七号）」では、彼らは「当分の間、これを外国人とみなす」（第十一条）と規定され参政権を停止された。その意味では外国人であったが、後にみるように、学校教育への就学が義務づけられていたという意味では日本国民でもあったのである。

第二期は、対日平和条約の発効にともない、旧植民地出身者は、「外国人登録法（法律第一号）」および「出入国管理令（法律第一二五号）」により管理されることとなり、「外国人」として登録することが義務づけられた。これは彼らから「日本国籍」を剥奪することを意味した。つまり、戦後ドイツがオーストリア人に対して保証したような「国籍選択権」を認めなかったのである。したがって日本国籍取得の道は、国籍法（第四条）による「帰化」の道しか残されなかった。しかも国籍取得には、指紋押捺義務や日本式姓名への変更を強要するなどの措置がとられた。これに対し「異民族としての痕跡を残さない者だけを選別して同化＝日本化する」[37]といった批判がなされたように、こうした措置は日本国籍を取得することに対するネガティブ・イメージを形成する原因となった。

第三期は、いわゆる日韓条約（一九六五・六・二二）により、旧植民地出身者のうち「日本に居住する大韓民国国民」に限って、すなわち一九四五年八月一五日以前から引き続き日本に居住していた韓国人およびその直系卑属等は、申請により「永住許可」が受けられる優遇措置が講じられた。これにより国民健康保険への加入等、一般外国人より優遇される措置がとられたのであるが、その一方で彼らが独自の「民族教育」を行なうことを否定する文部省事務次官通達が出される等、新たな問題もでてきた。

第四期は、一九七〇年代における国際社会からの「外圧」により、政府が外国人の法的地位の「国際化」に取り組みはじめた時期にあたる。ベトナム戦争の終結（一八七五年）はインドシナ難民の発生を予告するものであったが、その年にスタートした先進国サミットに日本も参加することとなり、人権をめぐる国際的な動きに対応を迫られるようになった。「国際人権規約」の批准（一九七九年）と「難民の地位に関する条約」への加入（一九八二年）は、その最初の成果であると同時に、その後の日本の外国人の受け入れと法的地位問題に大きなインパクトを与えることとなったのである。

②「国際化」と外国人の法的地位

a「国際人権規約」批准・「難民条約」加入のインパクト

国連人権規約（一九六六・一二・一六、国際連合第二一総会採択）は、①「経済的、社会的及び文化的権利に関する国際規約」（A規約）、②「市民的及び政治的権利に関する国際規約」（B規約）、③「市民的及び政治的権利に関する国際規約の選択議定書」の三文書からなっており、日本が批准し加盟したのは①と②である。これら規約の批准が外国人の法的地位に変化をもたらすことになったのは、国が規約に定められた権利の実現を義務づけられているからである。A規約に関しては、「漸進的実現」（progressive realization）という穏やかな表現になっているが、B規約に関しては「即時的実現」（immediate realization）が義務づけられている。いずれも「内外人平等・非差別」を原則としている。

A規約は別名「社会権規約」とも呼ばれ、労働の権利（第六条）、社会保証についての権利（第九条）、教育に関する権利（第一三条）等を内容としており、締約国にその履行を義務づけている。そのため政府は、国内法の改正や整備を迫られることになり、住宅金融公庫法、公営住宅法、日本住宅公団法、地方住宅供給公社法等の法律を改正した。その結果、外国人にもこれら金融制度の利用、公営住宅への入居が認められることとなったのである。またこれを契機に、地方公務員に対するいわゆる国籍条項の撤廃や国民年金への加入等を要求する運動が盛り上がることになったが、A規約が「漸進的」実現を規定したものであったため、直ちに実現にはいたらなかった。

一方、B規約は「自由権規約」と呼ばれているものであり、市民的・政治的権利を厳密に規定しており、しかも「即時的」実現を要求していた。特に第七条が規定している「何人も、拷問または残酷な、非人道的もしくは品位を傷つける取り扱い若しくは刑罰を受けない」という条項との関連で、在日外国人の間からは「指紋押捺」の強制がそれにあたるとして、その撤廃を求める声が高まった。当初日本政府は、指紋押捺年齢の引き上げ措置をしただけであったが、その後押捺方式および押捺回数の変更（最初の一回のみ）措置が講じられ、一九九三年には「永住者等について指紋押捺を廃止」するに至ったのである。さらに第二七条には、少数民族の権利として、「自己の文化を享有し、自己の宗教を信仰しかつ実践しまたは自己の言語を使用する権利を否定されない」ことが規定されている。在日韓国・朝鮮人団体は、この規定を根拠に日本政府に対し「民族教育」の保障を求めた。ところが、この点に関し日本政府の国連への報告書においては一貫して「本規約に規定する意味での少数民族はわが国には存在しない」との主張を変えていない。ところが国連人権委員会では、かなりの委員から日本政府の態度に疑問が出されていると言われている[38]。第二の大きな変化は、「難民の地位に関する条約」（国連にて一九五一年採択）への加入（批准発効は一九八二・一・一）によってもたらされた。ベトナム戦争終結にともなうインドシナ難民については、一九七七年九月の閣議了解により設置された「ベトナム難民対策連絡会議（後にインドシナ難民対策連絡調整会議と改称）を中心に、定住枠および定住許可条件等が協議されてきた。しかし難民受け入れに対する政府の姿勢は「常に及び腰であり、人道問題への積極的取り組みというよりは、何とか責任の分担を回避したいが他国との関係上、やむを得ないので、できるだけ消極的に受け入れに当たろう」[39]というものであった。その証拠に、サミットのたびに、その直前の閣議了解により難民の定住枠を増やしてきた経緯がある。また「金は出すが受け入れない」日本の態度は、多くの難民をかかえ苦しむＡＳＥＡＮ（東南アジア諸国連合）諸国からも批判されることになった。こうした「外圧」により、定住枠も一九八〇年には一〇〇〇人、八五年には一万人に拡大されてきたのである。

難民条約への加入により、日本政府は「出入国管理令」や関連国内法の整備・改正を迫られることになった。いわゆるポツダム政令として制定された経緯を持つ「出入国管理令」は「出入国管理及び難民認定法」に名称改正がなされ、内容面でも難民認定にかかわる詳細な条項が追加された。言うまでもなく難民とは、「人種、宗教、国籍若しくは特定の社会的集団の構成員であることまたは政治的意見を理由に迫害を受ける恐れがあるという十分に理由のある恐怖を有するために、国籍国の外にあるもの」（「難民の地位に関する条約」第一条—Ａ—⑵）であり、批准国は彼らに職業や社会保障に関し、内国民待遇もしくは最恵国待遇を保障しなければならないことになっている。そのため日本政府は、国民年金法、児童手当法、児童扶養手当法、特別児童扶養手当法の改正をはからねばならなくなった。これらの法律は、これまで「日本国内に住所を有する日本国民」のみに適用されていたため、これを「日本国内に住所を有する者」に改正する必要に迫られたのである。

こうした改正は、難民以外の外国人、とりわけ韓国・朝鮮人を初めとする永住外国人の社会保障に大きな影響を及ぼすことになった。すなわち国民年金法を初めとする前記の各法律は、国籍条項が存在していたため外国籍の者には適用されていなかったのであるが、難民条約が契機となって国籍条項はすべて撤廃され、外国人にも一律に適用されることになった。また「出入国管理及び難民認定法」に定める難民の永住許可特例との関連で、日韓法的地位協定に基づく永住権を申請しなかったため不安定な在留資格のまま放置されてきた旧植民地出身者およびその子孫に、特例永住権が認められることになったのである。以上のように、国際人権規約と難民条約という国際的な人権基準を受容することにより、日本に居住する外国人の法的地位は大きな改善をみたのである。

b　国籍法・戸籍法の改正

外国人の法的地位のあり方が、国連を中心とする国際人権運動のなかで大きく変わったもう一つの例として、国籍法および戸籍法の改正をあげなければならない。先にみた国際人権規約（B規約）に関する日本の実施報告に対し、国連の関係委員からその第二四条三項（「すべての児童は、国籍を取得する権利を有する」）に照らし、日本の国内法には問題があるとの指摘があった。すなわち日本の国籍法は、父系優先血統主義をとっていたため、母親が日本人であっても父親が外国人である場合には、その子どもの国籍は自動的に父親の外国籍になる、何らかの理由で父親の本国の国籍を取得できない場合には、その子どもは無国籍になる（実際、沖縄では国際結婚による無国籍児が存在した）。これは女性に対する差別でもあると批判されたのである。

折しも国連の「国際婦人年」（一九七五年）に始まった「国際婦人の十年」運動は、民間レベルでの国際的連帯を生み出し、空前の盛り上がりをみせた。政府レベルでも女性差別撤廃に向けての作業が進められ、一九七九年一二月一八日の第三四回国連総会において「女子に対するあらゆる形態の差別の撤廃に関する条約」が採択されたのである。日本政府も同条約に署名したため、国内法の改正に取り組まなければならなくなった。すなわち条約第九条「締約国は、国籍の取得、変更及び保持に関し、女子に対して男子と平等の権利を与える」との関係で、国内法（「国籍法」）に矛盾が生じたのである。日本の国籍法は明治三二年制定の旧国籍法以来、父系血統主義の原則をとってきたため、「出生の時に父が日本の国民である」ことを日本国民であること（国籍取得）の第一条件としてきた。このことが女性差別撤廃条約に触れることは明白であったため、政府は国籍法の改正に着手し、一九八四年に改正された国籍法においては「出生の時に父又は母が日本国民であるとき」（第二条第一項）と改められた。これにより、長年続いてきた父系血統主義は、父母両系主義へと大転換を遂げたのである。

国籍法の改正に伴い、「戸籍法」の改正も迫られることになった。父母両系主義の採用により、国籍の選択制度が導入されてきたからである。戸籍は日本国民に限って編製されるものであり、日本人同士が結婚し婚姻届けを出すと、新しい戸籍が編製されることになっている。ところがこれまでの戸籍法では、日本人が外国人と結婚しても新しい戸籍は作らず、「身分事項」の欄に結婚の事実だけが記載されるのみであり、親の戸籍に「在籍」したままであった。ところがこうした扱いは、結婚相手が日本人であるか外国人であるかによって差別を設けることになるため、改正された戸籍法（第一六条第三項）においては、「日本人と外国人との婚姻の届け出があったときは、その日本人について新戸籍を編製する」と改められたのである。また国際結婚による「氏」の取り扱いについても改正が加えられた。外国人と結婚した場合、日本人が外国人である配偶者の「氏」（例えばスミス）を称することを希望した場合、これまでは家庭裁判所の許可制であったが、新戸籍法では第一〇七条第二項により、「六箇月以内に限り、家庭裁判所の許可を得ないで、その旨を届け出ることができる」と届出制に改められたのである。これにより「李」、「金」、「朴」等の氏をもつ日本人の誕生も可能となったのである。

このように、明治以来変わることのなかった国籍法および戸籍法の基本原則が、国際環境の変化という「外圧」により変更されたことは、国際化時代を象徴する出来事であったといえる。

(2)　公教育の対応

①　民族教育をめぐる「公」（国と地方）の分裂

a　学校の設置認可

先にみた国際人権規約（A規約）第一三条は、「教育についてすべての者の権利を認める」ことを規定したうえで、初等教育（義務制・無償制）、中等および高等教育（無償教育の漸進的導入）、奨学制度の整備等の具体的目標を明示し、その実現を締約国に課している。同時に同条第四項では、「この条のいかなる規定も、個人及び団体が教育機関を設置し及び管理する自由を妨げるものと解釈してはならない。ただし、常に、一に定める原則が遵守されること及び当該教育機関において行われる教育が国によって定められる最低限度の基準に適合することを条件とする。」（傍点筆者、以下同様）と規定している。一に定める原則とは「教育が、すべての者に対し、自由な社会に効果的に参加すること、諸国民の間及び人種的、種族的または宗教的集団の間の理解、寛容及び友好を促進すること並びに平和の維持のための国際連合の活動を助長することを可能にすべきこと」（第一三条第一項）である。この規定の遵守と教育基準の確保を条件に学校設置の自由を何人にも認めているのである。

ところが日本政府（文部省）は、外国人学校の設置認可に対し、戦後一貫して否定的な態度をとり続けている。一般に外国人学校には、①特定国（国籍）の外国人子女を対象とする外国人学校、②複数国（国籍）の外国人子女を対象にインターナショナル・スクールの名を冠する学校、の二種類あるが、いずれの場合も国（文部省）は、学校教育法（第一条）にいう正規の学校（いわゆる「一条校」）としては認めない立場をとっている。実際には、学校教育法第八三条に規定されている各種学校として運営されているケースがかなりあるが、それは監督庁としての都道府県が認可しているのであって、文部省はこれに対しても否定的である。

特に在日韓国・朝鮮人が運営する民族学校に対しては、一貫して厳しい立場をとってきた。先にみた戦後処理に伴う外国人の法的地位に関連し、日本の敗戦から対日講和条約が発効する一九五二年までは、在日韓国・朝鮮人は「当分の間外国人とみなす」とされていたにもかかわらず、文部省は一九八四年一月二四日「朝鮮人設立学校の取扱い」に関する学校教育局長通達[40]を出し、「朝鮮人の子弟であっても学令に該当するものは、日本人同様市町村又は私立の小学校・中学校に就学させなければならない」と日本の学校への就学を日本人と同様に義務づける一方、独自の学校（私立）設立については「学校教育法の定めるところによって、都道府県監督庁（知事）の認可を受けなければならない」と各種の規制を設け、事実上「民族学校」の設置を拒否したのである。さらに同通達は「学令児童又は学令生徒の教育については各種学校の設置は認められない」と、各種学校としての民族学校の設置も法的に認めない方針を打ち出したのである。

一九五二年以後は、日本国籍の選択権を与えられないまま「外国人」とされたので、当然のことながら彼らに就学義務履行の必要はなくなったが、さりとて民族教育を保障されたわけでは決してなかった。国は、民族教育機関としての各種学校の設置をみとめようとはしなかった。しかし実際には、一九五三年から一二年間（一九五三〜六五年）に五四校の民族学校が「各種学校」として監督庁（都道府県）から認可されていたのである。地方自治体は、地域の実情に即し、独自の立場から民族学校を各種学校として認可してきたのである。このような学校の設置認可をめぐる国と地方の見解の分裂は、日韓条約締結後も続いているのである。

b　教育課程編成

こうした「公」（国と地方）における見解の分裂は、教育課程の編成をめぐる問題にもみられる。先にみた事務次官通達は、永住を認可された者の子女の教育は、「日韓両国民の相互理解と親和の促進の見地も配慮して」、公立小・中学校への入学の取り扱いや授業料の取り扱いにおいて、日本人子女と「同様」の取り扱いがなされることを明記している。ところが同時に、同通達第四項（「四　教育課程に関する事項」）において、「学校教育法第一条に規定する学校に在籍する永住を許可された者およびそれ以外の朝鮮人の教育については、日本人と同様に取扱うものとし、教育課程編成・実施について特別の取扱いをすべきではないこと」とし、「日本人と同様に取扱う」という名のもとに、公立学校に民族教育を導入することを否定したのである。

しかし実際には、いくつかの地方自治体では「朝鮮人独自の教育」を認める覚書を朝鮮人団体と交わしてきた。例えば大阪府は、先にみた文部省通達により朝鮮人学校に閉鎖命令が出された当時（一九四八・六・四）、「公立小・中学校において、課外の時間に朝鮮語、朝鮮の歴史、文学、文化等について授業を行うことができる」とする覚書を、朝鮮人団体と交わしていた。こうした「覚書民族学級」は、当時大阪府下に三三校あったとされている[41]。その後も、韓国・朝鮮人子女の多い地域の公立学校の日本人教師たちは、「民族学級」という形の民族教育に取り組んできた。一九七七年時点で、大阪、愛知、福岡の三県の小学校一七校において「民族学級」が開設され、約一三〇〇人の児童が週二−四時間、韓国・朝鮮の歴史、母語（韓国・朝鮮語）、音楽等の民族関連科目の学習を行なっていた。当時これら民族学級への出席率は、該当児童の五〇％前後であったようである[42]。大阪府下においては「覚書」にもとづく民族学級が、一九九三年時点においても一一校運営されており、府から民族講師が派遣されていた。学級規模（実員）は一〇名以下の小規模のものから、二〇〇名にも達する大規模なものまであり、出席率はほとんどの学校で八割を超えていたのである[43]。

こうした大阪府（市）の取り組みは、七〇〜八〇年代を通じて他の地方自治体にも影響を与えるところとなり、全国の多くの自治体で「在日外国人─主として韓国・朝鮮籍児童・生徒─の教育指針」がつくられる契機となった。一九九二年には大阪府に「大阪府在日外国人教育研究協議会」が発足した。以上にみられるように、教育課程の編成をめぐっても、国と地方自治体との「距離」は縮まることはなかったのである。

一方、国際的には一九八九年の国連総会において「児童の権利に関する条約」が採択され、日本政府も一九九〇年九月二一日に署名したことにより、「児童の父母、児童の文化的同一性、言語及び価値観、児童の居住国及び出身国の国民的価値観並びに自己の文明と異なる文明に対する尊重を育成すること」（第二九条−(C)）が締約国に義務づけられた。このような国際的動向のなかで、一九九一年に日本政府と韓国政府との間で、日本の学校における韓国語等の学習の取り扱いが協議され、「……課外において、韓国語や韓国文化等の学習の機会を提供することを制約するものではない」[44]とする見解を、日本政府は表明したのである。「課外において」という但し書きがついているとは言え、文部省が民族教育に対して一定の理解を示したことは、教育課程に関し「特別の取り扱いをすべきでない」とした一九六五年の通達から、わずかながら前進したことになる。

c　入学資格認定

民族教育をめぐる「公」（国と地方）の分裂状況が最も先鋭にあらわれているのは、大学入学資格をめぐる問題である。国立大学九五校（大学院大学四校を除く）はすべて、民族学校出身者の大学受験（大学入試センター試験を含む）資格を認めていないのに対し、一九九七年九月二一日付朝日新聞（大阪府）によれば、「民族学校出身者の受験資格を求める全国連絡協議会」の調査に対して、公立大学三〇校（全公立大学の五七％）、私立大学二一九校（全私立大学の五二％）が、朝鮮高級学校を含む民族学校出身者の受験資格を何らかの形で認めていると回答している。この落差をどのように考えればよいのであろうか。一言で言えば、国立大学は国（文部省）の解釈に縛られその見解に追随しているのにすぎないのに対して、公立・私立大学は独自の立場から大学入学資格のあり方に検討を加え、半数を上回る大学が門戸を開放しているのである。この問題に関しても、国（国立大学）の対応は地方（公立大学）の対応に大きく遅れをとっているだけでなく、その頑な対応は国際的動向からも「孤立」を余儀なくされつつある。

国（文部省）の立場は、一九五〇年代の大学局長通達（一九五三年）の域をいまだに一歩も出ていないのである。すなわち、いわゆる一条校（日本の高校）でない各種学校の修了生は「高校卒業と同等以上の学力があると認めた者」には含まれない、したがって大学入学資格がないとする見解である。ごく最近（一九九七年二月二〇日）の参議院文教委員会における審議においても、文部大臣および政府委員（文部省）は、ともに従来の立場をくりかえしただけでなく、今後とも民族学校の教育内容が一条校と同程度のものであるかどうかを調査する意志もないことを明言しているのである。[45] 個々の国立大学および国立大学協会も、この政府見解を踏襲するのみで、独自の立場から民族学校修了者の入学資格認定について積極的に調査研究した形跡はみられない。

一方、公立・私立大学の大半は、学校教育法施行規則第六九条第六項（「その他大学において、相当の年齢に達し、高等学校を卒業した者と同等以上の学力があると認めた者」）に基づき独自の調査と判断により入学資格認定を行なっているのである。朝鮮学校や中華学校の高校段階（高等部）の現行カリキュラムが日本の学習指導要領に準拠し、授業時間数においては日本のそれを上回っていることを考えれば、公立・私立大学のとっている対応の方が現実的かつ教育的であることは誰の目にも明らかである。

大学入学資格を得るもうひとつの方法として「大学入学資格検定」（「大検」）があるが、この試験の受験資格さえ民族学校卒業生には開かれていなかったため、「大検」の受験資格を得るために、彼らは定時制・通信制の高校に編入学するという回り道を強いられてきたのが実情である。しかしこの点に関し、文部省は一九九九年七月「大学入学資格等の弾力化」措置を発表し[46]、二〇〇〇年八月に実施する「大検」から、日本の中学校卒業資格がない場合でも満一六歳以上の者（合格認定は一八歳以上）に受験資格を認め、二〇〇一年春の入学者からこれを適用すべく関係省令の改正を行なうことを明らかにした。これにより民族学校の卒業生にも「大検」合格を条件に国立大学受験の道が開かれることになった。しかしこの措置は、公私立大学が現在行なっている大学独自の入学資格認定を逆に規制することになりかねない内容を含んでいるとも言える。

なお、大学院受験についても、文部省は従来から民族系大学（朝鮮大学校）や外国大学日本校の卒業生に対しては大学院入学資格を認めてこなかったため、国立大学大学院の門戸開放に対しては否定的な態度を貫いてきた。一方、公立大学・私立大学は、学部段階同様、独自の立場から彼らに受験資格を認め一定数の入学を認めてきた経緯がある[47]。ところが一九九九年度の京都大学大学院（理学研究科）入試において、研究科独自の判断により受験を認め合格者を出したことにより、他大学（大学院）にも同様の動きが広まり、内外から大学院受験資格の弾力化が求められていたところ、文部省（大学審議会・大学院部会）は一九九九年七月これまでの方針を転換し、大学院の受験資格は各大学の裁量にゆだね、来年度入試（一九九九年秋以降の試験）から実施すると発表したのである[48]。

d　教育助成・補助

国および地方自治体の講じる教育助成（私学助成）の問題は、公教育の根幹にかかわる教育保障措置であるが、この面でも国（文部省）と地方との間に大きな見解の隔たりがある。文部省はこれまで、阪神・淡路大震災による被害学校補助の際の「特例」を除いて、民族学校（朝鮮学校）に対する一切の助成を拒否する立場を崩していない。校舎改築などに際して行なわれる指定寄付金に対する税制上の優遇措置（税控除）に対してさえ、拒否の態度を貫いている。一九九七年下関朝鮮初中級学校（一九六七年各種学校認可）の校舎改築事業における寄付金の扱いに関する山口県と文部省との事前協議において、文部省は「朝鮮学校は公益に資するとは思えず、各種学校としての保護を与えるべきではない」との理由で、これを拒否している。これを不当とした朝鮮人側は、国連人権委員会（「差別防止及び少数者保護委員会」）で、その不当性を訴えている[49]。

こうした国（文部省）側の態度とは対照的に、地方自治体における民族学校（各種学校）への教育助成・補助は年々拡大傾向にある。各種学校への教育助成・補助の法的根拠は私立学校法第六四条五項の準用規定とそれに基づく第五四条（助成）にある。一九九六年四月現在、朝鮮学校が設置されている二九都道府県のうち愛媛県を除く二八の地方自治体がなんらかの補助金を支給しているのである[50]。とくに一九九〇年代に入ってから補助金を支給する地方自治体が急増している。地方自治体による教育補助には、大別して、①学校法人に対する補助、②保護者の経済的負担を軽減するための補助、③校舎改修・改築に際しての臨時的補助、の三種類がある。民族学校側が重視しているのは第一の学校法人に対する「経常費補助」（i）学校設備補助、（ii）人件費補助、（iii）消耗品等教育研究補助、（iv）借入金利息に対する補助）であるが、実際に行なわれている補助は、学校設備補助と教育研究補助が中心であり、最も必要とされる人件費補助に踏み切った地方自治体は現在のところない。

このように地方自治体（都道府県・市町村）の多くが民族学校に対する教育助成・補助に踏み切っている背景には、国税・地方税を納税している永住外国人側の強い要求に応えたものであるが、同時に地方自治体側の民族学校に対する認識、すなわち第一にこれらの学校が日本の学校に準じた教育を行なっていること、第二に学校の施設・教員の配置状況が各種学校の基準を大幅に上回っていること、第三に同じ外国籍の子どもで日本の学校に通えば教育補助があることとの関連等を考慮しての措置であることは明らかである。民族学校を「公益に資さぬ」といい続ける国（文部省）の認識との落差はますます広がっているのである。このような「公」の分裂が、日本社会の信用と信頼を国の内外において著しく傷つけていることは言うまでもない。

(3)　国際社会の動向から乖離する日本の公教育

①　迫られる国際的基準との調整

以上みてきた民族教育をめぐる国（文部省）と地方自治体との見解の相違は、多文化・異文化間教育の重要性が叫ばれる昨今の国際的動向からみても異様である。国際人権規約の批准が、国連における採択から一三年も遅れたこと自体問題であるが、採択（一九七九年）後の日本政府の対応は、民族教育問題に関するかぎりほとんど前進がみられなかっただけでなく、後退したものさえ少なくない。一九八〇年代、中曽根内閣のもとで進められた臨時教育審議会による教育改革は「教育の国際化」をスローガンにしていたが、「在日」外国人の教育保障、とりわけアジア系永住外国人子女の教育保障についてはほとんど触れることさえなかったのである。例えば大学入学資格認定問題にしても、ヨーロッパ系の国際バカロレア、ドイツのアビトゥア、フランスのバカロレアが文部大臣指定により次々と大学入学資格として認められるなかで、在日韓国・朝鮮人子女の通う韓国学校・朝鮮学校の修了生に対しては国（文部省）は一切の配慮を拒否してきたのである。

朝鮮高級学校を卒業後、二重三重のハンディ（日本の通信制の高校に一時在籍し「大検」受験資格を得、それに合格して大学入学資格を獲得した後、大学入試センター試験、大学別試験）を乗り越えて京都大学に見事合格した学生が、このような不当な差別撤廃を求める運動を一九九四年に起こしたが、彼らのいかなる運動にも耳を貸そうとしない国（文部省）および国立大学に業を煮やして、ついに自ら一九九五年八月ジュネーブで開催された「国連人権委員会差別防止及び少数者保護委員会」に出席して、英文レポートを提出してその不当性を訴えたのは記憶に新しい。そのレポートの最終部分は「在日朝鮮人の教育に対する日本政府の差別制度は現在、日本国内のアメリカ人学校、中国人学校などに拡大され、日本国内の外国人の民族的な人権の促進、保護、回復を否定している。このような対応は日本国内での外国人差別につながっており、是正すべき緊急の課題である」と結ばれている[51]。日本の民族学校修了生に対する大学入学資格差別問題は、ついに国際的な場にもち出されたのである。

このような内外の動きに対し、日本弁護士連合会（「日弁連」）もこの問題に対する取り組みを加速化させた。すでに日弁連は、一九九三年二月一日付で在日朝鮮人教職員同盟中央本部から申し立て（「朝鮮人学校の資格及び助成等人権救済申立事件」）を受けていたのであるが、一九九七年一二月に五年の歳月をかけた「調査報告書」を公表すると同時に、翌年（一九九八年）二月二〇日、内閣総理大臣および文部大臣に対しては、民族学校修了生に対する入学資格を「重大な人権侵害」と断じ、すみやかな改善を勧告したのである。また各国立大学学長等に対しても、同主旨の要望書を同日付で提出した[52]。

言うまでもなく国際人権規約（B規約）は、言語的少数民族が存在する国において「当該少数民族に属する者は、その集団の他の構成員とともに自己の文化を享有し、自己の宗教を信仰しかつ実践し又は自己の言語を使用する権利を否定されない」（第二七条）ことを保障していることは周知の事実である。しかもこの規約は「即時的」実現を締約国に義務づけている条項である。また「児童の権利に関する条約」もその教育条項（第二九条）において「児童の父母、児童の文化的同一性、言語及び価値観、児童の居住国及び出身国の国民的価値観並びに自己の文明と異なる文明に対する尊重を育成すること」を締約国に義務づけている。日本政府がこれまでとってきた方針は、これらの国際基準から著しく乖離していることは誰の目にも明らかである。これらの国際基準に規定されているところの「少数民族は日本には存在しない」と強弁してきた政府の立場は、年を追うごとに世界に通用しなくなっているのである。日本(政府)の常識が世界の非常識にならないようにするには、「内なる国際化」を進め、これまでとってきた政策の転換を図ることである。国際基準との調整をしないかぎり、日本の公教育の国際的信頼を維持することはできない。その意味で、先にみた文部省の外国人学校卒業生に対する一連の入学資格緩和措置は、一歩前進と評価できるが、それらは彼らの人権保障への道のわずかな一歩にすぎないのである。

② 多文化社会における公教育の責任

先にみたように、民族教育に関する国(文部省)と地方自治体との見解は、学校の設置認可、教育課程編成、大学入学資格認定、教育助成・補助、教員採用、これらどれひとつとっても、真っ向から対立しているものばかりである。こうした事態は異常としかいいようがなく、まさに日本の「公」は分裂状態に陥ってしまっている。国(文部省)は、この五〇年間一貫して民族教育を「公益に資さぬ」と決めつけてきているが、地方自治体は住民自治の立場から民族教育の実態を調査検討したうえで「公益に資する」とする判断に転換しつつある。近年、規制緩和(デ・レギュレーション)が政府の合言葉となり、権限の地方移管が重要改革課題となっているにもかかわらず、こと教育に関する国の立場には、一向に変化の兆しがみられない。

国(文部省)の考える「公益」が、「国益」ないし「日本人益」にあることは、次のような発言からおおよその見当がつく。朝鮮人学校の修了者に大学入学資格を与えない理由として、最近文部大臣が公の場で「外国人の子供たちも、希望すれば我が国の義務教育を受けられますし、高等学校の段階についても入れるわけですし、日本の学校教育を受けていれば順次入学資格が認められるわけで、そういうことを選択している外国人の方もたくさんいる」[53]と発言し、文部省の担当課長が、民族学校の校舎改築に対する寄付金の税控除を認めようとしない理由として「健全な日本人を育てるという文部省の立場からすれば、朝鮮人を育てるのが目的の朝鮮人学校は日本の公益に資するとは思えない」[54]と述べているのは、現状認識として誤りであるだけでなく、新国籍法のもとでますます多文化化する日本社会の「公益」概念としても支持されるものではないであろう。国(文部省)が考えている「日本人」、「日本の学校教育」および「公益」の中身は旧態依然たるものであり、国内外にも国際的にもますます通用性を欠くものになっている。

新国籍法のもとで、日本国籍取得(帰化)者が増加し、「○○系日本人」が数多く誕生する一方で、「外国籍」のまま日本社会に永住することを選択する外国人も少なくないことを忘れてはならない。こうした日本社会が多文化化する状況を考えるとき、前者に対してもそうであるが、特に後者に対する社会生活上の諸権利(例えば社会保障や地方議会レベルの参政権等)や、文化・価値観の面での独自性を保障していく手立てを具体的に講じていくことが必要になってくる。換言すれば、社会的諸権利の面では日本人との「同等性」を保障し、文化・価値の面では民族的背景からくる彼らの「差異性」を積極的に受容する社会をつくっていく責任が、今日の社会には求められていると言わなければならない。日本の教育のあり方が世界のアウトサイダーにならないためには、分裂状態にある「公教育」概念を国際基準に沿って再定義することが喫緊の課題となっている。

〈注〉

1　G.P Kelly & P.G. Altbach, "Alternative Approaches in Comparative Education", *The Encyclopedia of Comparative Education and National Systems of Education*, Pergamon Press, 1988, pp.14-17.

2　代表的なものとして次の二冊がある。
小林哲也・江淵一公編『多文化教育の比較研究』九州大学出版会、一九八五年。
関口礼子編『カナダ多文化主義教育に関する学際的研究』東洋館出版社、一九八八年。

3　文部省『文部時報臨時増刊号・昭和六二年八月―臨教審答申総集編―』二四四頁。

4　朝鮮半島出身者で、日本に定住(永住)している人たちの呼称は、これまでそれぞれの立場により「在日韓国人」、「在日朝鮮人」が用いられてきたが、近年両者を統合する形の「在日韓国・朝鮮人」がかなり用いられるようになってきているので、本論でもこれを用いる。

5　文部省『国際理解と協力の進展―教育・学術・文化・スポーツを通して―』ぎょうせい、昭和六三年。

6　田畑茂二郎『国際化時代の人権問題』岩波書店、一九八八年、二三一―二三二頁。なお「少数民族」を国民国家を構成する少数民族集団とする立場から、「在日韓国・朝鮮人は少数民族ではなく、在日外国人である」とする主張は、在日韓国人・朝鮮人側にもある。例えば、朴三石『生きること学ぶこと―在日同胞三世と教育問題―』朝鮮青年社、一九八七年、一一八頁。

7　綾部恒雄「エスニシティの概念と定義」『文化人類学2―特集・民族とエスニシティ―』(一九八五／Vol.1／No.2)八頁。

8　田中宏「戦後日本とポスト植民地問題」『思想』(一九八五年八月)四〇―五〇頁。

9　在日本大韓民国居留民団「在日韓国人の意識調査(最終分析)」一九八七年、六―八頁。

10　姜在彦・金東勲『在日韓国・朝鮮人―歴史と展望』労働経済社、一九八九年、二三六頁。

11　原尻英樹『在日朝鮮人の生活世界』弘文堂、一九八九年、一七五頁。

12　同前書、一七五頁。

13　朴炳閏「在日韓国人の法的地位―民族学校の教育現況と問題点(上)」『季刊・コリア―10』一九八九年、九五―九六頁。

14　在日韓国大使館資料による。

15　金剛学園「一九八九学年度教育計画」および白頭学院「学校現況説明資料」(一九八八年)による。

16　筆者の韓国文教部、在日韓国大使館におけるインタビューによる。

17　東京韓国学校「一九八八学年度教育計画」四九頁。

18　卞喜載・全哲男『いま朝鮮学校で―なぜ民族教育か―』朝鮮青年社、一四頁。

19 同前書、一八四頁。
20 朴三石『生きることと学ぶこと―在日同胞三世と教育問題―』朝鮮青年社、一二八頁。
21 同前書、三九頁。
22 文部省、前掲書。
23 正式名称は、「日本国に居住する大韓民国国民の法的地位及び待遇に関する日本国と大韓民国との間の協定における教育関係事項の実施について」(昭和四〇年一二月二五日文初財第四六四号各都道府県教育委員会各都道府県知事あて文部事務次官通達)
24 正式名称は、「朝鮮人のみを収容する教育施設の取扱いについて」(昭和四〇年一二月二八日文管振第二一〇号各都道府県教育委員会各都道府県知事あて文部事務次官通達)
25 田中宏氏の調査(名古屋大学教育学部における授業資料・未公表)によれば、愛知県下の朝鮮人のみを収容する公立小学校分校は一九六五年時点で三校(教員数・合計一三人)あった。なお、これら三校は一九六六年三月に廃止となり、それぞれ自主学校として再発足した。それらは一九六七年二月学校法人愛知朝鮮学園(各種学校扱い)として設置が認可されている。
26 金賛汀『異邦人教師―公立学校の朝鮮人教師たち―』講談社、一九八七年、二〇頁。
27 一九七二年、徐龍達(桃山学院大学教授)が世話人となって発足した。「在日韓国・朝鮮人大学教員懇談会」が運動の中心となった。その記録は、次の書物に詳しい。日高六郎・徐龍達編『大学の国際化と外国人教員』第三文明社、一九八〇年。
28 正式名称は、「国立又は公立の大学における外国人教員の任用等に関する特別措置法の施行について(通知)」(昭和五七年九月一三日文人審第一二八号各国公立大学長、大学を設置する各地方公共団体の長等あて文部事務次官通知)
29 正式名称は、「国立又は公立の大学における外国人教員の任用等に関する特別措置法及び同法の施行に関する特別措置法及び同法の施行に関する通知について(送付)」(昭和五七年九月一八日五七初地第三九号都道府県・指定都市教育委員会教育長あて文部省初等中等教育局、地方課長通知)
30 田中宏「外国籍住民と自治体」『自治体の国際政策』学陽書房、一九八八年、一二九頁。
31 金賛汀、前掲書、一六七―一七七頁。
32 金昌式「在日同胞の民族教育―その経緯と現況―」『季刊・在日同胞』、第二号(一九八〇年)、五九頁。
33 藤原史朗『育ち行く者たちと共に―在日韓国・朝鮮人にかかわる私の歩み―』新教出版社、一九八七年。

34　杉谷依子「公教育の中での在日外国人教育—本名を呼び、名のる—」『研究発表報告書』（一九八八年在日韓国人教育者研究大会）一九八八年八月、一八—二二頁。
35　民族名をとりもどす会『日本籍朝鮮人の闘いの軌跡—なぜ民族名なのか—』一九八八年一月。
36　田中宏「戦後日本とポスト植民地問題」『思想』（一九八五年八月）四〇—五〇頁。
37　姜在彦・金東勲『在日韓国・朝鮮人—歴史と展望』労働経済者、一九八九年、二三六頁。
38　田畑茂二郎、前掲書、一九八八年、二三一—二三三頁。
39　吹浦忠正『難民—世界と日本』日本教育新聞社、一九八九年、二九頁。
40　「朝鮮人設立学校の取扱いについて」（一九四八年一月二四日、官学五号学校教育局長通達）
41　高賛侑『国際化時代の民族教育』東方出版、一九九六年、一二五頁。
42　金昌式「在日同胞の民族教育」『季刊・在日同胞』第二号、一九八〇年、五九頁。
43　高賛侑、前掲書、一二四頁。
44　朴鐘鳴編『在日朝鮮人—歴史・現状・展望』明石書店、一九九五年、一八七頁。
45　参議院文教委員会会議録第二号（平成九年二月二〇日）二六—二七頁。
46　「文部広報」（平成一一年七月二七日）「大学入学資格検定及び中学校卒業程度認定の受験資格の弾力化について」
47　朴三石『問われる朝鮮学校処遇—日本の国際化の盲点』（朝鮮青年社、一九九二年、二三—二四頁）によれば、一九九一年時点で、朝鮮大学校卒業生が、公立大学に一四名、私立大学に二四名在籍している。
48　「文部広報」（平成一一年七月二七日）「大学院入学者の選抜について」
49　「文部省、下関朝鮮学校の寄付の税優遇認めず、父母ら反発」（朝日新聞〈大阪版〉夕刊、一九九七年八月七日）。
50　朴三石『日本のなかの朝鮮学校—二一世紀にはばたく』朝鮮青年社、一九九七年、二三二—二三七頁。
51　高賛侑、前掲書、二二八頁。
52　在日朝鮮人教育会編『朝鮮学校の国立大学入学資格&助成』一九九八年三月一七日、一〇—一三頁。
53　朴炳閏、前掲書、二七頁。
54　朝日新聞（大阪版）夕刊、一九九七年八月七日（前掲）。

【付記】

比較教育学研究では、研究の単位を「国民国家」（nation states）にとることが多かったため、国家を構成する各民族に焦点をあてた研究は比較的少なかった。憲法等により「多民族国家」であることを正式に認めてきた旧ソ連や中国の教育を研究する場合も、ある時期までは国家を構成する各民族に光をあてる研究は稀であった。まして日本のように多民族国家であることを公的には否定している国家の場合、日本社会を構成する外国籍の人たちの教育に関する研究が、比較教育学研究の重要テーマになることはなかった。

ところがこのような状況を一変させたのは、旧ソ連の崩壊にはじまる東欧諸国家の再編過程であり、エスニシティ問題は一躍時代の脚光を浴びるようになった。比較教育学研究においても、一九八〇年代を境に国民国家枠組みの限界が語られはじめ、エスニック・マイノリティ問題は重要な研究テーマとして登場してきたのである。

筆者は大学院時代（一九六〇年代）、ニコラス・ハンスの『比較教育学』を読んだ際、ヨーロッパ的文脈に限定されてはいたが、教育を解明する「要因」としての民族、言語、宗教等について学んでいたこともあり、日本のエスニック・マイノリティとしての在日韓国・朝鮮人問題には、比較的早い時期から関心を持っていた。さらに六〇年代の後半に、自らの比較教育学（「地域研究」）のフィールドを韓国に定めたこともあり、日本の中のエスニシティ問題を比較教育学研究の重要課題として意識してきたつもりである。

本論は、このような文脈の中で書かれたものであり、したがって一九八〇年代の在日韓国・朝鮮人子女の教育問題を比較教育学の視点から論じた第一論文は、データは古くなっているが当時の問題状況を示したものとして一定の価値があると考え、本書に収録した。第二論文は、ベトナム戦争の終結後の国際情勢の変化を契機に加速した日本社会の多文化化する状況を、永住外国人問題の教育に焦点をあてて論じたものである。日本の比較教育学研究におけるエスニシティ問題は、すでにニューカマーを対象とする研究にシフトしているが、オールドカマーを対象とする研究の意義と必要性は、決して少なくなってはいない。

〈初出一覧〉

本書の各章は、これまで発表してきた以下の論文に基づいている。しかし、本書に収録するに当たり、論文題目および内容の一部につき、加筆・修正を行なった。

はしがき
序章　比較教育学と私—越境のレッスン　書き下ろし
I部　比較教育学方法論—理論・方法・教育研究基盤—
第1章　一九九〇年代の比較教育学研究—比較教育学への手引き
「比較・国際教育学研究の現在」(石附実編著『比較・国際教育学』東信堂、一九九六、四二—五九頁。)
第2章　「地域研究」と比較教育学
「「地域研究」と比較教育学—「地域（areas）」の教育的特質解明のための比較研究—」『名古屋大学教育学部紀要（教育学科）』第三九巻第二号（一九九二）二一一—二二九頁。
〈補論〉「アジア比較教育文化研究の方法と課題—「比研」との関連を中心に—」（九州大学教育学部附属比較教育文化研究施設編『教育文化の比較研究—回顧と展望—』九州大学出版会、一九九六年、六〇—七二頁）
第3章　比較教育学教育の現状と課題
1　「比較教育学教育の課題と方法—アンケート調査の結果から—」『名古屋大学教育学部紀要（教育学科）』第三四巻（一九八七）二七一—二八六頁。

2　「比較教育学教育の現状と課題—全国動向調査—」『比較教育学研究』第二五号（一九九九）六七―七七頁。

第４章　比較教育学の教育研究基盤

「大学改革と「小講座」に関する一考察—名大・比較国際教育学講座の創設と解体・再編の事例を通して—」『名古屋大学大学院教育発達科学研究科紀要（教育科学）』第四九巻第二号（二〇〇三）六七―七九頁。

〈補論〉「高等教育研究センター創設雑感—大学改革と高等教育研究—」『名古屋高等教育研究』第一号（二〇〇一）一六九―一八二頁。

第５章　日本比較教育学会の四〇年

「日本比較教育学会の四〇年」（「日本比較教育学会・学会創設40周年記念特別シンポジウム基調報告—Ⅰ（小冊子）」二〇〇四年六月二六日、一―七頁。）

Ⅱ部　比較教育学教育の実践—アジア・高等教育・エスニシティ

第６章　アジアの変貌と日本人の国際性

「アジアの変貌と日本人の国際性」（佐伯胖他編『岩波講座・現代の教育11：国際化時代の教育』岩波書店、一九九八、一六七―一八四頁）

第７章　アジア高等教育の比較考察

1　「アジアの経験—高等教育拡大と私立セクター—」『高等教育研究』第二集（一九九九）一〇五―一二二頁。（なお、本論の一部修正版が次の書に収録されている。

Toru Umakoshi, “Private Higher Education in Asia: Transitions and Development”, *Asian Universities: Historical Perspectives and Contemporary Challenges*, edited by Philip G. Altbach & Toru Umakoshi, The Johns Hopkins University

Press, 2004, pp.34-49.)
2 「アジア・太平洋地域の高等教育改革」(静岡総合研究機構編・馬越徹監修『アジア・太平洋高等教育の未来像』東信堂、二〇〇五、五－三三頁)

第8章 大学改革の日韓比較

「大学改革の日韓比較―一般教育・課程制大学院・適格認定制を中心に―」(藤田英典他編『教育学年報9―大学改革』世織書房、二〇〇二、四九－六九頁。)

第9章 歴史教育の日韓比較

1 「一九九〇年代の歴史教科書にみる隣国認識を中心に―」(平成八・九年度科学研究費補助金報告書・馬越徹『歴史教育の日韓比較研究―教科書における「日韓関係史」記述を中心に―』一九九九年三月、一－一九頁。)
2 「一九八〇年代韓国の「国史」教育―日韓関係史記述を中心に―」(同前科研報告書、二〇－二九頁。)

第10章 留学生教育の課題と展望

1 「異文化接触と留学生教育」『異文化間教育』№5(一九九一)、二一－三四頁。
2 「学生の国際交流の現状と課題」『IDE―現代の高等教育』№453(二〇〇三)、五－一一頁。

第11章 在日外国人のエスニシティと教育

1 「在日韓国・朝鮮人子女の教育における「民族性」保持に関する一考察―日本教育の「国際化」再考―」『名古屋大学教育学部紀要(教育学科)』第三六巻(一九八九)、三一五－三二四頁。
2 「日本―社会の多文化化と「永住外国人」子女教育」(江原武一編著『多文化教育の国際比較―エスニシティへの教育の対応』玉川大学出版部、二〇〇〇、二〇九－二三一頁。)

あとがき

あとがき

筆者が比較教育学に初めて出会ったのは一九六〇年代の初頭、大学三年の春であったと記憶している。当時、比較教育学のメッカであったコロンビア大学への留学から帰ったばかりの沖原豊先生（当時広島大学助教授：二〇〇四年逝去）の「比較教育学制度論」を受講したことに始まる。四〇年も前のことである。講義の詳細は忘れてしまったが、教授がコロンビア大学に留学中、比較教育学の授業の一環として、当時アメリカと敵対していたソ連へのスタディ・ツアーが企画され、それに参加したときの体験談を熱く語られたことがいまも強く印象に残っている。

ちょうど同じ年（一九六二年）、筆者はある偶然から国際学生ワークキャンプの一員に選ばれ、まだ国交のなかった韓国（仁川市の沖合いに浮かぶ永宗島＝現在の仁川国際空港）でひと夏を過ごす機会に恵まれた。世界二〇数カ国の同年代の若者たちと起居をともにし、労働と交流に汗を流した体験は強烈であった。このような二つの偶然がクロスして、学部、大学院で比較教育学を専攻することになった。

その後、今日まで約四〇年間にわたり、何らかの形で比較教育学との関係を持ち続けてきているが、最近では比較教育学の面白さよりも難しさを痛感するようになっている。その大きな原因は、インターネットや電子メールの普及により、世界の情報を瞬時に得ることができるようになったことと関係している。歳のせいか、ＩＴ時代は比較教育学にとって必ずしも福音ではないかもしれないという思いが強くなっている。ある人のインタビューを取るために、また一つの情報を得るために、そして世界の仲間と学会で意見を交わすために、膨大なエネルギーとコストをかけて国境を越えなくても済む時代になったのである。言葉を換えて言えば、苦労して「越境」することの醍醐味がなくなりつつある。こうした状況は、少なくとも筆者がこれまで細々とではあるが実践してきた比較教育学とは異質である。

しかしながら二一世紀の比較教育学は、ＩＴが主導するグローバル化社会に向き合わずして生き延びることはできないことは確実である。そのためには、これまでの通説(orthodoxy)に代わる新たなパラダイムの構築が求められる。いまそれが立ち現れているとは思わないが、グローバル時代は比較教育学にとって有利でこそあれ不利な条件では決してない。そこには無限の新しい可能性が秘められているとみるべきであろう。

ただし、本書に収録した論考のほとんどは、インターネットや電子メールでの情報のやり取りとは無関係に書かれたものばかりである。その意味ではもはや旧時代の産物であり、早晩忘れ去られる運命にあることは十分に承知している。それにもかかわらず本書を上梓しようと決断したのは、一九八〇年代の後半以来、比較教育学講座を担当する幸運に恵まれ、その後一七年にわたり職責として比較教育学に向き合ってきた者の記録として、新しい比較教育学を構想中の若い世代に対し反面教師的な意味は持つかもしれないと考えたからである。あえて旧稿(多少の改稿をほどこしてはいるが)を人目に晒す理由は、それ以外にない。

なお、筆者は二〇〇三年春より職場を名古屋大学から現在の桜美林大学に移した。ここでも比較教育学(特に比較高等教育)の教育・研究を続ける幸運を享受しているが、その桜美林大学から本書の出版助成を受けることができたことに、心から感謝している。

出版は今回も、これまで比較教育学関係の編著書や翻訳書でお世話になってきた東信堂にお願いすることにした。実を言えば、このような企画(単著による「比較教育学」の執筆)を薦めて下さったのはほかならぬ下田勝司社長自身である。ただし、それは一〇年も前のことである。まさに忘れた頃に持ち込まれた出来の悪い宿題に戸惑われたに違いない。

それにもかかわらず、快く受けとってくださった下田氏の寛容と友誼には、お詫びと感謝の気持ちでいっぱいである。

二〇〇七年二月

馬越　徹

〔ヤ行〕

〔ラ行〕

〔ワ行〕

〔サ行〕

〔タ行〕

人名索引

〔ナ行〕

〔ハ行〕

〔サ行〕

事項索引

〔欧字〕

〔ア行〕

〔カ行〕

著者略歴

馬越　徹 (Umakoshi Toru)

桜美林大学教授 (大学院国際学研究科)

略歴：広島大学教育学部 (教育学科) 卒業、同大学院教育学研究科 (博士課程) 中退、九州大学教育学部助手 (比較教育文化研究施設)、文部省大臣官房調査課事務官、広島大学・大学教育研究センター助教授、名古屋大学大学院教授 (教育発達研究科) を経て現職。博士 (教育学、名古屋大学)、名古屋大学名誉教授。日本比較教育学会会長 (2001-2004) 歴任。

主著：『現代韓国教育研究』(高麗書林、1981)、『韓国近代大学の成立と展開―大学モデルの伝播研究』(名古屋大学出版会、1995)。編著として、『現代アジアの教育』(東信堂、1989)、『アジア・オセアニアの高等教育』(玉川大学出版部、2004)、『アジア・太平洋高等教育の未来像』(東信堂、2005)、*Asian Universities: Historical Perspectives and Contemporary Challenges* (Edited by Philip G. Altbach & Toru Umakoshi, The Johns Hopkins University Press, 2004) 等。

訳書：『アジアの大学』(P.G. Altbach & V. Selvaratnam 編：馬越徹・大塚豊監訳、玉川大学出版部、1993)、『比較高等教育論―「知」の世界システムと大学』(P.G. Altbach 著：馬越徹監訳、玉川大学出版部、1993)、『比較教育学の理論と方法』(Jürgen Schriewer 編：馬越徹・今井重孝監訳、東信堂、2000)、『比較教育学―伝統・挑戦・新しいパラダイムを求めて』(Mark Bray 編：馬越徹・大塚豊監訳、東信堂、2005)。『ヨーロッパの高等教育改革』(Ulrich Teichler 著：馬越徹・吉川裕美子監訳、玉川大学出版部、2006)。

Comparative Education—Lesson for crossing the border

比較教育学―越境のレッスン―　　定価はカバーに表示してあります。

2007年6月25日　初　版第1刷発行　〔検印省略〕

著者Ⓒ馬越徹／発行者 下田勝司　　印刷・製本／中央精版印刷

東京都文京区向丘1-20-6　郵便振替00110-6-37828

〒113-0023　TEL (03) 3818-5521　FAX (03) 3818-5514

発行所 株式会社 東信堂

Published by TOSHINDO PUBLISHING CO., LTD.

1-20-6, Mukougaoka, Bunkyo-ku, Tokyo, 113-0023, Japan

E-mail : tk203444@fsinet.or.jp　http://www.toshindo-pub.com

ISBN978-4-88713-754-7 C3037

東信堂

大学再生への具体像	潮木守一	二五〇〇円
大学のイノベーション —経営学と企業改革から学んだこと	坂本和一	二六〇〇円
30年後を展望する中規模大学 —マネジメント・学習支援・連携	市川太一	二四〇〇円
大学行政論Ⅰ	川本八郎・近森節子 編	二三〇〇円
大学行政論Ⅱ	川本八郎・伊藤昇 編	二三〇〇円
もうひとつの教養教育 —職員による教育プログラムの開発	近森節子 編著	二三〇〇円
大学の管理運営改革—日本の行方と諸外国の動向	江原武一・杉本均 編著	三六〇〇円
新時代を切り拓く大学評価—日本とイギリス	秦由美子 編著	三六〇〇円
私立大学の経営と教育	丸山文裕	三六〇〇円
校長の資格・養成と大学院の役割	小島弘道 編著	六八〇〇円
原点に立ち返っての大学改革	舘昭	一〇〇〇円
短大からコミュニティ・カレッジへ —飛躍する世界の短期高等教育と日本の課題	舘昭 編著	二五〇〇円
現代アメリカのコミュニティ・カレッジ —その実像と変革の軌跡	宇佐見忠雄	二三八一円
日本のティーチング・アシスタント制度 —大学教育の改善と人的資源の活用	北野秋男 編著	二八〇〇円
アメリカ連邦政府による大学生経済支援政策	犬塚典子	三八〇〇円
大学財政—世界の経験と中国の選択	呂煒 著　成瀬龍夫 監訳	三四〇〇円
アジア・太平洋高等教育の未来像	静岡県総合研究機構　馬越徹 監修	二五〇〇円
戦後オーストラリアの高等教育改革研究	杉本和弘	五八〇〇円
大学教育とジェンダー —ジェンダーはアメリカの大学をどう変革したか	ホーン川嶋瑤子	三六〇〇円
アメリカの女性大学：危機の構造	坂本辰朗	二四〇〇円

〔講座「21世紀の大学・高等教育を考える」〕

大学改革の現在〔第1巻〕	有本章・山本眞一 編著	三二〇〇円
大学評価の展開〔第2巻〕	山野井敦徳・清水一彦 編著	三二〇〇円
学士課程教育の改革〔第3巻〕	絹川正吉・舘昭 編著	三二〇〇円
大学院の改革〔第4巻〕	江原武一・馬越徹 編著	三二〇〇円

〒113-0023　東京都文京区向丘 1-20-6　TEL 03-3818-5521　FAX03-3818-5514　振替 00110-6-37828
Email tk203444@fsinet.or.jp　URL:http://www.toshindo-pub.com/

※定価：表示価格（本体）＋税